# हिन्दी कविता की परम्परा

# हिन्दी कविता की परम्परा

नामवर सिंह

संकलन-सम्पादन

विजय प्रकाश सिंह

वाणी प्रकाशन

प्रकाशन के उत्कृष्टतम 61 वर्ष

vaniprakashan.com

सजिल्द पहला संस्करण : 2024

वाणी प्रकाशन

4695, 21-ए, दरियागंज, नयी दिल्ली-110 002

फ़ोन : + 91 11 23273167, 23275710

**शाखाएँ**

अशोक राजपथ, पटना-800 004, बिहार

कॉफ़ी हाउस कैम्पस, महात्मा गांधी मार्ग, प्रयागराज-211 001, उत्तर प्रदेश

महात्मा गांधी अन्तरराष्ट्रीय हिन्दी विश्वविद्यालय, वर्धा-442 001, महाराष्ट्र

36/ए, शेक्सपियर सरणी, रानी बिरला गर्ल्स कॉलेज के पास, कोलकाता-700 017, प. बंगाल

sales@vaniprakashan.in
vaniprakashan@gmail.com

Hindi Kavita Ki Parampara
*by* Namvar Singh
*Compiled & Edited by* Vijay Prakash Singh

ISBN : 978-93-6287-123-7
Criticism



मूल्य : ₹ 595



*आर. टेक ऑफ़सेट प्रिंटर्स, दिल्ली-110 032 में मुद्रित*

*वाणी प्रकाशन का लोगो मक़बूल फ़िदा हुसेन की कूची से*

*पितातुल्य कवि केदारनाथ सिंह*

*की*

*स्मृति को समर्पित*

# आमुख

नामवर सिंह के कविता-विषयक महत्त्वपूर्ण आलोचनात्मक निबन्धों और भाषणों का नया संकलन 'हिन्दी कविता की परम्परा' आपके सामने है। इनमें से कुछ निबन्ध और भाषण पत्र-पत्रिकाओं और अलग-अलग संग्रहों में प्रकाशित हैं और कुछ सर्वथा अप्रकाशित। स्वर्गीय पिता के अजस्त्र स्नेह और अपनत्व को महसूस करने के लिए मुझे सबसे उचित यही लगता है कि उनकी इधर-उधर बिखरी—प्रकाशित और अप्रकाशित—रचनाओं को जितना सम्भव हो सहेज सकूँ और उन्हें संग्रह के रूप में तार्किक परिणति दे सकूँ। पिछले पाँच वर्षों से मैं पुरानी पत्र-पत्रिकाओं में प्रकाशित उनके निबन्धों और आलेखों से लेकर उनके निजी पुस्तकालय के ज्ञात-अज्ञात कोनों में पड़ी डायरी, नोट और पाण्डुलिपियों को पुस्तकाकार रूप देने का प्रयास कर रहा हूँ। मुझे अपनी सीमाओं का बोध है; पर यह कार्य मेरे लिए सफलता-असफलता से परे है, जिसका सीधा और सहज उद्देश्य यह है कि मुझे पिता की स्नेहिल स्मृतियों की छाँह मिल सके और पाठकों को वह सब सुलभ हो सके जिसे नामवर सिंह आजीवन एक तपस्वी की तरह गुनते-रचते रहे।

अपनी प्रखर मेधा से हिन्दी आलोचना की नयी ज़मीन तैयार करने और आजीवन हिन्दी के जन-बुद्धिजीवी का दायित्व वहन करने के अलावा नामवर सिंह ने कविता की समझ विकसित करने में भी अविस्मरणीय भूमिका निभायी। कविता से गूढ़ता, रहस्य और कला-विलास का पर्दा हटाते हुए उन्होंने न केवल उसे लोक-जीवन की स्मृतियों और आकांक्षाओं तथा समय और समाज की प्रवृत्तियों से सम्पृक्त किया, बल्कि उसे मनुष्य की सामूहिक मुक्ति का उपकरण भी माना। इस सन्दर्भ में छायावाद के सम्बन्ध में उनका यह कथन सहज ही याद आता है—"...छायावाद उस राष्ट्रीय जागरण की काव्यात्मक अभिव्यक्ति है, जो एक ओर पुरानी रूढ़ियों

से मुक्ति चाहता था और दूसरी ओर विदेशी पराधीनता से।" कहना न होगा कि छायावाद को समझने में इस एक वाक्य से जितनी मदद मिलती है, उतनी इस विषय पर उपलब्ध अनेक मोटी पुस्तकों से नहीं मिल पाती।

नामवर सिंह हिन्दी कविता की सुदीर्घ परम्परा और समकाल के गम्भीर अध्येता थे। अपनी विवेकपूर्ण और पैनी दृष्टि से उन्होंने परम्परा के उदात्त तत्त्वों और कविता की भविष्योन्मुख प्रवृत्तियों को मर्मज्ञता से रेखांकित किया। आशा है, नामवर सिंह के कविता-विषयक निबन्धों का यह संग्रह हिन्दी कविता की प्रगतिशील परम्परा और उसके वाहक कवियों को कुछ और गहरे जानने-समझने में मददगार सिद्ध होगा।

अन्त में वाणी प्रकाशन के अरुण माहेश्वरी जी और उनके सहकर्मियों का आभारी हूँ, जिन्होंने इस संकलन को प्रकाशित कर पाठकों तक पहुँचाने का प्रयास किया है। समय-समय पर सहयोग और सलाह के लिए सुबोध कुमार और रचना सिंह का भी बहुत आभारी हूँ।

**—विजय प्रकाश सिंह**

# अनुक्रम

## खण्ड-II

# खण्ड - I

# हिन्दी कविता की परम्परा

हिन्दी कविता की विकास-यात्रा एक हज़ार वर्ष से कुछ अधिक ही लम्बी है। इस लम्बी अवधि में हिन्दी कविता ने अनेक मंजिलें तय कीं। आरम्भ में काव्य-भाषा का कोई एक रूप निश्चित न था। अपभ्रंश मिश्रित राजस्थानी, मैथिली, मगही आदि अनेक स्थानीय बोलियों में फुटकल कविताएँ रची जा रही थीं। क्रमशः डिंगल और पिंगल के रूप में दो साहित्यिक शैलियाँ विकसित हुईं; किन्तु कालक्रम से देश भाषाएँ साहित्यिक अपभ्रंश के प्रभाव से मुक्त हुईं और मध्यदेश की दो बोलियाँ– अवधी और ब्रज प्रमुख काव्य-भाषा के रूप में उभरकर सामने आयीं। फिर इन दोनों में भी ब्रज भाषा कालक्रम से हिन्दी भाषी प्रदेश की मानक काव्य-भाषा बन गयी और अनेक शताब्दियों तक हिन्दी जगत की सर्वमान्य काव्य-भाषा के सिंहासन पर आरूढ़ रही। आधुनिक युग में गद्य का आरम्भ होने पर अन्ततः खड़ी बोली ने ब्रजभाषा का स्थान ग्रहण किया और अब लगभग सौ वर्षों से वही हिन्दी कविता की भाषा है।

भाषा के अतिरिक्त, छन्द विधान और काव्य-रूप के क्षेत्रों में थी। हिन्दी कविता ने परिवर्तन की अनेक दिशाएँ अपनायी हैं। अपभ्रंश काव्य ने पहले ही संस्कृत, पालि-प्राकृत के वर्णवृत्तों से मुक्त होकर दोहा, पद्धड़िया, रोला आदि मात्रिक छन्दों की शुरुआत कर दी थी। हिन्दी की आरम्भिक कविता ने अपभ्रंश की यह छन्द-परम्परा सहज ही अपना ली। फलतः दोहा और गेय पद बहुत दिनों तक हिन्दी कविता की अभिव्यक्ति के वाहक रहे। कबीर, सूर, तुलसी आदि सभी समर्थ कवियों ने दोहे और पद हिन्दी को दिये और इनके बाद भी बिहारी, मतिराम प्रभृति शृंगारी कवियों ने दोहे को अपनी अभिव्यक्ति का माध्यम बनाया। हिन्दी ने अपभ्रंश से एक और छन्द लिया–चौपाई और उसे दोहा के साथ मिलाकर कथात्मक काव्य के लिए बहुतायत से इस्तेमाल किया। जायसी कृत 'पद्मावत' और तुलसी कृत

'रामचरितमानस' इस पद्धति के सबसे महत्त्वपूर्ण ग्रन्थ हैं। किन्तु कालक्रम से छन्द प्रयोग के क्षेत्र में हिन्दी काव्य ने कुछ अपने नये छन्द भी विकसित किये, जिनमें सवैया और घनाक्षरी विशेष रूप से उल्लेखनीय हैं। वस्तुतः ये वर्णिक छन्द हैं और इन्हें हिन्दी की मात्रिक छन्द-बहुल-परम्परा के बीच अपवाद ही समझना चाहिए। किन्तु इसमें कोई शक नहीं कि सवैया और घनाक्षरी सदियों तक हिन्दी कवियों के बहुत प्रिय छन्द रहे हैं और इन छन्दों में बहुत ही ललित कविताएँ लिखी गयी हैं। किन्तु खड़ी बोली के काव्य-भाषा बनते ही क्रमशः पुराने छन्द भी छूट गये और कवियों ने अपनी अभिव्यक्ति के लिए नये मात्रिक छन्द अपनाये। मैथिलीशरण गुप्त ने कुछ दिनों तक हरिगीतिका को लोकप्रिय बनाया, फिर वे अन्य छन्दों की ओर मुड़े। छायावादी कवियों ने छन्द के क्षेत्र में और भी नये प्रयोग किये; यहाँ तक कि निराला ने मुक्त छन्द की ही सृष्टि कर डाली और अब तो कुछ अरसे से हिन्दी में मुक्त छन्द कविता का पर्याय हो गया है।

काव्य-रूप की दृष्टि से प्राचीन युग में मुक्तक और प्रबन्ध दो प्रकार के काव्य होते रहे हैं, किन्तु आधुनिक युग में मुक्तक काव्य से भिन्न गीतों और प्रगीतों के विविध रूप प्रचलित हुए हैं। इनके अतिरिक्त 'राम की शक्ति पूजा' और 'अँधेरे में' जैसी लम्बी कविताएँ भी लिखी गयी हैं जो काव्य-रूप की दृष्टि से मुक्तक और प्रगीत से ही नहीं बल्कि प्रबन्ध काव्य से भी भिन्न हैं। इस प्रकार हिन्दी कविता ने विगत एक सहस्र वर्षों में काव्य-रूपों के क्षेत्र में भी अनेक प्रयोग किये हैं।

जहाँ तक विषयवस्तु, विचारधारा और भाववोध का सम्बन्ध है, कहने की आवश्यकता नहीं कि, गत दस शताब्दियों में हिन्दी कविता के अन्दर अनगिनत परिवर्तन हुए। एक जीवन्त जाति की काव्यात्मक अभिव्यक्ति होने के नाते हिन्दी कविता ने प्रत्येक सामाजिक परिवर्तन को वाणी ही नहीं दी, बल्कि स्वयं उन परिवर्तनों में सक्रिय भूमिका भी अदा करती रही। इस प्रकार हिन्दी कविता में समय-समय पर विविध प्रवृत्तियों, धाराओं और आन्दोलनों का उदय हुआ। योगधारा, वीरगाथा, भक्तिभावना, रीतिवाद, राष्ट्रीय चेतना, छायावाद, प्रगतिवाद, प्रयोगवाद, नयी कविता, अकविता आदि अनेक प्रचलित संज्ञाएँ इसी परिवर्तन की सूचना देती हैं। वस्तुतः ये सुविधा के लिए निर्मित सरल संकल्पनाएँ हैं, जिनसे कभी-कभी हिन्दी कविता के विकास की जटिलता ओझल हो जाती है। इसलिए हिन्दी कविता के प्रवृत्तिगत-परिवर्तनों की एक झलक प्राप्त करने के लिए उसके इतिहास की संक्षिप्त रूपरेखा आवश्यक है। अस्तु!

## हिन्दी कविता का आदिकाल (चौदहवीं शताब्दी तक)

आदिकालीन पुरानी हिन्दी कविता की भाषा आज से इतनी भिन्न है कि कभी-कभी उसे हिन्दी कविता के रूप में पहचानना भी कठिन हो जाता है। आचार्य रामचन्द्र शुक्ल के शब्दों में एक तो वह 'प्राकृताभास हिन्दी' है, दूसरे उस हिन्दी का भी कोई एक मानक रूप नहीं है, बल्कि वह अलग-अलग स्थानीय बोलियों के रूप में प्राप्त होती है। वैसे तो कुछ विद्वान अपभ्रंश को भी 'पुरानी हिन्दी' मानकर हिन्दी के अन्तर्गत समाविष्ट कर लेने के पक्ष में हैं, पर जैसा कि आचार्य शुक्ल का कहना है, अपभ्रंश उस समय की ठीक बोलचाल की भाषा नहीं है, इसलिए हिन्दी के अन्तर्गत अपभ्रंश काव्य का ग्रहण युक्तिसंगत नहीं है। स्वयं विद्यापति के उदाहरण से स्पष्ट है कि एक ओर वे बोलचाल की मैथिली में पदावली लिख रहे थे और दूसरी ओर परम्परागत अपभ्रंश से प्रभावित प्राकृताभास हिन्दी में 'कीर्तिलता'। इस प्रकार 'पदावली' को तो हिन्दी कविता के आदिकाल में परिगणित किया जा सकता है, किन्तु 'कीर्तिलता' को नहीं। स्वयं विद्यापति का कथन "देसिल वयना सब जन मिट्ठा" इस बात का प्रमाण है कि 14वीं सदी तक कवि साहित्यिक अपभ्रंश की तुलना में 'देसिल वयना' के माधुर्य से प्रभावित हो चले थे। फलत: आरम्भिक हिन्दी कविता में विविध प्रकार की भाषा मिलती है। एक ओर विद्यापति की पुरानी मैथिली है तो दूसरी ओर 'बीसलदेव रासों में पुरानी राजस्थानी और तीसरी ओर अमीर ख़ुसरो की पहेलियों और मुकरियों में खड़ी बोली। स्पष्ट है कि उस समय भाषा की दृष्टि से हिन्दी प्रदेश स्थानीय बोलियों में बँटा हुआ था और उनके बीच किसी एक साहित्यिक भाषा का समन्वित विकास न हो सका था। स्पष्टत: इसके मूल में हिन्दी प्रदेश का राजनीतिक और सामाजिक बिखराव ही कारण था।

भाषागत विविधता के समान ही आदिकालीन हिन्दी कविता में प्रवृत्तिगत विविधता भी दिखाई पड़ती है। पूर्वी प्रदेश के सरहपा और कण्हपा जैसे सिद्ध यदि योग का उपदेश देते हुए जात-पाँत का खण्डन और धार्मिक बाह्याडम्बर का विरोध कर रहे थे, तो पश्चिम में राजस्थान के कवि वीरों के शौर्य और प्रेम की गाथाएँ गा रहे थे। एक ओर आध्यात्मिक काव्यरचना हो रही थी तो दूसरी ओर नितान्त लौकिक काव्य-रचना। एक ओर सामाजिक-धार्मिक-रूढ़ियों का विरोध था तो दूसरी ओर वीर पूजा। एक ओर मुक्तक लिखे जा रहे थे तो दूसरी ओर प्रबन्ध काव्य। इसी अवधि के उत्तर काल में विद्यापति जैसे रससिद्ध कवि ने राधाकृष्ण को नायिका और नायक बनाकर सौन्दर्य और प्रेम के मधुरगीत भी लिखे।

समस्त विवादों के बावजूद, सरहपा और कण्हपा के चर्यापद, विद्यापति की 'पदावली', नरपतनाल्ह का 'बीसलदेव रासो' तथा चन्दबरदाई कृत 'पृथ्वीराज रासो' आदिकालीन हिन्दी काव्य की महत्त्वपूर्ण उपलब्धियाँ हैं। सामाजिक रूढ़ियों का विरोध, सौन्दर्य-चित्रण, प्रेम-निरूपण, शौर्यगाथा, प्रकृति-प्रेम आदि विविध प्रवृत्तियाँ इस काल की हिन्दी कविता की सामान्य विशेषताएँ हैं। इस काल की हिन्दी कविता ने अपने छन्द भी प्राप्त किये और लोक प्रचलित संगीत भी। भाषा चाहे जितनी अनगढ़ रही हो, किन्तु इस काल की हिन्दी कविता में लोकजीवन की जीवन्तता असन्दिग्ध है। कुल मिलाकर इतना तो कहा ही जा सकता है कि इन्हीं रचनाओं से हिन्दी का आरम्भिक रूप विकसित एवं निर्धारित हुआ।

**भक्ति-काव्य और मध्ययुगीन हिन्दी नवजागरण (पन्द्रहवीं-सोलहवीं शताब्दी)**

धीरे-धीरे पन्द्रहवीं सदी के आरम्भ से हिन्दी काव्य का स्वरूप एक निश्चित दिशा प्राप्त करने लगा। जैसा कि डॉ. ग्रियर्सन ने लिखा है कि "कोई भी मनुष्य जिसे पन्द्रहवीं तथा बाद की शताब्दियों का साहित्य पढ़ने का मौक़ा मिला है उस भारी व्यवधान को लक्ष्य किये बिना नहीं रह सकता जो पुरानी और नयी धर्मिक भावनाओं में विद्यमान है। हम अपने को ऐसे धार्मिक आन्दोलन के सामने पाते हैं, जो उन सब आन्दोलनों से कहीं अधिक व्यापक और विशाल है जिन्हें भारतवर्ष ने कभी भी देखा है। यहाँ तक कि वह बौद्ध धर्म के आन्दोलन से भी अधिक व्यापक और विशाल है क्योंकि इसका प्रभाव आज भी वर्तमान है। इस युग में धर्म ज्ञान का नहीं बल्कि भावावेश का विषय हो गया था। यहाँ से हम साधना और प्रेमोल्लास के देश में आते हैं और ऐसी आत्माओं का साक्षात्कार करते हैं जो काशी के दिग्गज पण्डितों की जाति की नहीं हैं बल्कि जिनकी समता मध्य युग के यूरोपियन भक्त बर्नर्ड ऑफ केयरवक्स, टामस-ए-केम्पिन और सेंट थेरिसा से है।"

इस भक्तिकाल के उद्भव और विकास के कारणों को लेकर विद्वानों में मतभेद है। प्रसंगवश यहाँ इतना ही उल्लेखनीय है कि चौदहवीं सदी के आसपास भारत की राजनीतिक और धार्मिक परिस्थितियों में महत्त्वपूर्ण परिवर्तन हुए। इस काल तक भारत में मुस्लिम शासकों की सल्तनत क़ायम हो चुकी थी। मुस्लिम शासकों के साथ इस्लाम धर्म भी भारत में आया। वह पहला धर्म था जिसने अपने आप को हिन्दू धर्म में समाहित नहीं किया, उसने अपना अलग अस्तित्व ही क़ायम नहीं रखा, बल्कि उसे फैलाने का प्रयास भी किया। इससे हिन्दू धर्म के नेताओं

को पहली बार संगठित चुनौती का सामना करना पड़ा। यह धर्म अपने साथ एक समतावादी समाज का आदर्श लाया, जिसमें जाति-पाँति और छुआछूत के भाव नहीं थे। यों तो स्वयं हिन्दू धर्म के अन्तर्गत ही जात-पाँत के भेद-भाव के विरुद्ध पहले से असन्तोष चला आ रहा था किन्तु इस पृष्ठभूमि में वह असन्तोष और भी प्रबल हो उठा और नीची समझी जाने वाली जातियाँ इस्लाम की ओर आकर्षित हुईं। उनमें एक ओर तो आत्म-चेतना जाग्रत हुई; दूसरी तरफ़ जाति-पाँति विरोधी भावनाओं को सामाजिक आधार मिला। हिन्दी में भक्तिकालीन साहित्य की शुरुआत इन्हीं नीची समझी जाने वाली जातियों के सांस्कृतिक उत्थान से हुई। इन पर नवीन इस्लाम धर्म के साथ, पूर्ववर्ती सिद्धों और नाथों का भी प्रभाव पड़ा।

निर्गुण भक्ति सम्प्रदाय के इन कवियों ने (जो अधिकतर नीची समझी जाने वाली जातियों से आये थे) प्रत्येक स्तर पर मानवीय सम्बन्धों में बरते जाने वाले भेदभाव को धर्म-विरुद्ध माना। हर वेद-बाह्य चीज़ ग़लत है, इस धारणा को चुनौती दी; ब्राह्मण और शूद्र एक ही ईश्वर की सृष्टि है इस विश्वास को स्थापित किया। आचार-विचारों की पवित्रता और आत्मशुद्धि को परमात्मा का सबसे बड़ा आदेश समझा। इन्होंने ईश्वर की कल्पना भी 'त्राता' के रूप में नहीं; मित्र या प्रियतम के रूप में कीं। अपनी बातों को स्पष्ट करने के लिए आम जनता के जीवन-व्यवहार से जुड़ी हुई घटनाओं से उदाहरण लिये। उन्होंने अधिकतर मुक्तकों में अपनी रचनाएँ कीं—कभी दोहा, कभी गेय पद आदि। कबीर, रैदास आदि कवियों की भाषा में पछाँही बोलियों का मिश्रण है। कविता एक तरह से बातचीत, और डाँट-फटकार की लय के नज़दीक आयी। सहजता और सरलता के साथ समाज के प्रति गहरा आक्रोश और व्यंग्य इन कविताओं में मिलता है।

इसके अलावा वैष्णव धर्म का भी इस बीच में पुनरुत्थान छुआ। वल्लभाचार्य और रामानन्द ने कृष्णभक्ति और रामभक्ति के कवियों को सचेत किया।

भक्तिकाल एक व्यापक सांस्कृतिक आन्दोलन था। जिसके मूल में यह धारणा निहित थी कि विद्यमान व्यवस्था में कहीं कोई भारी गड़बड़ी हो गयी है। सभी भक्त कवियों की रचनाओं में इस प्रकार के भाव मिलते हैं। इस गड़बड़ी के कारणों और इससे उबरने के उपायों के सम्बन्ध में मतभेद है। निर्गुण शाखा के कवि इसमें परिवर्तन चाहते थे और धार्मिक बाह्याचार को इसका कारण समझते थे। सगुण मत वालों के अनुसार इस बुराई की जड़ यह है कि वर्णाश्रम व्यवस्था में शिथिलता आ गयी है, सभी वर्णों के लोग अपने कर्तव्य से च्युत हो गये हैं। इसलिए इसको सुधारने

का तरीक़ा यह है कि इस व्यवस्था को फिर से पुराने आदर्श के अनुसार ढाला जाये। निर्गुण मत वालों के अनुसार अनुभव ही सत्य है, सगुण मत वालों के अनुसार सत्य शास्त्र में भी है। भक्ति आन्दोलन की शुरुआत निर्गुण मत वालों के अभ्युदय के साथ हुई और सगुण मत वालों ने उसे पर्याप्त पूर्णता प्रदान की।

वास्तव में सगुण मत वालों के मूल में अवतारवाद की कल्पना और पुनर्जन्म में विश्वास है। राम और कृष्ण के विविध अवतारों की कल्पना इस दौर में की गयी। सामान्यत: राम के प्रति वैधी भक्ति और कृष्ण के प्रति रागानुगा भक्ति से जुड़ी हुई कविताएँ लिखी गयीं। निर्गुण मत वालों से ये इस बात में भिन्न हैं कि इन्हें भगवान के साकार रूप में आस्था है, भगवान का रूप मानवीय है और उसके साथ भक्त का व्यक्तिगत सम्बन्ध होता है। कृष्णभक्ति शाखा के सूरदास की भक्ति में 'भावाकुलव्यक्तिवाद' और रामभक्ति शाखा के तुलसीदास में 'मर्यादावाद' मिलता है। आचार्य रामचन्द्र शुक्ल ने सूरदास को 'लोकमंगल की सिद्धावस्था' और तुलसीदास को 'लोकमंगल की साधनावस्था' का कवि कहा है। सगुण मत में सूर और तुलसी के अतिरिक्त और भी अनेक महत्त्वपूर्ण कवि हुए हैं।

इसके अलावा सूफ़ी कवियों के प्रेमाख्यानक काव्यों का सृजन भी इसी दौर में हुआ। कुतुबन, मंझन, जायसी आदि 'प्रेम की पीर' के कवियों ने भारतीय लोक जीवन में प्रचलित प्रेम कहानियों को आधार बनाकर अपनी रचनाएँ कीं और सूफ़ी धर्म का प्रचार किया। इन्होंने एक व्यापक मानवतावादी आदर्श को सामने रखकर बाह्याचारों और धार्मिक आडम्बरों का विरोध किया।

कुल मिलाकर इन ढाई-तीन सौ वर्षों का भक्तिकाल हिन्दी का स्वर्ण युग माना जाता है। इस सबके अलावा सभी भक्त कवि एक बात पर सहमत हैं–वह यह कि लोक भाषा ही श्रेष्ठ भाषा है। यह सही है कि संस्कृत महान है फिर भी अपने पाठकों–अपढ़ भारतीय जनता को ध्यान में रखकर सभी भक्त कवियों ने लोक भाषाओं में ही अपनी रचना की। कबीर ने सधुक्कड़ी भाषा में, जायसी और तुलसी ने मुख्यत: अवधी में और सूर आदि ने ब्रजभाषा में अपनी रचनाएँ कीं। इस काल तक आते-आते एक प्रतिष्ठित कव्यभाषा के रूप में ब्रजभाषा को मान्यता मिल गयी। तुलसी ने यद्यपि 'मानस' की रचना अवधी में की, फिर भी उन्हें ब्रज में भी लिखना पड़ा। इससे प्रकट है कि काव्यभाषा के रूप में ब्रज की स्थापना हो चुकी थी। निर्गुण हों या सगुण या फिर सूफ़ी कवि–सभी कवियों ने लोकजीवन के महत्त्व को स्वीकार किया है। यहाँ तक कि तुलसी ने 'नानापुराणनिगमागम' सम्मत

रचना करते हुए भी जगह-जगह लोक जीवन को ही अपनी बात की सत्यता स्वरूप उदाहरण रूप में रखा था। दूसरी बात यह है कि यह एक ऐसा दौर था, जिसमें पहली बार आम जनता सांस्कृतिक मोर्चे पर सक्रिय हुई। उसने पहली बार अपने सन्त और कवि पैदा किये। चमार (रैदास), जुलाहे (कबीर), डोम (नाभादास), धुनिया (दादू) छीपी (नामदेव), नाई (सेना), कसाई (सधना) आदि ने अपनी शाखाओं और आकांक्षाओं को वाणी दी।

फिर भी तुलसी के बाद हिन्दी में कोई बड़ा भक्त कवि पैदा नहीं हुआ। आरम्भिक उल्लास और जीवन्तता धीरे-धीरे ख़त्म होने लगी, भक्ति की लौ मन्द पड़ने लगी और ऐहिकता बढ़ने लगी। राजनीतिक स्तर पर अकबर के बाद भोगवादी प्रवृत्तियाँ बढ़ने लगीं। संघर्ष का काल ख़त्म हुआ और उपयोभ का दौर शुरू हुआ। साहित्य जहाँ उत्पादक वर्ग से सम्बन्धित था, वहाँ अब उपभोक्ता वर्ग के विलास की वस्तु बनने लगा। कवि झोंपड़ी छोड़कर राजमहलों में पहुँचने लगे। इससे हिन्दी कविता में एक नयी प्रवृत्ति शुरू हुई।

## रीतिवादी कविता और दरबारी संस्कृति (सत्रहवीं-अठारहवीं शताब्दी)

भक्ति काल के दौरान हिन्दी कविता में यद्यपि लौकिक जीवन का गहरा संस्पर्श था, फिर भी उसका मुख्य उद्देश्य ईश्वरोन्मुख था। यह संसार सुन्दर होते हुए भी त्याज्य था। जगत की अवधारणा माया के जाल के रूप में की गयी। इस प्रकार की कविताओं से यद्यपि विद्यमान समाज में व्यक्ति की भयावह स्थिति का बोध होता है, तो भी इनमें आगे चलकर जीवन के प्रति एक नकारात्मक भाव का विकास होने लगा। इसकी प्रतिक्रिया में ही आगे चलकर रीतिकालीन कविता का विकास हुआ। इस कविता में परलोक की चिन्ता के बदले 'राधा कन्हाई सुमिरन' के बहाने लौकिक श्रृंगार के फुटकर छन्दों की रचना हुई है।

मुग़ल साम्राज्य की स्थापना और प्रतिष्ठा के बाद देश में छोटे-छोटे सामन्तों में, मुग़लों के समान ही दरबार सजाने की प्रवृत्तियाँ बढ़ने लगी थीं। इन सामन्तों को किसानों से लगान के रूप में जीविका के साधन उपलब्ध थे, जीवन में कर्मशीलता का नितान्त अभाव था। तीतर-बटेरों की लड़ाई, शिकार खेलना या तरह-तरह के विलास में लीन रहना ही उनकी जीवनचर्या थी। काव्य क्रिया भी इस विलासपूर्ण जीवनचर्या में शामिल हो गयी। कुछ राजा स्वयं भी काव्य रचना का शौक़ रखते थे। जो स्वयं कविता न लिख पाते थे उन्होंने कवियों को आश्रय दिया। राजा के आश्रय

में आकर कवि उन्हें रिझाने के लिए काव्य रचने लगे। फलतः यह काल में कविता अपने महान उद्देश्य 'लोक मंगल' से च्युत हो गयी और आश्रयदाता को रंजन करना ही उसका उद्देश्य हो गया। उद्देश्य के सीमित हो जाने से विषय-वस्तु और काव्य के उपादान भी सीमित हो गये। लोक जीवन से हटकर कविता दरबारों की सजावट का साधन बन गयी और किसी भी तरह से आश्रयदाता को प्रसन्न करना महत्त्वपूर्ण हो गया। साथ ही इस दौर में दरबारी कवियों को फ़ारसी की प्रेम पूर्ण कविता का मुक़ाबला भी करना था। रीतिकाल के कवियों के सामने फ़ारसी के कवि आदर्श और चुनौती थे। इन सबका परिणाम यह निकला कि सीमित उपादानों में कवि प्रतिभा कुण्ठित होने लगे। ठाकुर ने इस काल की प्रचलित काव्य परिपाटी का परिचय देते हुए लिखा है कि ''मीन मृग खंजन कमल नैन" तथा "जस और प्रताप को कहानो" सीख कर लोगन कवित्त कीबो खेल करि जानो है।"

इस रीतिकाल की कविता की शुरुआत केशवदास की 'कविप्रिया' और 'रसिकप्रिया' से होती है। बाद में चिन्तामणि त्रिपाठी से लक्षण-ग्रन्थों की अखण्ड परम्परा चली। उसके बाद तो लक्षण-ग्रन्थों की भरमार-सी होने लगी। इस बीच कविता लिखने की एक विशिष्ट परिपाटी बन गयी। पहले एक छन्द में किसी रस, छन्द या अलंकार के पर्याप्त-अपर्याप्त लक्षण बता दिये जाते और फिर उसी के अनुरूप उदाहरण रूप में मुक्त कविता लिख दी जाती। संस्कृत साहित्य में कवि और शास्त्रकार दो अलग व्यक्ति होते थे। प्रायः आचार्य अपने सिद्धान्त की स्थापना हेतु प्रसिद्ध कवियों की रचनाओं से उदाहरण दिया करते थे। पर हिन्दी में यह भेद लुप्त हो गया। एक ही व्यक्ति साहित्य सिद्धान्तकार भी था और कवि भी। इस अभेद के कारण हिन्दी में संस्कृत काव्यशास्त्रीय चिन्तन की संक्षिप्त 'उद्धरिणी' प्रस्तुत हो गयी। उदाहरणस्वरूप कविता रचने की मजबूरी के कारण इस दौर के कवियों में उस स्वच्छन्द कल्पना और मौलिक उद्भावना के दर्शन नहीं होते, जो भक्ति काव्य या आगे चलकर छायावादी काव्य में मिलती है। फिर भी, जैसा कि आचार्य रामचन्द्र शुक्ल ने लिखा है, "रीतिग्रन्थों के कर्ता भावुक, सहृदय और निपुण कवि थे। उनका उद्देश्य कविता करना था, न कि काव्यांगों का शास्त्रीय विवेचन करना। अतः उनके द्वारा बड़ा भारी काम यह हुआ कि रसों (विशेषतः शृंगार रस) और अलंकारों के बहुत ही सरस और हृदयग्राही उदाहरण अत्यन्त प्रचुर परिमाण में प्रस्तुत हुए। ऐसे सरस और मनोहर उदाहरण संस्कृत के सारे लक्षण-ग्रन्थों से चुनकर इकट्ठे करें तो भी उनकी इतनी अधिक संख्या न होगी।" इन रीतिवादी कवियों में केशवदास,

बिहारी, देव, मतिराम, भिखारीदास, पद्माकर आदि महत्त्वपूर्ण है। वीर रस ओजस्वी कवि भूषण भी इसी कोटि में आते हैं।

इस दौर में कुछ ऐसे कवि भी हुए जिन्होंने रीतिबद्ध परिपाटी से कुछ अलग हटकर अपनी सहज भावानुभूति को वाणी दी। घनानन्द, बोधा, ठाकुर आदि इस प्रवृत्ति के मुख्य कवि हैं। इनमें रूढ़ि पालन कम और स्वच्छन्दता अधिक है। इसीलिए प्राय: इन्हें रीतिमुक्त कवि कहा जाता है। शृंगारी कवि ये भी हैं, किन्तु इनके यहाँ नायिका भेद का रूढ़ विधान नहीं है; प्रेमी और प्रिय के बीच दूती जैसा कोई माध्यम नहीं मिलता। प्रेम में अपेक्षाकृत एकनिष्ठता है और चातुरी के स्थान पर हृदय की सहज सरलता पर बल है। सौन्दर्य के चित्रण में भी स्थूल रूप लिप्सा के स्थान पर भाव संवलित आन्तरिकता की झलक मिलती है। काव्य-कला के क्षेत्र में भी नये ढंग की लाक्षणिक वक्रता दिखती है और नये उपमानों के प्रयोग का साहस है। इस प्रकार बहिर्मुखी रीतिबद्ध काव्य की अपेक्षा रीतिमुक्त काव्य बहुत कुछ अन्तर्मुखी तथा प्रयोगधर्मी है।

अन्य भारतीय भाषाओं की तुलना में हिन्दी के रीतिवादी काव्य का दौर बहुत लम्बा है। नायक-नायिका के प्रेम-प्रसंग जैसे सीमित विषय पर लगभग तीन सौ वर्षों तक धुआँधार कविताएँ लिखी जाती रहीं। इस काल में कवियों की संख्या भी अपेक्षाकृत बहुत अधिक है। ऐसा लगता है कि उस दौर में घर-घर कवि थे। कुल मिलाकर हिन्दी का रीतिकाव्य सामन्ती विलास का सुन्दर दर्पण है। इस काल तक आते-आते काव्यभाषा के रूप में ब्रजभाषा का एकछत्र शासन स्थापित हो गया और यह ब्रजभाषा भी वाक्सिद्ध कवियों के हाथों मँज-सँवर कर अत्यन्त लोचयुक्त ललित और व्यंजक काव्यभाषा बन गयी। रीतिकाव्य ने हिन्दी में एक बहुत बड़े काव्यरसिक सहृदय समाज का निर्माण किया, जिसका प्रभाव आधुनिक युग में भी बहुत दिनों तक परिलक्षित होता रहा। अनेक सीमाओं के बावजूद रीतिकाव्य ने हिन्दी साहित्य में काव्य-कला और शब्द-साधना की चेतना जगायी, इसमें तनिक भी सन्देह नहीं है।

## सांस्कृतिक पुनर्जागरण, राष्ट्रीय जागरण और आधुनिक काव्यधारा (उन्नीसवीं शताब्दी का उत्तरार्द्ध और बीसवीं शताब्दी का आरम्भ)

1857 के प्रथम स्वाधीनता संग्राम से भारत में एक नये युग का आरम्भ होता है। ब्रिटिश साम्राज्यवाद के विरुद्ध भारतीय जनता–विशेषत: हिन्दी जाति का यह पहला लोकव्यापी विद्रोह था। निस्सन्देह इस राज्य क्रान्ति का दमन कर दिया गया, किन्तु

दमन के बावजूद जातीय चेतना आगे चलकर अनेक रूपों में व्यक्त होती रही। उन्नीसवीं सदी का सांस्कृतिक पुनर्जागरण उसी चेतना का एक रूप है, जो भारतीय मानस में अतीत का गौरव-बोध जाग्रत करने के साथ ही समाज-सुधारों की दिशा में उन्मुख हुआ। पश्चिम के विज्ञान, चिन्तन तथा साहित्य की चुनौतियों ने भारतीय मनीषा को नये ढंग से सोचने के लिए विवश किया। औद्योगिकीकरण की प्रक्रिया प्रारम्भ हुई और मध्ययुग के अन्धकार से निकलकर भारत ने आधुनिक युग के प्रकाश का अनुभव किया। क्रमशः एक पढ़ा-लिखा नया मध्यवर्ग निर्मित हुआ, जिसने कवि को राज्याश्रय से बाहर निकालकर कविता का जनतन्त्रीकरण किया। इस कार्य में प्रेस ने महत्त्वपूर्ण भूमिका अदा की। पत्र-पत्रिकाओं ने नये पाठक समुदाय का निर्माण किया। फलतः नये ढंग के साहित्य की माँग बढ़ी और स्वभावतः साहित्य में नया परिवर्तन आया। भारतेन्दु हरिश्चन्द्र इस युग के सबसे महत्त्वपूर्ण लेखक हैं, जिन्हें प्रायः आधुनिक हिन्दी का जनक भी कहा जाता है।

भारतेन्दु समर्थ गद्यकार होने के साथ ही संवेदनशील कवि भी थे। उन्होंने युग की नयी आवश्यकताओं के अनुसार कविता को नये-नये विषयों की ओर उन्मुख किया। विषय बदला तो भाषा भी बदली। गद्य में खड़ी बोली तो पहले से ही चल पड़ी थी, भारतेन्दु ने काव्य के क्षेत्र में परम्परा प्राप्त ब्रजभाषा को भी बोलचाल की भाषा के साँचे में ढालकर जीवन्त बनाने का प्रयास किया; पर अन्ततः वे ब्रजमाधुरी के बाहुपाश से पूरी तरह मुक्त न हो सके। यद्यपि उन्होंने खड़ी बोली में भी कुछ पद्य लिखे, पर मन न रमा। वस्तुतः यह कार्य उन्नीसवीं सदी के अन्तिम दशक में श्रीधर पाठक के हाथों सम्पन्न हुआ। इसीलिए कुछ लोगों के अनुसार "भारतेन्दु को खड़ी बोली युग का प्रवर्तक मानकर भी कहा जा सकता है कि श्रीधर पाठक ही उसके वास्तविक आदि कवि थे।"

श्रीधर पाठक का 'एकान्तवासी योगी' खड़ी बोली का पहला ललित-मधुर काव्य है। 'किसी के प्रेम में योगी होना और प्रकृति के निर्जन क्षेत्र में कुटी छाकर रहना'–यही सार्वभौम विषय इस आख्यान काव्य का आधार है। इस आदर्श प्रेम के अतिरिक्त पाठक जी ने 'काश्मीर सुषमा', 'गुनवन्त हेमन्त' जैसी प्रकृति-प्रेम की भी कविताएँ लिखी हैं, इसीलिए उन्हें हिन्दी में स्वच्छन्दतावादी काव्य धारा का प्रवर्तक माना जाता है। किन्तु वे अपने युग के अनुरूप देश-प्रेम और समाज सुधार की भावनाओं की अभिव्यक्ति में भी तत्पर थे। "और अधिक क्या कहें बापजी, कहते दुखता हिया; जटिल जाति का अटल पाँत का जाल है किसका सिया? मनु जी, तुमने

यह क्या किया?'' ये पंक्तियाँ भी पाठक जी की ही लिखी हैं। इस प्रकार आधुनिक हिन्दी कविता में सांस्कृतिक पुनर्जागरण और राष्ट्रीय जागरण की भावनाओं से सम्बिलत होकर ही स्वच्छन्दतावाद का उदय हुआ। आगे चलकर बीसवीं शताब्दी के आरम्भ में इस स्वच्छन्दतावादी प्रवृत्ति का विकास रामनरेश त्रिपाठी के 'पथिक', 'मिलन' और 'स्वप्न' जैसी काव्य कृतियों में हुआ। त्रिपाठी जी को हिन्दी में लोकगीतों के प्रथम संग्रहकर्ता होने का भी गौरव प्राप्त है। उनके काव्य में लोकगीतों की यही मिठास मिलती है। 'पथिक' प्रकृति के मनोरम चित्रों और मार्मिक राष्ट्र प्रेम के साथ ही खड़ी बोली के लालित्य के प्रति भी आश्वस्त करता है। इस प्रकार श्रीधर पाठक और रामनरेश त्रिपाठी ने ब्रजभाषा प्रेमियों के इस आरोप को मिथ्या प्रमाणित कर दिखाया कि खड़ी बोली में तो मधुर काव्य हो ही नहीं सकता।

इस स्वच्छन्दतावादी काव्यधारा के बीच अथवा समानान्तर सांस्कृतिक पुनर्जागरण की चेतना की प्रत्यक्ष अभिव्यक्ति करने वाली दो काव्यकृतियाँ ऐसी आयीं जिन्होंने स्वच्छन्द काव्यप्रवाह की सहज गति को कुछ काल के लिए रुद्ध-सा कर दिया। इनमें से एक है अयोध्यासिंह उपाध्याय 'हरिऔध' का 'प्रिय-प्रवास' और दूसरी है मैथिलीशरण गुप्त की 'भारत भारती' ये दोनों कृतियाँ भी खड़ी बोली में ही हैं, किन्तु यह खड़ी बोली 'एकान्तवासी योगी' और 'पथिक' की लोचदार कोमल भाषा से भिन्न है। 'प्रिय प्रवास' हिन्दी में संस्कृत के वर्ण-वृत्तों का पुनर्लेखन है जिसकी पदावली संस्कृत से होड़ लेती है जैसे 'रूपोद्यान-प्रफुल्ल-प्राय कलिका राकेन्दु बिम्बानना'। 'भारत भारती' संस्कृत के बोझ से तो मुक्त है, लेकिन इसकी खड़ी बोली, सचमुच खड़ी है और कविता सीधे-सीधे वक्तव्य की सीमा तक सपाट है; जैसे–''हम कौन थे, क्या हो गये हैं और क्या होंगे अभी। आओ विचारें आज मिलकर ये समस्याएँ सभी।" भाषा के अतिरिक्त 'प्रिय-प्रवास' मध्ययुग के नायक कृष्ण के चरित का गान है, जिसमें पुनर्जागरण युगीन चेतना के अनुरूप ही थोड़ी-सी आधुनिक व्याख्या भी मिलती है। उधर, 'भारत भारती' तो अतीत के गौरव की हानि का मर्सिया ही है। आगे चलकर गुप्त जी ने प्राचीन पौराणिक कथाओं के आधार पर अनेक काव्यों की रचना की। यही नहीं, बल्कि उन्होंने 'साकेत' से आधुनिक युग में राम काव्य की धारा बहाने का भी प्रयास किया। अयोध्यासिंह उपाध्याय ने यदि कृष्ण को पुनर्जीवित किया तो मैथिलीशरण गुप्त ने राम को। इस प्रकार खड़ी बोली के इन दो महाकवियों ने आधुनिक युग में राम और कृष्ण का पुनरुद्धार करके सांस्कृतिक

पुनर्जागरण की चेतना को सार्थक कर दिया। वैसे, युग की माँग के अनुरूप राष्ट्रीयता की भावना भी इन दोनों कवियों में मिलती है, निस्सन्देह मैथिलीशरण गुप्त में कहीं अधिक और इसीलिए उन्हें हिन्दी में राष्ट्रकवि के रूप में स्मरण किया जाता है। उल्लेखनीय है कि इन दोनों कवियों के प्रेरणास्रोत इस युग के शलाका पुरुष आचार्य महावीर प्रसाद द्विवेदी हैं। आचार्य द्विवेदी के व्यक्तित्व के अनुरूप ही इस दौर की कविता को 'इतिवृत्तात्मक' विशेषण से विशेषित किया जाता है : इतिवृत्तात्मक अर्थात् तथ्य कथन-प्रधान और इतिवृत्त-परक।

आगे चलकर बीसवीं शताब्दी के परवर्ती दशकों में राष्ट्रकवि मैथिलीशरण गुप्त द्वारा प्रवर्तित राष्ट्रीय भावना के काव्य का और भी विकास हुआ। इस काव्यधारा में 'हिम किरीटिनी' और 'हिम तरंगिणी' के कर्मवीर कवि माखनलाल चतुर्वेदी, 'कुमकुम' के ओजस्वी कवि बालकृष्ण शर्मा 'नवीन', 'झाँसी की रानी' की गायिका सुभद्रा कुमारी चौहान तथा 'हुंकार' के साथ हिन्दी गगन में उदित होने वाले रामधारी सिंह 'दिनकर' विशेष रूप से उल्लेखनीय हैं। स्वाधीनता संग्राम में प्रगति के साथ ही हिन्दी की राष्ट्रीय कविता में भी प्रखरता आयी। राष्ट्र के उद्‌बोधन का स्वर ऊँचा उठा। साम्राज्यवाद के विरोध में तेज़ी आयी। राष्ट्रीय काव्यधारा स्वाधीनता संग्राम युग के देशव्यापी उत्साह की सबसे ओजस्वी अभिव्यक्ति है।

## छायावाद (1920-36)

श्रीधर पाठक और रामनरेश त्रिपाठी ने हिन्दी में जिस स्वच्छन्दतावादी काव्यधारा का प्रवर्तन किया, उसका चरम विकास बीसवीं सदी के तीसरे दशक के अन्तर्गत 'छायावाद' में हुआ। छायावाद का यह विकास राष्ट्रीय आन्दोलन के प्रसार से जुड़ा हुआ है। 1920 से गांधी जी ने राष्ट्रीय आन्दोलन की बागडोर सँभाली। उन्होंने स्वाधीनता संग्राम को व्यापक जनाधार दिया और राजनीतिक लक्ष्य को सत्य और अहिंसा के नैतिक आदर्श से महिमामण्डित किया। देश की चेतना उदारपन्थी सुधारवाद के दायरे से आगे निकलकर सामन्त-विरोधी और साम्राज्य-विरोध के क्रान्तिकारी पथ पर तेज़ी से आगे बढ़ी। काव्य-सृजन की दृष्टि से भावना और कल्पना का उन्मोचन इस आन्दोलन की सबसे महत्त्वपूर्ण घटना है। इस मानसिक मुक्ति में गांधी जी के अतिरिक्त एक अन्य भारतीय कवि मनीषी का भी महत्त्वपूर्ण योगदान है और वे हैं रवीन्द्रनाथ ठाकुर।

शुरू–शुरू में छायावाद का काफ़ी विरोध हुआ। साहित्य के क्षेत्र में यह विरोध अभूतपूर्व है। स्वच्छन्दतावाद और राष्ट्रीय कविता को तो लोगों ने प्रायः स्वीकार

कर लिया था; किन्तु छायावाद सहज स्वीकार्य न हुआ। यह विरोध छायावाद के क्रान्तिकारी रूप का सूचक है। इन विरोधियों के राजनीतिक, सामाजिक और साहित्यिक विचारों पर ध्यान दें तो छायावाद की प्रकृति को समझने में काफ़ी मदद मिल सकती है। विरोधियों में एक थे पण्डित पद्मसिंह शर्मा–बिहारी के प्रशंसक, रीतिवादी कविता के गुणग्राहक, साथ ही मैथिलीशरण गुप्त की 'भारत भारती' के लिए प्रेरित करने वाले आर्य समाजी पण्डित। निश्चय ही छायावाद रीतिवादी काव्य-रुचि का घोर शत्रु रहा होगा। दूसरे विरोधी थे आचार्य महावीर प्रसाद द्विवेदी–'सरस्वती' के यशस्वी सम्पादक, मैथिलीशरण गुप्त के काव्य गुरु और कविता में उपदेश, शिक्षा और इतिवृत्तात्मकता के कायल। स्पष्ट है कि छायावाद को इस उपयोगितावादी नैतिकता और सरल सुगम पद्यात्मकता से परहेज़ था। तीसरे समर्थ विरोधी थे आचार्य रामचन्द्र शुक्ल–तुलसी और जायसी के प्रेमी, काव्य में लोकमंगल के विश्वासी, स्वच्छन्दता के प्रशंसक, लेकिन रहस्यवाद के घोर विरोधी। निश्चय ही आचार्य शुक्ल जीवन दृष्टि तथा भावबोध में पद्मसिंह शर्मा और महावीर प्रसाद द्विवेदी से कहीं अधिक प्रगतिशील तथा विकसित थे, किन्तु कहीं–न–कहीं निवासी उसी भाव जगत के थे जिससे छायावाद का कल्पलोक ऊपर पड़ता था। वस्तुतः छायावाद जीवन में मध्ययुगीन सामन्ती मूल्यों तथा साहित्य में रीतिवादी एवं उपयोगितावादी रुचियों को जड़ से समाप्त करने की दिशा में इस हद तक सक्रिय था कि उसका विरोध स्वाभाविक था।

पूर्ववर्ती काव्य रुचि से छायावाद का अन्तर स्पष्ट करने के लिए एक और उदाहरण लिया जा सकता है। सांस्कृतिक पुनर्जागरण के कारण कालिदास की ओर छायावादियों के समान ही महावीर प्रसाद द्विवेदी और रामचन्द्र शुक्ल का भी ध्यान गया। द्विवेदी जी ने तो 'कुमार सम्भव' और 'रघुवंश' का अनुवाद भी किया; किन्तु द्विवेदी जी की दृष्टि में ये काव्य प्रबन्ध-काव्य मात्र थे। इसके विपरीत "छायावादी कवि ने कहानी मानो पढ़ी ही नहीं, कालिदास नामक ऐन्द्रजालिक द्वारा सशरीर आँखों के सामने ला खड़ी की गयी प्रकृति की अनिर्वचनीय मूर्ति को वह अपलक देखता रह गया।" कालिदास के विषय में शुक्ल जी से भी छायावादी कवियों का ऐसा ही अन्तर है क्योंकि शुक्ल जी की दृष्टि में "मेघदूत न कल्पना की क्रीड़ा है, न कला की विचित्रता। वह है प्राचीन भारत के सबसे भावुक हृदय की अपनी प्यारी भूमि की रूपमाधुरी पर सीधी–सादी प्रेमदृष्टि"। जबकि छायावादी पन्त स्पष्ट शब्दों में "मेघदूत की सजल कल्पना" पर मुग्ध हैं।

इस प्रकार कविता में छायावाद की विशिष्टता उसकी दृष्टि में है। महत्त्वपूर्ण यह नहीं है कि छायावाद ने प्रकृति-चित्रण पर बल दिया; महत्त्वपूर्ण यह है कि छायावाद ने प्रकृति के सौन्दर्य को विशेष दृष्टि से देखा। इसे हम विषयिनिष्ठ दृष्टि कह सकते हैं। इस विषयिनिष्ठ दृष्टि के कारण प्रकृति मन के भावों से रंग उठती है और उस पर कल्पना का रंग चढ़ जाता है। पन्त का 'बादल' ऐसी ही कल्पना सृष्टि है। प्रसाद उस प्रकृति पर रहस्यता का झीना आवरण डालकर उसे जादुई बना देता देते हैं। उनके काव्य संसार में प्रकृति और नारी दोनों ही धुँन्धले-धुँन्धले रूप में प्रकट होते हैं। प्रसाद की कविता में सौन्दर्य "गोधूलि में मुख पर घूँघट डाले और अंचल में दीप छिपाये" हुए आता है अथवा "कनक किरण के अन्तराल में लुक–छिपकर चलता" है। सम्भवत: ऐसी ही कविताओं के कारण इस काव्य-प्रवृत्ति को छायावाद की संज्ञा दी गयी और कुछ विद्वानों ने उसे "स्थूल के विरुद्ध सूक्ष्म का विद्रोह" कहा।

विषयिनिष्ठ दृष्टि के कारण छायावाद मुख्यत: प्रगीत काव्य है। इसमें वस्तु-वर्णन और वृत्तान्त कथन को छोड़कर आन्तरिक भाव व्यंजना पर बल दिया गया है। 'तुम और मैं' एक कविता का शीर्षक मात्र नहीं, बल्कि समूचे छायावाद की स्वर-भंगिमा है। छायावादी गीतों में ''मैं'' के रूप में आने वाला यह प्रगीत नायक एक विशेष प्रकार का व्यक्ति है। इसीलिए प्राय: छायावाद को व्यक्तिवाद का काव्य भी कहा जाता है। इस व्यक्तिवाद के चरम विद्रोही रूप की अभिव्यक्ति निराला के काव्य में मिलती है। 'बादल राग' कविता ऐसे ही विप्लव के वीर का आह्वान करती है।

किन्तु 'परिवर्तन', 'राम की शक्ति पूजा', 'तुलसीदास', 'प्रलय की छाया', 'कामायनी' आदि लम्बी काव्यकृतियाँ इस धारणा का खण्डन करती प्रतीत होती हैं कि छायावाद मुख्यत: प्रगीत काव्य है।

छायावादी काव्यधारा ने सोलह-सत्रह वर्षों के अल्पकाल में ही खड़ी बोली में काव्यात्मक अभिव्यंजना की अपार सम्भावनाएँ उद्‌घाटित कर दीं। छायावाद के हाथों खुरदरी खड़ी बोली कोमलता और माधुर्य में ब्रजभाषा को भी मात दे गयी। भाषा बिम्बविधान से समृद्ध हुई और नयी-नयी लाक्षणिक उक्तियों के द्वारा और अधिक व्यंजक हुई। छायावाद में अनेक प्रकार के नये छन्दों और नये शब्दों की सृष्टि हुई।

कुल मिलाकर छायावाद हिन्दी में भक्तिकाव्य के बाद का सबसे उत्कृष्ट काव्ययुग माना जाता है। प्रमुख कवि प्रसाद, निराला, पन्त और महादेवी तथा मुख्य

काव्यकृतियाँ 'पल्लव', 'गुंजन', 'परिमल', 'अनामिका', 'आँसू', 'कामायनी' और 'यामा'।

छायावाद के परवर्ती दिनों में एक अन्य प्रकार की स्वच्छदतावादी काव्य प्रवृत्ति उत्पन्न हुई जिसमें 'जवानी' की मौज-मस्ती तथा लापरवाही को उभारा गया। इसकी शुरुआत हरिवंश राय 'बच्चन' की 'मधुशाला' से हुई, किन्तु आगे चलकर इसमें नरेन्द्र शर्मा, रामेश्वर शुक्ल 'अंचल', भगवतीचरण वर्मा, शिवमंगल सिंह 'सुमन' आदि कवियों ने भी अपने ढंग से साथ दिया। यह काव्य-प्रवृत्ति भी मूलत: रोमांटिक ही थी, किन्तु इसमें हृदय की सहज अनुभूतियों की अभिव्यक्ति पर छायावाद से कहीं अधिक बल दिया गया। भाषा की दृष्टि से यह काव्य प्रवृत्ति बोलचाल के मुहावरे के अधिक निकट है और इसकी मुद्रा भी अपेक्षाकृत कम दार्शनिक है। इस काव्य में वैयक्तिकता तथा निराशा का स्वर भी अधिक तीखा है। अपने लोकप्रिय गीतों के लिए यह काव्य प्रवृत्ति विशेष रूप से उल्लेखनीय है।

## प्रगतिवाद (1936-1947)

छायावाद के गर्भ से सन्, 30 के आसपास नवीन सामाजिक चेतना से युक्त जिस साहित्यधारा का जन्म हुआ उसे सन्, 36 में प्रगतिशील साहित्य का नाम दिया गया। सन्, 36 के बाद छायावादी कल्पना के विरुद्ध विद्रोह हुए, जिसमें भावुकता और कल्पनाशीलता की जगह यथार्थवाद और ईमानदारी की माँग की गयी। छायावाद के बाद की काव्य प्रवृत्तियों में मुख्य धारा प्रगतिवादी कविता की रही है, जिसने छायावाद की स्वस्थ परम्परा का विकास किया है।

भारत में 1936 में 'प्रगतिशील लेखक संघ' की स्थापना हुई और प्रेमचन्द की अध्यक्षता में इसका पहला अधिवेशन लखनऊ में हुआ। तब से साहित्य में प्रगतिशीलता की काव्य मूल्य के रूप में प्रतिष्ठा दी गयी है।

प्रगतिवाद का आरम्भ साहित्य में अर्थिक और राजनीतिक आन्दोलन के रूप में हुआ। हिन्दुस्तान की आज़ादी उस समय लेखकों की प्रमुख समस्या थी; इसके साथ ही वे किसानों-मज़दूरों की सुख-सुविधा के लिए भी चिन्तित थे। छायावादी कविता में प्रेम भावना की ही प्रधानता थी और उसमें जो देशभक्ति की कविताएँ हुईं भी उनसे लोगों की राष्ट्रीय भावनाओं की परितृप्ति नहीं हो सकी। इस प्रगतिवाद के फलस्वरूप कविता में पहली बार किसानों–विशेषत: मज़दूरों के गन्दे पैरों की पवित्र धूलि दिखाई पड़ी। संध्या के झुटपुटे में पन्त जी को चिड़ियों के 'टी-वी-टी-

टुट-टुट' के साथ ही "डगमग डग घर का मग" नापते हुए कुछ श्रमजीवी दिखाई पड़ गये; और फिर टीले पर उन्हीं के नंगे तन गद बदे बदन वाले लड़के भी आ गये। कविता में पहली बार इतनी व्यापक सहानुभूति का प्रवेश हुआ। परिस्थितिवश यह सहानुभूति 'बौद्धिक' ही थी। फिर भी हृदय की इस विशालता ने साहित्य में नवजीवन का संचार कर दिया और साहित्य का क्षेत्र व्यापक बना दिया और उसमें उच्च कोटि के मानववाद को प्रतिष्ठित किया। सुमित्रानन्दन पन्त की 'युगवाणी' और उससे भी अधिक 'ग्राम्या' में इस भावबोध की पहली सफल अभिव्यक्ति हुई। निराला की प्रसिद्ध व्यंग्य कविता 'कुकुर-मुत्ता' (1947) भी इसी समय के आसपास आयी जिसने कविता की दुनिया में तहलका मचा दिया। इस कविता में सर्वहारा का प्रतिनिधि कुकुर-मुत्ता जिस तरह 'कैपिटलिस्ट' गुलाब को चुनौती देता है, वह तत्कालीन राजनीतिक वातावरण का सच्चा प्रतीक है। इससे तीन–चार साल पहले 'तोड़ती पत्थर' लिखकर निराला हिन्दी कविता में श्रमिक जन की प्रतिष्ठा कर चुके थे।

प्रगतिशील काव्यधारा के व्यापक प्रभाव का एक कारण यह भी था कि निराला और पन्त जैसे छायावाद के प्रवर्तक कवियों ने ही इस नये आन्दोलन की भी अगुवाई की। पन्त ने प्रगतिशील चेतना के प्रसार के लिए 'रूपाभ' नामक मासिक पत्रिका भी निकाली।

प्रगतिवाद कविता में यथार्थवाद का पोषक है। यथार्थवाद जयशंकर प्रसाद के शब्दों में 'लघुता के प्रति साहित्यिक दृष्टिपात' है। प्रगतिवाद ने समाज के अन्दर छोटे समझे जाने वाले लोगों के जीवन पर दृष्टिपात किया और उन्हें कविता का विषय बनाया। शोषित-पीड़ित जनता के प्रतिनिधि किसानों और मज़दूरों को कविता में स्थान देने का यही कारण है। इसी प्रकार प्रकृति के क्षेत्र में भी प्रगतिशील कवियों ने छायावादी कवियों के प्रिय कानन-कुसुम को छोड़कर गँवई प्रकृति के चित्रों को उजागर किया और इस तरह हिन्दी कविता में 'लहलह पालक, महमह धनिया' की उपेक्षित गन्ध फैल गयी। विषयवस्तु के साथ ही प्रगतिवाद ने हिन्दी कविता की भाषा का भी जनवादीकरण किया। फलत: लोक जीवन में प्रचलित बोलियों के शब्दों को लेकर कविता फिर जी उठी। प्रगतिशील कवियों ने लोकगीतों के छन्द और धुनें भी अपनायीं। इस प्रकार भक्ति काव्य के बाद पहली बार हिन्दी में बहुत बड़े पैमाने पर जनकाव्य की सृष्टि हुई। निस्सन्देह जनता तक पहुँचने के उत्साह में प्रगतिशील कविता कभी-कभी नारेबाज़ी का भी शिकार हो गयी, किन्तु वह कवि-सम्मेलनी

गीतकारों की तरह सस्ती सुगम नहीं हुई। भक्तिकाल के समान ही प्रगतिवाद के दौर में भी आम जनता के बीच से अनेक निरक्षर अथवा अल्प साक्षर कवि पैदा हुए जिन्होंने अपनी-अपनी लोकबोली में कविताएँ लिखीं। भक्तिकाव्य के समान ही प्रगतिवाद ने हिन्दी कविता को भारत के अन्य प्रान्तों के साहित्य से जोड़कर उसे व्यापक अखिल भारतीय परिप्रेक्ष्य प्रदान किया।

निराला और पन्त के अतिरिक्त नागार्जुन, केदारनाथ अग्रवाल, शमशेर बहादुर सिंह, त्रिलोचन, शिवमंगल सिंह सुमन, गजानन माधव मुक्तिबोध और रामविलास शर्मा प्रगतिवाद के प्रमुख कवि हैं।

## प्रयोगवाद (1943-47)

जिस समय साहित्य में प्रगतिवाद प्रभाव की दृष्टि से शिखर पर था, रूप या कला सम्बन्धी नये प्रयोग के नाम पर हिन्दी में एक नया आन्दोलन खड़ा करने का प्रयास हुआ, जिसे 'प्रयोगवाद' की संज्ञा दी गयी। अज्ञेय द्वारा सम्पादित 'तार सप्तक' (1943) नामक सात कवियों का सहयोगी प्रकाशन इस काव्यान्दोलन का गोया घोषणापत्र है।

प्रयोगवाद छायावाद और प्रगतिवाद दोनों के विरोध में खड़ा हुआ। एक ओर उसका विरोध छायावाद की रूमानियत से था तो दूसरी ओर प्रगतिवाद की तथाकथित कला-सम्बन्धी उपेक्षा से। इस प्रकार प्रयोगवाद अपनी घोषणा के अनुसार छायावादी भावुकता की विरोधी एक ग़ैर-रूमानी काव्य-प्रवृत्ति है। भावुकता का विरोध करने के कारण प्रयोगवाद ने कविता में बौद्धिकता पर बल दिया, किन्तु रूमानियत के विरोध में वह यथार्थवाद की ओर उतना नहीं झुका। इसी प्रकार प्रयोगवाद ने ज़ाहिरा तौर पर प्रगतिवाद की कलागत उदासीनता का विरोध किया किन्तु उसका वास्तविक विरोध प्रगतिवाद की सामाजिक चेतना और जनवाद से था। प्रयोगवाद वस्तुतः चरम व्यक्तिवाद और कलावाद अथवा रूपवाद की कविता है। चरम व्यक्तिवाद प्रयोगवाद को समाज से काट कर व्यक्ति-मन की अन्तर्गुहा की ओर ले गया। फलतः प्रयोगवादी कवि अपनी प्रेरणा के लिए फ्रायड की ओर मुड़े, वैसे ही जैसे प्रगतिवाद प्रेरणा के लिए मार्क्स की ओर देखता था। इस प्रकार प्रयोगवादी काव्य की मुख्य विषय वस्तु आधुनिक मध्यवर्गीय व्यक्ति की मानसिक कुण्ठा थी। इसीलिए आरम्भ में प्रयोगवादी कविता में यौन प्रतीकों की बहुलता मिलती है। निविड़ अन्तर्मुखता के कारण प्रयोगवादी कविता के प्रतीक प्रायः नितान्त निजी और

दुरूह हो गये हैं। इसीलिए प्रयोगशील कवि की सबसे बड़ी समस्या सम्प्रेषण है। कविता में भाषा-सम्बन्धी प्रयोग और अन्वेषण का कारण सम्प्रेषण की यह कठिनाई ही है। जैसा कि अज्ञेय ने कहा है, प्रयोग कवि का साधन ही नहीं, बल्कि साध्य भी है क्योंकि वह दुहरा साधन है। इस साधन की खोज में प्रयोगशील कवियों ने आधुनिक औद्योगिक युग के उपकरणों का भी सहारा लिया। इन यान्त्रिक उपकरणों से निर्मित बिम्बों और प्रतीकों के कारण निस्सन्देह हिन्दी कविता में पहली बार 'आधुनिकता' के दर्शन हुए। कुछ आलोचकों के अनुसार प्रयोगवाद हिन्दी में 'आधुनिकता' अथवा आधुनिक बोध के उन्मेष का पहला प्रयास है। निस्सन्देह यदि 'आधुनिकता' से आशय टी.एस. इलियट और एज़रा पाउंड द्वारा प्रवर्तित आधुनिकतावादी अंग्रेज़ी कविता के आधुनिक-बोध से है तो एक हद तक यह बात सही है कि प्रयोगवाद हिन्दी में आधुनिकतावादी कविता का आन्दोलन है; क्योंकि इलियट-पाउंड के समान ही हिन्दी के अज्ञेय आदि कवि भी रोमांटिक काव्य के कट्टर विरोधी हैं; अन्तर है तो सिर्फ़ इतना कि हिन्दी के ये प्रयोगवादी कवि इलियट आदि की तरह सिद्धान्त में परम्परा के उतने पुजारी नहीं हैं। कुल मिलाकर प्रयोगवाद हिन्दी में व्यक्तिवादी रूपवादी काव्य-प्रवृत्ति के रूप में स्मरण किया जायेगा। निस्सन्देह इसके कारण कविता में रूप-सम्बन्धी नये प्रयोग करने की चेतना को बल मिला।

### स्वाधीनता की प्राप्ति और आज की कविता (1947 से आज तक)

15 अगस्त, 1947 को भारत स्वाधीन हुआ। स्वाधीनता के साथ देश के दो टुकड़े हुए। भयंकर साम्प्रदायिक दंगे हुए। हज़ारों मारे गये, लाखों बेघर हो गये। थोड़े ही दिनों बाद राष्ट्रपिता गांधी जी की हत्या कर दी गयी। इस तरह आज़ादी की ख़ुशी में ग़म का गहरा रंग था। एक उर्दू शायर के शब्दों में यह "शब-गजीदा सहर" थी जिसमें "दाग़ दाग़ उजाला था" लगभग तीन-चार वर्षों तक यही वातावरण था। इस विषय को लेकर हिन्दी में अनेक सामयिक कविताएँ लिखी गयीं। कुछ राष्ट्रीय मुक्ति के उल्लास की, कुछ विभाजन की व्यथा और गांधी जी सम्बन्धी शोक की और कुछ अधूरी आज़ादी के अहसास की। किन्तु शीघ्र ही देश ने इस परिस्थिति और मन:स्थिति पर विजय प्राप्त कर ली। देशी रजवाड़ों को ख़त्म करके प्राय: सभी रियासतों को भारतीय गण राज्य में विलीन कर लिया गया। नया संविधान बना। बालिग मताधिकार के आधार पर आम चुनाव हुए। देश में लोकतान्त्रिक सरकार क़ायम हुई। पंचवर्षीय योजना के द्वारा राष्ट्रीय निर्माण का कार्य आरम्भ हुआ।

धर्मनिरपेक्षता, लोकतन्त्र, समाजवाद और गुटनिरपेक्षता की नीतियों को लक्ष्य में रखकर भारत भविष्य की ओर आत्मविश्वास के साथ अग्रसर हुआ। स्वाधीन राष्ट्र में देखते-देखते पुनः एक नवजागरण की लहर छा गयी।

इस नये वातावरण में पिछले खेवे के प्रयोगशील कवियों ने 'नयी कविता' के सूत्रपात का नारा दिया। अज्ञेय ने अपनी 'तार सप्तक' तक की कविताओं को 'इत्यलम्' नाम से प्रकाशित करके एक दौर के अन्त और 'हरी घास पर क्षणभर' (1949) के साथ एक नये दौर के आरम्भ का संकेत दिया। यही नहीं बल्कि 'दूसरा सप्तक' (1951) प्रकाशित करके उन्होंने अपनी आकांक्षा को सामूहिक रूप भी दे डाला। उल्लेखनीय है कि 'तार सप्तक' के समान ही 'दूसरा सप्तक' में भी कुछ प्रगतिशील कवि भी शामिल हो गये। धीरे-धीरे 'नयी कविता' के अन्दर पुराने प्रगतिवाद और प्रयोगवाद का संयुक्त मोर्चा बनता प्रतीत हुआ और ऐसा लगा कि विचारधाराओं का टकराव क्षीण हो रहा है। इस प्रकार लगभग एक दशक तक हिन्दी में 'नयी कविता' का बोलबाला रहा। 'तीसरा सप्तक' (1959) के प्रकाशन के साथ प्रवृत्ति के रूप में 'नयी कविता' का अवसान हो गया। अज्ञेय, गिरिजाकुमार माथुर, गजानन माधव मुक्तिबोध, भारत भूषण अग्रवाल, प्रभाकर माचवे आदि तार सप्तकी कवियों के अतिरिक्त शमशेर बहादुर सिंह, भवानी प्रसाद मिश्र, रघुवीर सहाय, सर्वेश्वरदयाल सक्सेना, धर्मवीर भारती, नरेश मेहता, कुँवर नारायण, केदारनाथ सिंह, श्रीकान्त वर्मा आदि नयी कविता के महत्त्वपूर्ण कवि हैं। इस दौर में केदारनाथ अग्रवाल और नागार्जुन जैसे प्रगतिशील कवियों की कविता में भी ऐसी रचनात्मक दृष्टि दिखाई पड़ी जिससे नयी कविता का आभास हुआ। 'युग की गंगा' के कवि के कवि केदारनाथ अग्रवाल ने 'फूल नहीं रंग बोलते हैं' नाम से अपनी कविताओं का संकलन प्रकाशित किया और 'युग धारा' के कवि नागार्जुन ने 'सतरंगे पंखों वाली' काव्यकृति प्रस्तुत की।

'नयी कविता' प्रयोगवाद से कुछ बातों में भिन्न होते हुए भी वस्तुतः प्रयोगवाद के विकास का ही दूसरा चरण है। इसके मूल में भी चरम व्यक्तिवाद ही है; बल्कि नयी कविता में व्यक्तिवादिता कुछ बढ़ी ही है। 'तार सप्तक' काल के समान ही 'दूसरा सप्तक' में भी 'अन्वेषण' की बात दुहराई गयी किन्तु एक अन्तर के साथ। पहले 'राहों के अन्वेषण' की बात की गयी थी, अब 'आत्म-अन्वेषण' का प्रश्न उठाया गया। आत्मनिष्ठता का यह स्पष्ट संकेत है। इस दौर में कवियों ने कविता में 'ईमानदारी' का आग्रह किया और 'अनुभूति की प्रामाणिकता' पर विशेष बल दिया।

उल्लेखनीय है कि पहले बल बौद्धिकता पर था। यही नहीं बल्कि इस बीच 'तथ्य' को रागात्मक रंग देकर सत्य में ढालने की भी चर्चा की गयी। यह परिवर्तन स्वयं नयी कविता की कृतियों में भी देखा जा सकता है। नयी कविता में प्रेम और प्रकृति के प्रति अनुरागपूर्ण दृष्टि तो है ही, अनुभूति की रागात्मक अभिव्यक्ति भी काफ़ी तीव्र है। विचार प्रधान वक्तव्यों के स्थान पर अनुभूति प्रवण गीतात्मकता की ओर झुकाव दिखता है। बिम्ब विधान की ओर आकर्षण तथा कोमल कान्त पदावली की खोज भी इस दौर की कविता की उल्लेखनीय विशेषता है। यही सब देखकर कुछ आलोचकों ने कहा कि नयी कविता वस्तुतः नवरोमांटिक उत्थान की कविता है। किन्तु इस नवरोमांटिक उत्थान को स्वाधीन भारत के नवजागरण का सीधा या सच्चा प्रतिबिम्ब समझना भूल होगी। यह कविता इतनी आत्मनिष्ठ, वैयक्तिक और कुण्ठाग्रस्त है कि इसमें राष्ट्र की सामाजिक आशाओं-आकांक्षाओं को ढूँढ़ पाना मुश्किल ही है। किन्तु अपवाद यहाँ भी हैं। 'चाँद का मुँह टेढ़ा है' के वर्ग चेतन कवि मुक्तिबोध नयी कविता के अन्दर रहते हुए भी बराबर उससे संघर्ष करते रहे। उनकी कविता सही अर्थों में स्वाधीन भारत की बेचैनी, आत्मसंघर्ष, आत्मभर्त्सना आदि के साथ ही भावी समाज व्यवस्था की आकांक्षाओं को भी स्पष्टता के साथ चित्रित करती है।

## सातवें दशक का मोहभंग और विद्रोही कविता

स्वाधीनता के प्रथम दशक में राष्ट्र के समाजवादी निर्माण के बारे में जो आशाएँ जगी थीं, वे क्रमशः टूटने लगीं। आर्थिक दृष्टि से देश की आत्मनिर्भरता का विश्वास डगमगाने लगा। तीसरी पंचवर्षीय योजना के मध्यवर्ती मूल्यांकन से ज्ञात हुआ कि समाजवाद तो दरकिनार देश में इजारेदार पूँजीवाद का विकास हो रहा है। गहरे आर्थिक संकट के लक्षण प्रकट होने लगे। सातवें दशक में देश के कुछ भागों में भयंकर सूखा और अकाल पड़ा। साम्प्रदायिक शक्तियाँ सिर उठाने लगीं और स्वयं लोकतन्त्र के लिए ख़तरा पैदा हो गया। जन-असन्तोष जहाँ-तहाँ विद्रोह के रूप में भड़कने लगा। राजसत्ता के पाँव डगमगाने लगे। असुरक्षा का भाव बढ़ने लगा। 1962 के चीनी आक्रमण ने राष्ट्रीय प्रतिष्ठा को गहरी क्षति पहुँचायी। स्वाधीन भारत के प्रथम प्रधानमन्त्री जवाहरलाल नेहरू की मृत्यु (1964) जैसे इस संकट की चरम परिणति थी। कुछ इतिहासकार इस दौर को मोहभंग का युग कहते हैं।

ज़ाहिर है कि ऐसी स्थिति में वैयक्तिक आत्मनिष्ठ 'नयी कविता' नहीं चल सकती थी। युग के कटु यथार्थ की आँच सह सकने की क्षमता उसमें नहीं थी।

देखते-देखते नयी कविता अपने आप अप्रासंगिक हो गयी। किन्तु इस भांटे की प्रक्रिया में नयी कविता अपने पीछे जो छोड़ गयी वह 'अकविता' थी, जिसमें एक प्रकार के अस्पष्ट आक्रोश का अकाव्यात्मक आस्फालन भर था। इस समय हिन्दी में अमेरिकी बीट कविता की विकृत उद्धरणी हो रही थी। हिन्दी कविता के इस अराजकतापूर्ण वातावरण का अन्त राजकमल चौधरी की सशक्त काव्य कृति 'मृत्यु प्रसंग' के प्रकाशन के साथ हुआ। कह सकते हैं कि राजकमल ने अपनी ट्रैजिक मृत्यु के द्वारा इस प्रवृत्ति का शुल्क एक सार्थक कृति के रूप में अदा किया।

किन्तु थोड़े ही समय में 'देह की राजनीति' से खेलने वाली अकविता का स्थान एक विशेष प्रकार की प्रतिबद्ध कविता ने लिया, जिसकी सर्वोत्तम उपलब्धि धूमिल हैं। राजकमल चौधरी के समान ही धूमिल भी असमय ही अल्पायु में दिवंगत हो गये; किन्तु अपने एकमात्र कविता-संग्रह 'संसद से सड़क तक' के द्वारा वे आज के वातावरण में सार्थक जीवन्त कविता की दिशा का संकेत दे गये। आक्रोश धूमिल की कविता में भी, लेकिन इस आक्रोश की विडम्बना का भी उसमें गहरा अहसास है। साथ ही, यह अकवितावादियों का वैयक्तिक आक्रोश नहीं, बल्कि 'जन-आक्रोश' है। यही धूमिल की कविता की शक्ति है। इसके अतिरिक्त उन्होंने कविता को एक जीवन्त भाषा दी जिसका मूल स्रोत आम जनता की बोली में है। इस दौर के अन्य उल्लेखनीय कवि लीलाधर जगूड़ी, ज्ञानेन्द्रपति, चन्द्रकान्त देवताले आदि हैं। इन युवा कवियों के अतिरिक्त पिछले खेवे के रघुवीर सहाय और सर्वेश्वर दयाल सक्सेना जैसे कवियों ने भी इस दौर में नयी सामाजिक चेतना से सम्पन्न सार्थक कविताएँ लिखीं। इस दौर की समाजचेतन कविताओं को देखकर ऐसा लगता है जैसे एक नये प्रगतिशील काव्य का उत्थान हो रहा है।

# साहित्य के इतिहास में मीराँ

राठौरों और चित्तौड़ के सिसौदियों के इतिहास में मीराँ का कोई उल्लेख नहीं मिलता है। मीराँ का पहला उल्लेख नाभादास के भक्ति साहित्य में मिलता है। नाभादास भक्त थे और उन्होंने मीराँ को भक्त कहा है। यह उल्लेखनीय बात है कि नाभादास जाति से दलित थे। यदि मैं नाभादास के पदों की व्याख्या करूँ, वे कहते हैं कि गोपियों की तरह मीराँ ने कलियुग में भगवान कृष्ण के प्रति अपनी भक्ति-भावना प्रदर्शित की। मैं समझता हूँ कि इससे अच्छी टिप्पणी और कुछ नहीं हो सकती है। मीराँ के बारे में एक अन्य टिप्पणी है– "लोक-लाज कुल शृंखला तजि, मीराँ गिरधर भजी", (मीराँ ने तमाम सामाजिक परम्पराओं और पारिवारिक बन्धनों को तोड़कर भगवान श्रीकृष्ण या गिरधर की प्रशंसा में पद गाये हैं)।

मीराँ ने समाज की परवाह न की और न ही यह देखा कि लोग क्या कहेंगे। वास्तविकता यह है कि परिवार सम्बन्धों के बन्धन निर्मित करते हैं और मीराँ इन्हीं बन्धनों के विरुद्ध खड़ी होती हैं।

नाभादास इसलिए भी महत्त्वपूर्ण हो जाते हैं क्योंकि राजपूतों का इतिहास मीराँ पर मौन है। मीराँ को समझने के लिए बुद्धिजीवियों ने हाल के दिनों से प्रयास शुरू किये हैं। हालाँकि राजस्थान और गुजरात के जनजातियों के बीच मीराँ ख़ूब गायी जाती हैं। परिता मुक्ता ने अपनी पुस्तक 'अप होल्डिंग द कॉमोनिटी' में यह दिखाया है कि मीराँ जनजातियों और अस्पृश्य समझी जाने वाली जातियों के बीच ख़ूब गायी जाती हैं। गुजरात और पश्चिमी राजस्थान के इलाक़ों में जनजातीय और अस्पृश्य समझे जाने वाले लोग अपनी सभाओं एवं महोत्सवों में मीराँ के पद गाते हैं। इन गीतों को कभी भी एकत्रित और संगृहीत नहीं किया गया लेकिन इनकी संख्या सैकड़ों-हज़ारों में है। यह महज़ संयोग नहीं है कि नाभादास ने उन्हें याद किया है। उच्च जाति

का एक भी भक्त कवि ऐसा नहीं है जिसने मीराँ की चर्चा की हो। अठारहवीं सदी में जाकर एक कृष्ण-भक्त नागरीदास, जो एक राजकुमार होते हुए भी राज-पाट छोड़ वृन्दावन चले गये थे अपनी पुस्तक 'पद प्रसंग माला' में मीराँ की प्रशंसा करते हैं। उन्होंने अपने पदों में पूर्व के कई भक्तों की चर्चा तो की ही है, राणा को इसलिए भी ढेर सारे उलाहने दिये हैं कि उसने मीराँ को ज़हर का प्याला भिजवाया या उनके पास पिटारे में साँप भेजा। उनकी इस पुस्तक में मीराँ के चित्तौड़ से द्वारिका प्रवास तक के भी क़िस्से मिलते हैं। 'पद प्रसंगमाला' में इस बात की भी चर्चा है कि किस तरह राणा ने मीराँ को पकड़ने और वापस चित्तौड़ लाने के लिए अपने आदमी भेजे थे। इसमें इस बात का भी उल्लेख है कि मीराँ भगवान कृष्ण की मूर्ति में समाहित हो गयी थीं। इस पुस्तक में मीराँ से सम्बन्धित और भी कई क़िस्से हैं।

इसके पश्चात् बीसवीं सदी में गुरुदेव रवीन्द्रनाथ टैगोर और गांधी जी के लेखन में मीराँ का नाम आता है। सन् 1914 में टैगोर की एक कहानी छपी थी–स्त्रेर पत्र (वाईफ़्स लेटर)। इस कहानी में कहानी की नायिका मृणाल अपने पति को पत्र लिखती है। यह कहानी इसलिए भी महत्त्वपूर्ण है क्योंकि इसमें यह दिखाया गया है कि एक पत्नी जो अपने पति और परिवार द्वारा पन्द्रह वर्षों तक सतायी जाती है, अन्ततः अपने परिवार और पति को छोड़ देने का निर्णय ले लेती है अर्थात् एक महिला विवाह-संस्था को चुनौती देती है। और ऐसा करते हुए वह मीराँ को उद्धृत करती है। इस कहानी की नायिका मृणाल अपने पत्र में लिखती है, "मीराँबाई भी मेरी तरह एक स्त्री थी, उसके पाँवों की ज़ंजीरें भी मेरे पाँव की ज़ंजीरों से हल्की नहीं थीं...।" कहानी में मृणाल अपना पत्र इन शब्दों के साथ समाप्त करती है, "आपके चरणों से दुत्कारी हुई आपकी मृणाल।"

मृणाल जिस समाज का अंग है, उस समाज की परम्पराओं को देखते हुए यह एक सामान्य घटना नहीं है। परम्पराओं पर उँगली उठाने और उसके विरुद्ध विद्रोह करने के लिए वह मीराँ का उदाहरण प्रस्तुत करती है।

महात्मा गांधी ने 1915 के बाद के अपने पत्रों, भाषणों और लेखों में मीराँ का उल्लेख किया हैं टैगोर की तरह गांधी में भी एक स्त्री छुपी हुई दिखती है। टैगोर भी मानते थे कि नारी की दशा-दुर्दशा को नारी ही समझ सकती है। किसी ने गांधी जी के बारे में लिखा था, "बापू मेरी माँ हैं।" गांधी जी अपने एक पत्र में कहते हैं कि शाही परिवर में जन्मी मीराँ ने सामन्ती समाज के विरुद्ध विद्रोह किया था। मीराँ पहली सत्याग्रही थीं।

मीराँ को समझने के लिए हमें अठारहवीं से बीसवीं सदी के बीच नाभादास से लेकर नागरीदास तक और टैगोर से लेकर गांधी तक की परम्परा को समझना होगा। चूँकि मीराँ के बारे में इतिहास मौन है इसलिए हमें जनश्रुतियों आदि का सहारा लेना होगा और उन्हें ढूँढ़ना होगा। मौखिक इतिहास को जनमानस के स्मृति पटल पर अंकित और प्रचलित विश्वासों से अलगाकर देखना कठिन कार्य है क्योंकि मीराँ के पद इसे सिद्ध करते हैं। मीराँ का जीवन और उनका साहित्य आपस में इस तरह से घुले-मिले हैं कि उन्हें पृथक् करना मुश्किल है। इस सम्बन्ध में न तो कोई अभिलेख प्राप्त है और न ही कोई साक्ष्य उपलब्ध है। मीराँ ने जब घर छोड़ा उस समय उनका विवाह हो चुका था या वे विधवा थीं, इसको प्रमाणित करने वाला कोई साक्ष्य उपलब्ध नहीं है। इतिहास में दोनों तरह की मान्यताएँ प्रचलित हैं। कहना न होगा कि राजपूत परिवारों में विवाह करना बेटियों को बन्दीगृह में भेजना जैसी बात ही थी और विधवाओं के बारे में कहना ही क्या! मीराँ बार-बार यह कहती हैं कि उनकी शादी बचपन में ही गिरधर गोपाल से हो चुकी थी, इसलिए जब वे कहती हैं कि मेरे तो गिरधर गोपाल दूसरों न कोई, तो उनका ज़ोर 'दूसरो न कोई' पर ज़्यादा है।

जनश्रुतियों में यह प्रचलित है कि बचपन में मीराँ को उनकी माँ ने यह कहा था कि उनकी शादी गिरधर गोपाल की मूर्ति से हो गयी थी। हालाँकि यह एक मौखिक क़िस्सा है। लेकिन यह क़िस्सा इस बात पर बल तो देता ही है कि मीराँ के यहाँ दूसरे किसी के लिए कोई स्थान नहीं है। इस तरह मौखिक क़िस्से इस अर्थ में महत्त्वपूर्ण हैं कि वे सिद्धान्तों की बात करते हैं और ये सिद्धान्त हमें निष्ठा की ओर ले जाते हैं। मीराँ ने विधवा होने के पश्चात् सती होने से इनकार कर दिया था क्योंकि वे अपने को विधवा नहीं मानती थीं। कई सारे ऐसे क़िस्से भरे पड़े हैं जिसमें उन्होंने गोपाल से विवाह की बात की है जो स्वयं अजर-अमर हैं। राजपूत परम्परा में सती नहीं होना एक क्रान्तिकारी क़दम था।

मीराँ के पदों को कई अर्थों में समझा जा सकता है। जब उन्होंने किसी ऐसे से विवाह कर लिया था जो जीवन और मृत्यु से परे हो तो फिर किसी मरणशील व्यक्ति से विवाह का क्या अर्थ? वे कृष्ण को मात्र एक पुरुष मानती थीं और अन्य सबको स्त्री। वे मानती थीं, कि कृष्ण परमात्मा हैं और उनकी आत्मा परमात्मा से एकाकार हो चुकी है।

भारत के विविध हिस्सों में लड़कियों के नाम मीराँ रखे जाते हैं किन्तु इस शब्द का क्या अर्थ होता है, इस पर विचार किया जाना चाहिए। मुझे किसी शब्द

कोश में इसका अर्थ नहीं मिला। यदि किसी को इसका अर्थ पता हो तो वह मुझे बताये। इसमें भी दो शब्द मिलते हैं–मीरा और मीराँ। उनका वास्तविक नाम क्या था मीरा या मीराँ? संस्कृत भाषा बड़े फलक की भाषा है। संस्कृत के विद्वान् इसका बेहतर अर्थ बतायेंगे। मीराँ शब्द संस्कृत का शब्द है। मीराँ का अर्थ होता है समुन्दर, इसलिए मीराँ का अर्थ सागर या समुन्दर का एक हिस्सा हुआ। कुछ विद्वान् इसका अर्थ समुद्र कन्या (समुन्दर की बेटी) अर्थात् लक्ष्मी से लगाते हैं। इसका अर्थ एक पेय पदार्थ भी होता है। ये दोनों अर्थसंगत जान पड़ते हैं क्योंकि मीराँ प्रेम और भक्ति का समुन्दर थीं।

पश्चिम में मीराँ को नारीवादियों ने पुरुषों के विरुद्ध एक हथियार के रूप में इस्तेमाल किया। मीराँ वास्तव में उन हथियारों का विकल्प थीं जिनका पश्चिम के नारीवादी लोग इस्तेमाल कर रहे थे क्योंकि मीराँ प्रेम का हथियार थीं। मीराँ ने पुरुषों के विरुद्ध अपनी शक्ति का प्रयोग उस तरह नहीं किया जिस तरह आज की स्त्रियाँ कर रही हैं। उनकी कविताओं में राणा के विरुद्ध एक भी पंक्ति नहीं कही गयी है। ज़हर भेजने वाले प्रसंग को छोड़ दें तो वे राणा के विरुद्ध कुछ नहीं बोलती हैं। जनश्रुतियाँ हमें मीराँ के विद्रोह की प्रकृति के बारे में बताती हैं।

भारतीय परम्परा में चार प्रकार के पुरुषार्थ की चर्चा है–धर्म, कर्म, काम और मोक्ष। पहली बार भक्तों ने प्रेम को पाँचवें पुरुषार्थ के रूप में जोड़ा। भारतीय परम्परा में चार का बड़ा महत्त्व है। हमारे वेद भी चार ही हैं। महाभारत और भरतमुनि के नाट्यशास्त्र को पाँचवें वेद के रूप में माना गया है अर्थात् कुछ भी नया जोड़ने को पाँचवें के रूप में मानने की परम्परा है लेकिन इसका अर्थ यह नहीं कि पाँचवें को जोड़ने का अर्थ है पूर्व के चार की अस्वीकृति! मीराँ भी इसी परम्परा को आगे बढ़ाती हैं और प्रेम को पाँचवें वेद के रूप में परिभाषित करती हैं। यह महत्त्वपूर्ण है कि यह परम्परा एक स्त्री की ओर से आगे बढ़ायी गयी थी। कारण है कि मीराँ के बारे में बहुत सारी जनश्रुतियाँ आज तक प्रचलित हैं।

मीराँ के सम्बन्ध में एक प्रश्न यह उठता रहा है कि वे किसकी शिष्या थीं? कुछ लोग मानते हैं कि वे रैदास की शिष्या थीं, लेकिन कोई यह नहीं पूछता कि उन्होंने कब दीक्षा ली और रैदास का काल-खण्ड क्या था। हमारे समाज में चार जातियाँ हैं–एक पाँचवीं जाति भी है। उत्तर भारत में दलित चौथी जाति है, जबकि दक्षिण भारत में दलितों को पाँचवीं जाति माना गया है। महाराष्ट्र में भी पाँच जातियाँ हैं।

जाति-व्यवस्था में स्त्रियाँ चाहे जिस जाति की रही हों, पाँचवीं जाति के अन्तर्गत ही आती थीं। यही कारण है कि शोधकर्ताओं को मीराँ गुजरात के उस समाज में लोकप्रिय मिलती हैं जो कबिरा भी गाता था।

मीराँ में प्रेम तत्त्व सर्वोत्तम है, लेकिन यह कालिदास के कामोत्तेजक प्रेम से नहीं आया है। प्रेम एक मूल्य की तरह पहली बार भक्तों के साथ ही आया है। सूफ़ियों ने भी इसमें योगदान दिया था। संस्कृत काव्य से लेकर रूमी और हाफ़िज़ के सन्देशों में प्रेम को एक मूल्य के रूप में देखा गया है। पूरे भक्ति आन्दोलन के दौरान प्रेम एक केन्द्रीय मूल्य बनकर उभरा था और पहली बार इस परम्परा में स्त्रियों ने कविताएँ लिखी थीं। आज मीराँ को याद करना इस अर्थ में और भी महत्त्वपूर्ण हो जाता है।

*('कथा' पत्रिका से साभार)*

# निराला और नयी पीढ़ी

निराला से नये कवियों को अपना नाता जोड़ते देखकर श्री सुमित्रानन्दन पन्त ने इलाहाबाद विश्वविद्यालय की 'निराला व्याख्यान माला' (1965) में भाषण देते हुए कहा था–"चूँकि प्रगतिवाद के चरण उसी के आलोचकों के संकीर्ण दृष्टिकोण के कारण डगमगाने लगे थे, उन्होंने गिरने से बचने के लिए उस समय निराला की बाँह पकड़ी, जब वह प्राय: संघर्ष से टूट कर अपनी असन्तुलित मन:स्थिति में युग के आन्दोलनों के प्रति विरक्त तथा तटस्थ हो चुके थे–जिस प्रकार अब उनकी मृत्यु के बाद अपने पक्ष को बल देने के लिए प्रयोगवादी एवं नयी कवितावादी उन्हें अपनी नवीनतम प्रेरणा के गोमुख के रूप में प्रचारित करने लगे हैं–जैसे कि विगत वर्ष इसी व्याख्यान माला के अन्तर्गत अज्ञेय जी ने भी अपने व्याख्यान में स्वीकार किया था-वे अब निराला के व्यक्तित्व की विराट नींव पर मिट्टी के घरौंदे तथा झाड़-फूँस के छप्पर उठाने का प्रयत्न कर रहे हैं। वैसे निराला जी में विद्रोह क्रान्ति तथा प्रगति के लोकमंगलकामी स्वर भी मुखर रहे हैं, किन्तु जिस ऐतिहासिक अर्थ की वस्तुमुखी दृष्टि में विद्रोह, क्रान्ति या प्रगतिवाद आदि प्रयुक्त होते हैं उसका बोध न उनकी 'कुकुरमुत्ता' को पढ़कर होता है, न अन्य यथार्थवादी समाजोन्मुखी रचनाओं में ही, जिनमें वह चारों ओर फैली विकृति, सड़ाँध, दुख, अशिक्षा तथा जड़ीभूत रूढ़ियों के ढाँचे पर व्यंग्य प्रहार करते हैं।" (छायावाद : पुनर्मूल्यांकन, पृ. 67)

नये कवि ठोस तथ्यों और युक्तियों के आधार पर निराला से अपने सम्बन्ध की पुष्टि जब तक नहीं करते, पन्त जी का यह कथन बराबर एक चुनौती रहेगा। यदि थोड़ी देर के लिए प्रगतिवादी आलोचकों की समस्या को स्थगित कर दें तो क्या 'प्रयोगवादी' और 'नये कवितावादी' कवियों ने केवल 'अपने पक्ष को बल देने के लिए' निराला का इस्तेमाल किया? यदि उन्हें अपना पक्ष ही मज़बूत करना था तो स्वयं पन्त को क्यों नहीं साथ लिया उन्होंने? पन्त जी ने तो नयी कविता को शुरू-

शुरू में आशीर्वाद दिया और आगे चलकर नयी कविता-जैसी कविताएँ भी लिखीं। रही मृत्यु के बाद निराला को नयी कविता के गोमुख के रूप में प्रचारित करने की बात, तो इस विषय में तथ्य कुछ और ही कहते हैं। प्रभाकर माचवे 'तार सप्तक' के प्रथम वक्तव्य (1943) में ही भाषा और मुक्तछन्द की दृष्टि से निराला को अपना आदर्श घोषित कर चुके थे। शमशेर बहादुर सिंह भी जो पन्त जी के काव्य-प्रयोगों के प्रति सदैव सम्मानशील रहे हैं, 1946 के 'नया साहित्य' में 'तार सप्तक' की समीक्षा करते हुए लिख चुके थे कि "प्रथमत: निराला में ही न केवल 'तार सप्तक' के लगभग सभी प्रयोग बल्कि उससे भी और कहीं अधिक, कहीं अधिक" मिल जायेंगे। क्या ये दो उदाहरण इस बात को प्रमाणित करने के लिए काफ़ी नहीं कि प्रयोगशील कवि शुरू से ही निराला को अपनी नवीनतम प्रेरणा का स्रोत मानते रहे हैं और इस ऋण-स्वीकार के मूल में कवि-जनोचित सहज भावना थी, न कि अपने पक्ष को बल देने का आन्दोलनकारी अभिप्राय। अब तो वस्तुस्थिति यह है कि नयी कविता के प्रतिष्ठित होते ही प्रवर्त्तन का श्रेय लेने की होड़ में निराला का नाम कुछ दबने लगा था, जिसे आपस की होड़ ने सहसा पुन: उभार दिया। अब यह बहुत कुछ स्वीकार कर लिया गया है कि जिसे आज नयी कविता कहा जा रहा है, उसका आरम्भ सन् 37-38 के आसपास हो चुका था और निराला ने उस दिशा में पहल की थी। 'अनामिका' में संकलित इस समय की कविताएँ उस ताजगी और नवीनता का पूरा अहसास कराती हैं : जैसे 'ठूँठ', 'नासमझी' आदि। इसलिए निराला और नयी कविता के ऐतिहासिक सम्बन्ध को आज सोदाहरण प्रमाणित करने की आवश्यकता नहीं है। किन्तु क्या निराला के साथ नये कवियों का सम्बन्ध केवल 'ऐतिहासिक' है?

यह तथ्य है कि प्रयोगशील नयी कविता के समानान्तर निराला का भी काव्य-सृजन चलता रहा। 'कुकुरमुत्ता' और 'अणिमा' की कविताएँ 'तार सप्तक' के आसपास की ही हैं; फिर 'नये पत्ते' और 'बेला' की रचनाएँ प्रकाश में आयीं जिनके बाद 'अर्चना', 'आराधना', 'गीतगुंज, आदि गीतों की लम्बी शृंखला। आन्दोलनों के प्रति विरक्त और तटस्थ रहते हुए भी निराला सृजनकर्म से विरत न थे। उस स्थिति में भी वे जगत-जीवन सम्बन्धी अपने अनुभवों को रचनात्मक रूप देने के लिए 'नयी राहों के अन्वेषण' में लगे रहे। नये कवियों के कृतित्व से निराला अवगत भले ही न रहे हों, लेकिन नये कवि निराला के समकालीन कृतित्व से पूरी तरह परिचित थे। विचित्र विडम्बना है कि जिस समय नये कवि केवल मुक्त छन्द में अपने को

अभिव्यक्त कर रहे थे, मुक्त छन्द के प्रवर्त्तक निराला नयी-नयी धुन के छोटे-छोटे गीतों में अपने भाव बाँध रहे थे। विरोधाभास स्पष्ट है। फिर भी निराला में नये कवियों की रुचि थी। प्रयोगवादियों का पक्ष स्पष्ट था। उनकी रुचि मुख्यत: नये प्रयोगों में थी और इस दृष्टि से निराला में रचनात्मक सम्भावना सबसे अधिक दिखायी पड़ी। और कहना न होगा कि निराला के प्रति यह आकर्षण बहुत कुछ रूपगत ही था। इसका अर्थ यह नहीं कि प्रयोगशील कवियों ने निराला के अपने काव्य-प्रयोगों की आवृत्ति की। इस दृष्टि से देखने पर तो सम्भवत: समानता से अधिक अन्तर ही मिलेगा। किन्तु उभयनिष्ठ तत्त्व एक था और वह था 'प्रयोग का साहस।' 'राहों के अन्वेषी' कवि निराला के साथ इस साहस के सूत्र से ही जुड़े थे। इस लगाव और अपनाव की सीमा इस तथ्य से स्पष्ट हो जाती है कि निराला के जिस काव्य 'नये पत्ते' के नाम पर नयी कविता की एक पत्रिका निकली, उसी में 'महँगू महँगा रहा' जैसी क्रान्तिकारी राजनीतिक कविता भी थी किन्तु उस समय नये कवियों का ध्यान उस कविता की ओर नहीं गया। आज के युवा कवि सम्भवत: उस कविता को अधिक महत्त्व देंगे और यह एक तथ्य निराला के साथ नयी पीढ़ी के सम्बन्ध की भिन्नता की ओर संकेत करने के लिए पर्याप्त है।

परम्परा को एकदम अस्वीकार करने वाली यह नयी पीढ़ी कभी-कभी निराला का नाम ले लेती है और ज़ाहिर है कि इसके पीछे परम्परा के सहारे अपने आप को प्रतिष्ठित करने का प्रयास नहीं है–यदि है तो अधिक-से-अधिक एक विद्रोही कवि व्यक्तित्व के प्रति वीर-पूजा का भाव! चूँकि नयी पीढ़ी अपने आलोचनात्मक प्रयासों में पूर्ववर्ती कवियों के समकक्ष कम 'मुखर' है, इसलिए यह पता लगाना कुछ मुश्किल है कि वह निराला के व्यक्तित्व के प्रति अधिक आकृष्ट है अथवा कृतित्व के प्रति! काव्य की सतह पर शायद आज की कविता तथा निराला की कविताओं में कोई सम्बन्ध न दिखे, लेकिन एक आन्तरिक तार है जो निराला से चल कर मुक्तिबोध से होता हुआ, आज के श्रीकान्त वर्मा या धूमिल-जैसे कवियों तक पहुँचता है। इस सन्दर्भ में मुक्तिबोध का नाम काफ़ी संकेतपूर्ण है। मुक्तिबोध ने प्रसाद और पन्त की कविता पर विस्तार से विचार करते हुए भी निराला पर कुछ ख़ास नहीं लिखा। निराला और मुक्तिबोध के बीच कोई विशेष सम्बन्ध-सूत्र नहीं, इसका एक प्रमाण यह भी है कि निराला-साहित्य के मर्मज्ञ डॉ. रामविलास शर्मा ने मुक्तिबोध की कविताओं में कभी कोई ख़ास दिलचस्पी नहीं दिखायी। फिर भी

शमशेर बहादुर सिंह को मुक्तिबोध की लम्बी कविताएँ रह-रह कर निराला की कविताओं की याद दिला देती हैं। यह याद क्या काव्यबोध की वह अन्तर्ध्वनि नहीं जो दो समानधर्मा कृतियों को एक गहन स्तर पर परस्पर-प्रतिध्वनित करती है? 'राम की शक्ति-पूजा' और 'अँधेरे' में जैसी दो नितान्त भिन्न कविताओं के बीच गूँजने वाली यह अन्तर्ध्वनि ही निराला और मुक्तिबोध को काव्य-परम्परा के एक तार से जोड़ देती है और यदि ध्यान से सुनें तो वही गूँज कहीं न कहीं 'कहाँ जाईं का करीं' लिखने वाले कवितावली, उत्तरकाण्ड तथा 'विनय पत्रिका' के तुलसीदास में भी सुनाई पड़ सकती है।

यह गूँज कवि और उसके परिवेश के तनाव की सृष्टि है। इस रचनात्मक तनाव का तीखा अहसास ही आज के कवि को निराला से जोड़ता है। इसीलिए जब निराला कहते हैं कि–

*बाहर में कर दिया गया हूँ*
*भीतर पर भर दिया गया हूँ।*

तो आज के कवि को उन पंक्तियों में अपनी स्थिति की विवक्षा सुनाई पड़ती है।

निराला के विषय में पन्त जी ने लिखा है उनके पास ऐतिहासिक दृष्टि नहीं थी। उनके अनुसार निराला की ऐतिहासिक दृष्टि उनकी अतिशय आत्मनिष्ठता के कारण सीमित और कुण्ठित हो जाती थी। किन्तु पन्त जी की दृष्टि में निराला की जो कमज़ोरी थी, उसी के द्वारा आज के परिवेश में मानव की त्रासपूर्ण स्थिति की उपर्युक्त काव्यात्मक अभिव्यक्ति सम्भव हो सकी। इसी आत्म-अनुभूति के कारण निराला आज के अमानवीय सम्बधों के अजनबपन के विषय में यह लिख सके–

*देखते हैं लोग लोगों को*
*सही परिचय न पा कर।*

और फिर परिस्थिति के इस तीखे दबाव के बीच मन की इस विकलता को भी वाणी दे सके–

*प्रिय, मुझे वह चेतना दो देह की याद*
*जिससे रहे वंचित गेह की खोजता फिरता,*
*न पाता हुआ मेरा हृदय हारा।*

निस्सन्देह ये पंक्तियाँ नितान्त आत्म-निष्ठ हैं। ये प्रगीत प्रकृत्या वैयक्तिक है, किन्तु इनकी वैयक्तिकता के बीच से समूचे युग की पीड़ा व्यंजित होती है। यह एक

व्यक्ति की विसंगति नहीं, बल्कि आज के मानव-जीवन की विसंगति है। कहना न होगा कि इस गीतात्मक अभिव्यक्ति के मूल में वही ऐतिहासिक बोध है जो 'महँगू महँगा रहा' जैसी 'राजनीतिक' कविता के रूप में व्यक्त हुआ। मानव की गहरी पीड़ा का अस्तित्वपरक अहसास भी उसे ही हो सकता था, जो आज़ादी मिलने के पहले 'पण्डित जी, को एक्स-रे की पैनी निगाह से इस तरह देख सकता था–

"आजकल पण्डित जी देश में विराजते हैं। बीसियाँ भी पर्तों के अन्दर, खुले हुए एक-एक पर्त बड़े-बड़े विलायती लोग। देश की भी बड़ी-बड़ी थातियाँ लिए हुए।

देश के किसानों, मज़दूरों के भी अपने सगे, विलायती राष्ट्र से समझौते के लिए। साफ़ निगाह की नंगी बेलौस आवाज़।"

यही है वह तेवर जो अपनी सारी अनगढ़ता की पूरी ताक़त के साथ मुक्तिबोध की खुरदरी कविताओं से होता हुआ आज की कविता तक आया है।

निराला ने एक जगह लिखा है कि गद्य जीवन-संग्राम की भाषा है। 'बिल्लेसुर बकरिहा', 'कुल्ली भाट' तथा 'देवी' जैसी कृतियों में गद्य की ताक़त आज भी देखी जा सकती है। निराला की काव्य-भाषा की कुंजी वही गद्य है। निराला की परवर्ती कविता की भाषा उसी तराशे हुए गद्य के साँचे में ढल कर निखरी है और आज के कवियों ने यदि नयी कविता की रूढ़ियों से मुक्त एक नयी जीवन्त भाषा गढ़ने में कामयाबी हासिल की है तो उसमें कहीं-न-कही निराला का भी हाथ हैं। निराला ने इस कविता को अपना मुहावरा दिया है। अपनी सृजन-प्रक्रिया के दौरान नयी पीढ़ी देख सकेगी कि निराला से सीखने को अभी बहुत कुछ है। पाठकों और आलोचकों की सुविधा के लिए निराला से अपने सम्बन्धों की घोषणा करना कतई ज़रूरी नहीं, क्योंकि मुक्तिबोध की तरह मौन रह कर भी निराला की परम्परा को सर्जनात्मक रूप में आगे बढ़ाना सम्भव है!

*(साभार : 'साप्ताहिक हिन्दुस्तान', 4 फ़रवरी, 1968)*

# प्रगतिशील आन्दोलन और सूर्यकान्त त्रिपाठी 'निराला'

"निराला कभी भी प्रगतिशील आन्दोलन के समर्थक नहीं रहे। गहरे आश्चर्य की बात है कि लखनऊ के प्रगतिशील लेखक संघ के अधिवेशन में निराला नहीं गये थे। वे आमन्त्रित भी नहीं किये गये थे। प्रगतिवाद से उन दिनों जुड़े हुए लोग निराला के विरोधी थे। शिवदान सिंह चौहान ने छायावाद को हिन्दू महासभा एवं मुस्लिम लीग जैसा घातक बताया था। पता नहीं वे छायावादियों में क्या साम्प्रदायिकता देख रहे थे। निराला प्रगतिवाद की एक ही गोष्ठी में शामिल थे, इलाहाबाद में। वहाँ प्रगतिवाद से जुड़े फ़िराक़ गोरखपुरी से हाथापाई होते-होते बची। क्योंकि, फ़िराक़ का कहना था कि हिन्दी वालों को हिन्दी लिखना नहीं आता। फ़िराक़ भाषा सम्बन्धी प्रयोगों पर आक्षेप करते थे कि छायावाद में तत्सम शब्दों की प्रधानता है। इससे बड़ा अनर्थ हो जाता है। जैसे, 'दिल लगना' के बदले यदि 'उर लगना' लिखा जाये। यह 'उर' कहाँ का शब्द है!

निराला इलाहाबाद में ही एक अन्य प्रगतिवादी गोष्ठी में अचानक शामिल हो गये थे। लोगों के मजबूर करने पर जल्दी-जल्दी अपनी कविता पढ़कर वहाँ से जाना चाहते थे। दिलचस्पी नहीं थी। उन्होंने जो कुछ कविताएँ सुनायीं, वह प्रकारान्तर से प्रगतिवादियों का विरोध था। उसमें एक कविता थी 'भिक्षुक'। मानो निराला कह रहे हों कि जिस प्रगतिवाद को तुम लोग आज चला रहे हो, इसे मैंने दशक पहले अभिव्यक्ति दी है।

बनारसीदास चतुर्वेदी और अज्ञेय के पत्र 'विशाल भारत' में कुछ प्रगतिवादियों (शायद शिवदान सिंह चौहान) ने निराला का विरोध किया था। ज़ाहिर है, बनारसीदास चतुर्वेदी स्वयं निराला के विरोधी थे। उनके साहित्य को घासलेटी कहा था। बाद में

जब पन्त जी ने 'ग्राम्या' लिखा एवं मार्क्सवाद से जुड़े तो प्रगतिशील आन्दोलन में वे शिखर के कवि माने गये। किन्तु, निराला का नाम लेने वाला कोई न था। अतः निराला का प्रगतिवादी आन्दोलन से कोई सम्बन्ध न था। इसके बावजूद, कुछ बातें उल्लेखनीय हैं।

प्रगतिवादी आन्दोलन से न जुड़कर भी निराला प्रगतिशील भूमि से जुड़े थे। निराला की रचना उसी भूमि से उत्पन्न हुई थी। निराला उसी भूमि से रस लेते थे जिससे प्रगतिशील आन्दोलन। निराला उस आन्दोलन से न जुड़ सके तो इसका कारण आन्दोलन में शामिल विभिन्न प्रवृत्तियाँ थीं। वह कुछ बौद्धिक लोगों का समूह हो गया था जो भारतीय जनता की समस्याओं को न समझते हुए भी आन्दोलन कर रहे थे। प्रगतिवादियों में पन्त ने जब 'रूपाभ' निकाला तो उसकी अपील नेहरू तथा दो और राजनेताओं ने लिखी थी। निराला ने इसका विरोध किया था कि जिन व्यक्तियों का साहित्य से कोई सम्बन्ध नहीं, उनसे यह अपील लिखवाने का क्या मतलब?

सन् 1930 से 50 के बीच निराला की 'कुकुरमुत्ता', 'वनबेला', 'अणिमा' से लेकर 'नये पत्ते' तक की रचनाएँ प्रगतिवादी हैं। जब पन्त 'स्वर्ण किरण', 'स्वर्ण धूलि' लिख रहे थे तो निराला 'नये पत्ते' की रचनाएँ कर रहे थे–'महँगू महँगा ही रहा', 'झींगुर डटकर बोला' आदि। वे साम्राज्यवाद का जमकर विरोध कर रहे थे। सामन्तवाद का भी। निराला की कविता 'धीरे-धीरे पैर बढ़ाते आओ / वे भी देखें तुमको अपने पथ पर'–मानो उन लोगों पर व्यंग्य थी जो दूर रहकर, ऊँचाई पर रहकर जनता की सेवा करना चाहते थे। प्रगतिवादी आन्दोलन में यह बात लागू होती थी।

निराला ने यह कविता शायद 'रूपाभ' में छपवायी थी।

यह एक अद्भुत विडम्बना है कि जिस निराला की प्रगतिवादियों ने उपेक्षा की, उस निराला को यूपी के तत्कालीन वित्त मन्त्री ने कोई सरकारी सहायता देने से इसलिए इनकार कर दिया कि उनकी नज़र में वे कम्यूनिस्ट थे।

किन्तु, प्रगतिशील आन्दोलन के बदलते नेतृत्व के साथ उस आन्दोलन के प्रति निराला के रुख में भी परिवर्तन आया। जब इस आन्दोलन से रामविलास शर्मा आदि जुड़े तो स्वभावतः निराला की सहानुभूति इसके साथ थी।

निराला को प्रगतिशील आन्दोलन के साथ देखने के क्रम में आचार्य रामचन्द्र शुक्ल की भी स्थिति पर विचार करना चाहिए। वे भी आन्दोलन से नहीं जुड़े थे।

उन्होंने प्रगतिवाद पर कुछ लिखा भी नहीं। फिर भी, रामविलास शर्मा ने प्रेमचन्द, निराला एवं शुक्ल को तीन क्षेत्रों (कथा-साहित्य, कविता और आलोचना ) में समान महत्त्व पर रखा।

यद्यपि, निराला प्रगतिशील आन्दोलन से न जुड़ सके, किन्तु प्रगतिशील आन्दोलन निराला से जुड़ गया। यह गौरव की बात है। प्रगतिवादियों ने ही निराला के साहित्य को पहचाना एवं उन्हें प्रतिष्ठित किया। उसी की बदौलत निराला आज के सर्वोच्च रचनाकार हैं, मुक्तिबोध से भी बड़े रचनाकार।

प्रयोगवादियों, परिमलियों (भारती आदि) ने भी निराला को अपनी तरफ़ खींचा किन्तु अपने ढंग से ही। उन लोगों ने निराला की कविताओं को विकृत किया। चुम्बन, परिरंभन...। किन्तु, निराला प्रयोगवादियों के झीने, तार-तार आँचल में अंगारे सिद्ध हुए। उसमें न रह सके; जैसे तुलसीदास ने कलिकाल को सम्बोधित करते हुए कहा कि "मैं अंगारा हूँ। तुम मुझे निगल नहीं सकते। यदि निगल लिया तो मजबूर होकर उगलना ही पड़ेगा।"

*(कवि सूर्यकान्त त्रिपाठी 'निराला' का जन्मदिन प्रतिवर्ष वसन्त पंचमी के दिन मनाया जाता है। जनवरी 1982 में वसन्त पंचमी के अवसर पर जवाहरलाल नेहरू विश्वविद्यालय के पेरियार होस्टल में भारतीय भाषा केन्द्र के छात्रों द्वारा आयोजित एक गोष्ठी में दिया गया यह संक्षिप्त व्याख्यान है। सौजन्य उदय भान दुबे, भारतीय भाषा केन्द्र के तत्कालीन छात्र।)*

# नयी कविता पर क्षण भर

क्या नयी कविता का अन्त आ गया है? सवाल स्वयं नये कवि करने लगे हैं। पाठक या आलोचक नहीं। 'नयी कविता' पत्रिका के सम्पादक-कवियों ने स्वयं अपनी ओर से सवाल उठाया है कि क्या नयी कविता निस्तेज हो रही है? कुछ दिन हुए अज्ञेय के भी मन में यह सवाल उठा था कि–

*चुक गयी क्या राह? लिख दें हम*
*चरम लिखतम् पराजय की?*

यदि 'मोड़ आगे और है' की आत्म-सान्त्वना को आत्म-विश्वास भी मान लें तो भी यह सवाल है कि कवि के मन में यह सवाल उठा ही क्यों? जो आत्म-विश्वास विरोधी आलोचनाओं से भी नहीं हिला, वह आज अपने-आप क्यों हिल उठा है? प्रयोग के उस साहस को सहसा क्या हो गया? अन्वेषण का वह उत्साह अचानक ठण्डा कैसे पड़ गया? नये की सम्भावना में सन्देह कैसे पैदा हो गया? नये कवियों को तो किसी बाहरी राजनीतिक संगठन का दबाव भी नहीं है और नहीं है किसी बाहरी जीवन-दर्शन का अनुशासन। जिस रचनात्मक अभियान में अपनी अनुभूति ही निधि थी और आन्तरिक विवेक ही पथ-प्रदर्शक था, उसकी परिणति आत्म-सन्देह में क्यों हुई? क्या 'नयी कविता' में ही कोई अन्तर्निहित दर्शन है ये जिसकी तर्कसंगत परिणति यहाँ तक हुई है? क्योंकि इसके अतिरिक्त किसी अन्य कारण की चर्चा केवल आरोप कहलायेगा। सवाल यह है कि नयी कविता का वह 'अन्तर्निहित दर्शन' क्या है?

नये कवियों ने अपनी ओर से किसी 'दर्शन' की घोषणा नहीं की है। यही नहीं बल्कि उन्होंने दृढ़ता के साथ कविता के लिए 'दर्शन' मात्र को घातक बताया है। विचारधारा चाहे कोई हो, नये कवियों के लिए वर्जना रही है और जिनकी कोई अपनी विचारधारा है भी तो उन्होंने भरसक उसे कविता में या कविता के बाहर

छिपाने की कोशिश की। नयी कविता का अन्दोलन ही सभी प्रकार की विचारधाराओं से मुक्त केवल कविता में नवीनता के आदर्श को लेकर चला है। सामान्यत: एक नये कवि की आकांक्षा किसी नयी अनुभूति या नयी संवेदना को नया रूपाकार देने की रही है। ऐसी स्थिति में यदि आज राह चुकने का सवाल उठता है, तो उसका कारण इस 'नवीनता' की आकांक्षा में ही होना चाहिए।

अंग्रेज़ी कविता के अध्येताओं को मालूम होगा कि कविता में नवीनता के आदर्श की घोषणा पिछली शताब्दी में स्पष्ट रूप से एडगर एलेन पो ने की थी। 'काव्य-सिद्धान्त' शीर्षक निबन्ध में पो ने स्पष्ट शब्दों में कहा था कि "नये की आकांक्षा आत्मा का अंग है। आवृत्ति से अद्‌भुत-से-अद्‌भुत आनन्द भी नीरस हो जाता है।" इस आदर्श की उपलब्धि के लिए पो ने अपनी कला को 'भावात्मक उत्तेजना' के लिए इस्तेमाल किया, क्योंकि उत्तेजना के साथ नवीनता का सम्बन्ध अनिवार्य है। यदि कविता का उद्‌देश्य शुद्ध आनन्द है तो किसी एक चीज़ से जो आनन्द एक बार मिला, दुबारा उससे वही आनन्द नहीं मिल सकता; इसलिए उस आनन्द को जगाने के लिए उससे भी बढ़कर किसी नये उत्तेजक आलम्बन को उपलब्ध करना पड़ेगा। इस प्रकार निरन्तर नये अनुभव की खोज अनिवार्य है। लेकिन सवाल यह है कि यह सिलसिला कहाँ जाकर ख़त्म होगा? फिर यदि नये-नये आलम्बन मिलते भी जायें तो उत्तेजित होने वाले मन की भी तो एक सीमा होगी। आवृत्ति से क्या केवल उत्तेजक वस्तु का ही क्षय होता है? उत्तेजित होने वाले मन में कोई क्षीणता नहीं आती क्या? शायद पो का ध्यान इस ओर नहीं गया था, अन्यथा वह पागल होकर न मरता।

साहित्य में निरन्तर नये की खोज ने कितनों को पागल बनाकर छोड़ा, कितनों को मौन कर दिया, कितनों से कविता ही छुड़वा दी, कितनों को चर्च की शरण लेने के लिए विवश किया और कितनों को एकरसता की ऊब में डुबा दिया–इसे योरप और अमेरिका के गत सौ साल के साहित्यिक इतिहास में देखा जा सकता है।

इसे विडम्बना ही कहना चाहिए कि नवीनता के अन्वेषी जिस एकरसता से बचना चाहते हैं, वही एकरसता उनके साथ लग जाती है। यह विरोध-भास ही है कि जितनी एकरसता नयी कविता में पैदा हुई, उतनी छायावाद और प्रगतिवाद में भी शायद ही रही हो। यह ऐसा तथ्य है जिसे कई आत्मचेता कवि स्वीकार करते हैं और नयी कविता से सहानुभूति रखने वाले कुछ आलोचक सावधान करते हुए कह चुके हैं।

शुद्ध अनुभूति या संवेदना के क्षेत्र में निरी नवीनता की खोज अधिक-से-अधिक थोड़ी विलक्षणता और तीव्रता की मात्रा में ही उपलब्ध हो सकती है और जैसे-जैसे नवीनता की दिशा में एक-एक मात्रा उपलब्ध होती जाती है, क्रमशः परिचित होती जाती है। परिचय एकरसता उत्पन्न करता है और एकरसता निरर्थकता। धीरे-धीरे नवीन अन्वेषण की आशा भी धुँधली पड़ने लगती है। इस प्रकार नये की खोज का आरम्भ एकरसता से होता है और अन्त भी एकरसता में होता है। जिस एकरसता से विद्रोह कर कवि नये को खोजने निकलता है, वह एकरसता उसे सामने मिलती है। व्यर्थता के विरुद्ध होने वाला यह विद्रोह व्यर्थता में ही समाहित होता है।

अमेरिकी समीक्षक आइवर विंटर्स ने सुप्रसिद्ध कवि वैलेस स्टीवेंस का उदाहरण लेकर नवीनता के अन्वेषण का पूरा विकास भली भाँति दिखाया है। विंटर्स ने सोदाहरण बताया है कि जिस काव्य-सिद्धान्त की पोल पो नहीं देख सका था, उसे वैलेंस स्टीवेंस ने देख लिया था; इसीलिए उसकी कविता में समय-समय पर आत्मोपहास और आत्म-विडम्बना के चित्र मिलते हैं, किन्तु इसके बावजूद वैलेस स्टीवेंस उस मूलभूत एकरसता से अन्त तक मुक्त न हो सका। क्या यह आश्चर्य की बात नहीं है कि इतना सशक्त कवि केवल एक ही काव्य वस्तु को घुमा-फिराकर अन्तिम समय तक कहता रहा। और वह काव्य-वस्तु भी क्या थी कि स्वयं कविता!

क्या हिन्दी की नयी कविता में भी कुछ-कुछ ऐसी ही स्थिति नहीं है? अन्य कवियों को छोड़कर यदि अज्ञेय को ही लें तो क्या है? अज्ञेय ने हर नये कविता-संग्रह में कोई-न-कोई नया अनुभव देने की कोशिश की है। नगर के अनुभव चुक गये तो गाँव के, जंगल के, पहाड़ के। देश के अनुभव चुक गये तो विदेश के। मानव-समाज के अनुभव फीके पड़े तो अछूती प्रकृति के जुटाये गये। जब सब हो गया तो जापान से 'हाइकू' कविताएँ ले आये, यही नहीं बल्कि हिन्दी वालों के लिए नयी चीज़ 'ज़ेन' बौद्धमत की साधना-पद्धति का नुस्खा भी साथ बाँध लाये। नये प्रतीकों की खोज करके प्रेयसी के लिए कभी 'बाजरे की कलंगी' ले आये तो यथासम्भव कहीं-कहीं चिरपरिचित शब्दों को नया अर्थ भी दे दिया। नये अन्वेषण द्वारा लायी हुई इन सामग्रियों में कितनी 'कविता' है और कितना निरा अन्वेषण—इसे अलगाना बहुत मुश्किल नहीं है। इस दौड़-धूप के बीच जो दो-चार सचमुच ही 'कविताएँ' मिलेंगी, वे बहुत सम्भव है कि 'नवीन-अन्वेषण' के बाहर की ही ठहरेंगी।

इन सबके बावजूद आत्म-विडम्बना और आत्मोपहास का स्वर है सो ऊपर से। 'अल्ला रे अल्ला, होता मैं न आदमी होता करमकल्ला' जैसी कविता और किस

मनोवृत्ति का सूचक है? किसी नये पाठक को सुना दिया जाय तो इसे किसी हास्यरस के कवि की कविता कह बैठेगा। यदि अज्ञेय में वैलेस स्टीवेंस की-सी गहरी आत्म-विडम्बना की कविताएँ नहीं हैं तो इसीलिए कि उनमें वैसी गम्भीर काव्य-चिन्ता नहीं है और नहीं है उस स्तर का आत्मबोध। शायद इसलिए भी कि नये के प्रति अभी उनका वैसा मोहभंग नहीं हुआ है।

वैसे, तमाम विविधताओं के बीच अज्ञेय की भी काव्य-वस्तु कुछ एक ही है और अब वे भी ज़्यादातर कविताएँ 'कविता' पर ही लिखने लगे हैं। कभी कहते हैं कि "आज तुम शब्द न दो, न दो", तो कभी कहते हैं कि ''मुझे तीन दो शब्द'' और अब यह कि "अर्थ दो, अर्थ दो, मत हमें रूपाकार इतने व्यर्थ दो।"

विकास की दिशा वही है। कविता जब स्वयं कविता का विषय हो जाय तो समझना चाहिए कि उसका अन्त आ गया है। यह ख़तरे की बात है कि नयी कविता का विषय क्रमशः 'नयी कविता' स्वयं होती जा रही है। अज्ञेय की देखादेखी बहुत-से नये कवि शब्द और अर्थ दोनों में से एक माँगते तो एक बात भी थी, यदि नये कवि इसी तरह कविता से शब्द और अर्थ माँगते रहे तो स्वयं कविता ही बहुत जल्द उनसे विदा माँग लेगी।

यह नवीन के अन्वेषण का ही रोग है जो कवि को कभी शब्द और कभी अर्थ माँगने के लिए विवश करता है। निरन्तर नये-नये आलम्बन की खोज में पूँजी चुक ही जाती है। लेकिन शब्द देने वाला कौन है? अर्थ देने वाला कौन है? किससे माँग? किसकी माँग? दोनों एक ही हैं–स्वयं कवि! (क्योंकि वाग्देवता सरस्वती को अब कौन मानता है और अर्थ-देवता समाज तो जाने क्या है!) अनिवार्य परिणति मौन है। आकस्मिक नहीं जो अज्ञेय रह-रहकर 'मौन' का जाप करते हैं। "कुछ बचा अगर तो मौन बचा; यदि शेष रहा तो मौन रहा," जो कहा नहीं गया, वह मौन ही है। जो तीन शब्द अज्ञेय माँगते हैं उनमें से एक शब्द तो वह है जिसे वे कभी जिह्वा पर भी लाना नहीं चाहते, दूसरा वह है जो कहा तो जा सकता है लेकिन दर्द से ओछा पड़ता है, इसलिए कहने योग्य नहीं है और तीसरा शब्द खरा धातु है लेकिन जिसे पाने के बाद वे पूछना चाहते हैं कि क्या न बिना इसके भी काम चलेगा और इस प्रकार मौन रह जाते हैं।

सारे रहस्यवाद का अर्थ केवल इतना है कि कवि में रह-रहकर मौन हो जाने की इच्छा जगती है। यदि वह मौन नहीं हुआ तो इसका अर्थ यह है कि वह इच्छा अभी प्रबल नहीं हुई है और शायद कविता कहते रहने का कोई काव्येतर मोह भी

है। वैसे इस प्रकार की मन:स्थति में मौन ही बेहतर होता, जैसा कि कुछ आत्म-चेता कवि आदर्श प्रस्तुत कर चुके हैं।

लेकिन अज्ञेय मौन नहीं हुए तो इसलिए कि उनके ख़याल में कहीं से ज़िन्दगी गहरे इशारे कर रही है, लेकिन ये गहरे इशारे करने वाली ज़िन्दगी को कोई स्थूल ज़िन्दगी न समझ ले, इसलिए उन्होंने स्पष्ट कर दिया है कि यह किसी 'शब्दातीत का संकेत' है। 'शब्द ईश्वर है, इसी से वह रहस् है' तथा 'शब्द अपने आप में इति है' जैसे सारगर्भित उद्धरण इसी सन्दर्भ में आये हैं। ध्यान देने की बात है कि ज़िन्दगी के ये इशारे जापान की 'ज़ेन' बौद्ध सम्प्रदाय की साधना-पद्धति के परिचय के बाद प्राप्त हुए हैं। वह रहस्यात्मक सत्ता कौन है जो किसी समय छायावादी कवि को नक्षत्रों से मौन निमन्त्रण देती थी और अब एक नये कवि को जाने किस ओट से 'शब्दातीत संकेत' दे रही है और ज़रूरत पड़ने पर ठेठ हिन्दुस्तानी में अपने को 'ज़िन्दगी' कहती है तथा अपने संकेत को 'इशारे'।

नये-नये अनुभव की खोज में देश-विदेश की यह दौड़-धूप, आत्म-विडम्बना, शब्द-अर्थ की माँग, मौन की चाह और 'ज़ेन' रहस्य-साधना–सबकी सब एक साथ नयी कविता में कैसे जमा हो गये? क्या वे नये अनुभव यही हैं जिनके अन्वेषण के लिए इतना बड़ा आन्दोलन खड़ा किया गया? इसमें कितना नया है और कितना अन्वेषण? नयी कविता की इस अन्वेषण-यात्रा से स्पष्ट है कि नवीनता की निरी खोज का पथ किन-किन दिशाओं की ओर जाता है। यदि 'ज़ेन' साधना-पद्धति का आकर्षण केवल नया-शौक़ भर नहीं है तो चिर-अभिलषित 'मौन' की उपलब्धि निश्चित है। सदियों पहले सुकरात ने कहा था कि तर्क जहाँ तक ले जाये, जाओ। यदि नया कवि नवीनता के अन्वेषण के प्रति सच्चा है तो उसे वहाँ तक जाना पड़ेगा, जहाँ तक वह ले जाये। अज्ञेय की सच्ची लगन ने उस मंज़िल तक पहुँचा दिया है और यदि उनके 'आ तु/आ तु' को कुछ कवियों ने प्यार की बोली समझकर अनुसरण किया तो देर नहीं कि कल वे भी ज़ेन बौद्ध मन्दिर की देहली पर 'हाइकू' 'हाइकू' करते नज़र आयेंगे या शायद कविता को मन्त्र की तरह बुदबुदाते सुनाई पड़ें।

अन्यथा, 'नयी कविता' का बुनियादी आधार ही छोड़ना पड़ेगा। इस संकट-बिन्दु को देखते हुए जब तक कोई एकदम इस समूची धारणा को ही नहीं हटा फेंकता, सच्ची काव्य-रचना असम्भव है।

आचार्य शुक्ल बहुत पहले कह गये हैं कि कोरी नवीनता केवल मरे हुए आन्दोलन का इतिहास छोड़ जाय तो छोड़ जाय, कविता नहीं खड़ी कर सकती।

# अज्ञेय साधक कवि थे

इस वर्ष चार साहित्यकारों की जन्मशताब्दी आरम्भ हुई है। जनवरी में शमशेर बहादुर सिंह की, मार्च में अज्ञेय की, अप्रैल में केदारनाथ अग्रवाल की और जून में नागार्जुन की। मैंने अज्ञेय को छोड़कर अन्य तीनों पर काम किया है। उन तीनों पर शायद इसलिए भी कि वे प्रगतिशील लेखक संघ से जुड़े थे। अज्ञेय को क़रीब से जानते हुए भी मैंने उन पर जमकर काम नहीं किया लेकिन आजकल मैं अज्ञेय को ही पढ़ रहा हूँ। उनकी कविताएँ ख़ासकर छोटी कविताएँ मुझे प्रभावित करती हैं। उसी तरह जैसे अज्ञेय को अपनी छोटी कविताएँ ही पसन्द थीं। मैं आजकल सोच रहा हूँ कि अज्ञेय को अपनी छोटी कविताएँ जो सूक्ति की तरह हैं, क्यों पसन्द थीं। अपनी लम्बी कविता 'असाध्य वीणा', जिसे काफ़ी सराहा जाता है, के बारे में अज्ञेय ने कहा था कि वह कविता अन्त में शिथिल हो जाती है। वैसे 'असाध्य वीणा' अज्ञेय का काव्य-दर्शन और जीवन दृष्टि है। उनके समकालीनों में किसी ने इतना नहीं लिखा। निराला और पन्त शायद होंगे लेकिन वे भी शायद ही। साहित्य की कोई विधा नहीं जिसमें अज्ञेय ने काम न किया हो। आरम्भ उन्होंने कहानी और कविता से किया। 'जयदोल' कहानी-संग्रह उनके असम से लौटते ही छपा था। इसके बाद वे अपने उपन्यासों 'शेखर एक जीवनी', 'नदी के द्वीप' और 'अपने-अपने अजनबी' के कारण लोकप्रिय हुए। संस्मरण, टिप्पणी, डायरी, यात्रा-संस्मरण, आलोचनात्मक लेख, निबन्ध, पत्रकारिता–कुछ भी नहीं बचा था उनसे। आकाशवाणी से भी वे जुड़े रहे। उनके लिखे नाटकों का मंचन भी दिल्ली के श्रीराम सेंटर में हुआ था। वे बहुत अच्छे फोटोग्राफ़र और चित्रकार भी थे। उनकी मृत्यु के बाद इला डालमिया के सम्पादन में एक पुस्तक आयी 'मरुथल', जिसमें अज्ञेय की कविताओं के साथ उनके द्वारा लिए गये चित्र भी हैं। अपनी आत्मसमीक्षा भी उन्होंने काफ़ी निर्मम और निश्छल भाव से की है। उनके पिता पुरातत्वविद थे और अज्ञेय का जन्म कुशीनगर

के एक कैम्प में हुआ था। वहाँ उनके पिता को बुद्ध की एक बड़ी प्रतिमा मिली थी। बुद्ध के दर्शन से अज्ञेय प्रभावित थे। 'दुख ही सत्य है', बुद्ध का यह मौन कहीं बहुत गहरे उनके अन्दर था और शायद यही कारण रहा हो कि बन्दूक और पिस्तौल के माध्यम से क्रान्ति की बात करने वाले अज्ञेय इसकी प्रतिक्रिया में गांधी की ओर न जाकर बुद्ध की ओर गये। उनकी कविताओं में बुद्ध के दर्शन को महसूस किया जा सकता है। एक कविता है 'कितनी शान्ति कितनी शान्ति...' या फिर 'चुपचाप चुपचाप...।' वे बहुत कम बोलते थे। शब्दों के प्रयोग को लेकर वे काफ़ी सतर्क थे। वे नपे-तुले शब्दों का प्रयोग करते थे। उनके दौर में अगर दो शब्द साधक कवियों का नाम लेना हो तो एक अज्ञेय हैं और दूसरे शमशेर। अज्ञेय की कविताओं में एक छवि है, एक चित्र है और उनमें जो संवेदना है, वह कथित या वाच्य नहीं होती, ध्वनित होती है। उनकी एक बड़ी प्यारी कविता है 'नाच'। "मैं नाच रहा हूँ दो खम्भों के बीच बँधी रस्सी पर। लोग देख रहे हैं मेरा नाच..."। इसमें नाच उनका सम्पूर्ण संरचनात्मक कार्य है। कविता, कहानी, उपन्यास लिखना उनका नाच है। लोग जिसे नाच या कला समझ रहे हैं उसके विपरीत वे दो खम्भों के बीच बँधी रस्सी को खोलकर तनावमुक्त होना चाह रहे हैं। इसी मुक्ति की तलाश में वे आजीवन रहे। यह अकेली कविता उनके जीवन की आत्मकथा भी है। उनकी सोच वैज्ञानिक थी। जिस तरह विज्ञान में अन्तिम सत्य कुछ नहीं होता सिर्फ़ प्रयोग होता है, उसी तरह वे कविता में भी जब प्रयोग की बात करते तब कहते यह अन्तिम सत्य नहीं है।

अज्ञेय से मेरी पहली मुलाक़ात 1946 में काशी की सरस्वती प्रेस में हुई थी। वे असम के मोर्चे से लौटे थे। हमारी पीढ़ी के साहित्यकारों में उस समय तक मुझसे पहले कोई उनसे नहीं मिला था। 'शेखर एक जीवनी' पर मैंने उनसे सवाल किया था। बता दूँ कि अज्ञेय ने इस उपन्यास का तीसरा खण्ड भी क़रीब-क़रीब लिख लिया था लेकिन वह प्रकाशित नहीं हो सका। वहीं उनका एक भाषण भी हुआ था। भाषण उन्होंने असमिया मच्छरों पर दिया। वे साहित्य पर कुछ बोले ही नहीं। ऐसा चमत्कार सिर्फ़ वात्स्यायन जी ही कर सकते थे।

अज्ञेय के साथ मैं जोधपुर विश्वविद्यालय में क़रीब डेढ़ साल तक रहा। विश्वविद्यालय के कुलपति प्रो. वी.वी. जॉन ने अज्ञेय को जोधपुर में बतौर अध्यापक बुलाया था। प्रो. जॉन ने कहा, "जब तक उन्हें आवास नहीं मिल जाता, वे तुम्हारे साथ ही कुछ दिन रहेंगे। वैसे मैंने सुना है तुम्हारे और अज्ञेय के बीच विचारों का मतभेद है, फिर भी तुम स्टेशन जाओ और उन्हें लेकर आओ।" 10 दिन तो अज्ञेय

मेरे ही साथ थे। मैंने निकट से उनकी दिनचर्या देखी। वे घूमने-फिरने के शौक़ीन थे। वे कलात्मक अभिरुचि के आदमी थे और बड़े अच्छे संग्रहकर्ता थे। वे जहाँ भी जाते पेड़-पौधों की खोज ज़रूर करते। पत्थर चुनकर रखते। कैमरा हमेशा उनके साथ होता था।

अज्ञेय की तरह आत्मनिर्भर व्यक्ति मैंने आज तक नहीं देखा। अपना भोजन वे खुद बनाते। इतना ही नहीं वे अपना कपड़ा काट और सी भी सकते थे। शायद उनके एकाकी जीवन ने ही उन्हें इतना आत्मनिर्भर बनाया हो। प्रो. जॉन ने उन्हें दो साल के लिए विश्वविद्यालय में बुलाया था लेकिन खुद कुलपति ने डेढ़ साल में ही अपना इस्तीफ़ा दे दिया तो अज्ञेय भी चले गये। इतने लम्बे समय तक उनके साथ रहने वालों में—सम्भवतः दिल्ली में जब उन्होंने साप्ताहिक पत्रिका 'दिनमान' शुरू की थी, तब रघुवीर सहाय, सर्वेश्वर दयाल सक्सेना और सम्भवतः मनोहर श्याम जोशी रहे होंगे। दुख के साथ कहना पड़ रहा है कि उनमें से कोई अब इस दुनिया में नहीं है। अज्ञेय की इस जन्मशताब्दी में वे लिखते और कुछ कहते तो शायद कुछ और नयी बातें सामने आतीं।

*(साभार : 'संडे नई दुनिया' 7 मार्च, 2010)*

# आज के प्रश्न और अज्ञेय

संगोष्ठी के अध्यक्ष प्रोफ़ेसर श्रीवास्तव, विजया जी और संगोष्ठी में उपस्थित अशोक वाजपेयी जी, प्रो. हरीश त्रिवेदी, प्रो. गोपेश्वर सिंह, इस महाविद्यालय के शिक्षक-बन्धुओ, सभागार में उपस्थित छात्र-छात्राओ! मैं हिन्दू कॉलेज के प्रति सबसे पहले हृदय से आभार व्यक्त करता हूँ कि उन्होंने अज्ञेय शतवार्षिकी के अवसर पर मुझे याद किया और दो शब्द कहने के लिए अवसर दिया। वैसे सामान्यत: अज्ञेय की चर्चाओं में भरसक लोग मुझे कुछ बाहर ही रखना पसन्द करते हैं। एक आम धारणा है, ख़ासतौर से अज्ञेय भक्तों की, कि मैं उनके विरोधियों में हूँ। उसके लिए स्पष्टीकरण देना कोई बहुत ज़रूरी नहीं है। सफ़ाई में वक़्त बर्बाद नहीं करना चाहता, न आपका, न अपना। लेकिन यह कम लोग जानते हैं और यहाँ जितने लोग उपस्थित हैं, कम-से-कम इस समय जो लोग हैं... हिन्दी के अनेक लोगों में से जो सन् चालीस के आस-पास दिल्ली में रहे होंगे और वे यहाँ दिखायी भी पड़ रहे हैं। अज्ञेय से मिलने वालों में, परिचय करने में, मुलाक़ात में, सम्भवत: यहाँ उपस्थित लोगों में मेरी पहचान पुरानी है। उन्नीस सौ पैंतालीस में युद्ध समाप्त होने के बाद अज्ञेय सबसे पहले बनारस आये थे। सरस्वती प्रेस में रुके थे। मुझे सूचना मिली सरस्वती प्रेस से तो अज्ञेय के साहित्य का पाठक होने के नाते मैं उनसे मिलने गया था। और उस समय उदय प्रताप कॉलेज में मैं पढ़ता था। स्टूडेंट यूनियन का मैं प्रेसिडेंट था। तो अपने कॉलेज में भाषण देने के लिए मैं उन्हें आमन्त्रित करने के लिए गया और कृपापूर्वक उन्होंने स्वीकार कर लिया। और बाऊजी के साथ वे आये थे। और बड़ी खटारा-सी गाड़ी थी, उसमें स्वयं ड्राइव करते हुए बाऊजी को साथ लेकर आये थे। ख़ैर, वो भाषण कैसा रहा। वहाँ क्या चर्चा हुई? उसकी चर्चा करना यहाँ अप्रासंगिक है। उसके बाद वो सम्बन्ध जो बना...। वहाँ से इलाहाबाद गये वो और उन दिनों...ये

सन् बावन के आसपास की घटना है। वे अक्सर काशी आया करते थे। ख़ासतौर से बाबू राय कृष्णदास से मिलने के लिए क्योंकि राय कृष्णदास उनके पिताजी हरप्रसाद शास्त्री के मित्र थे और कला में... प्राचीन चीज़ों में उनकी दिलचस्पी थी। उस नाते रायसाहब से मिलने के लिए वो आते थे...वो काशी हिन्दू विश्वविद्यालय कैम्पस में रहते थे। वो अगर हर हफ़्ते नहीं तो, पन्द्रहवें दिन तो वे काशी में ही पाये जाते थे और विश्वभारती के दिनों की मित्रता के कारण वे गुरुदेव के यहाँ भी जाते थे, हजारी प्रसाद द्विवेदी के यहाँ। यहाँ की अनेक रोचक घटनाएँ हैं, जो केदार जी को भी याद हैं। एक तो वो पुराना परिचय था, सन् सैंतालीस के अन्त और छियालीस के आरम्भ का और दूसरा ये कि किन्हीं कारणों से हम लोग जोधपुर विश्वविद्यालय में दो साल तक साथ रहे। और जब तक आवास नहीं मिला था उन्हें तो लगभग दो हफ़्ते हमारे साथ ही ठहरे और उसमें कहीं वो भाव नहीं था, जो आमतौर पर...वो जिसके लिए समझे जाते हैं। जहाँ तक मैंने कहा कि मेरी उनके विरोधी होने की छवि है। अब वो छवि है तो है। मुख्य रूप से यह था कि प्रगतिवाद बनाम प्रयोगवाद चला था। शीत युद्ध का ज़माना था। वो जब उन्होंने 'प्रतीक' निकालना शुरू किया था उससे कुछ बाद की घटना है, उस समय की नहीं। 'तार सप्तक' की तैयारी हो रही थी कि कौन कवि शामिल किया जाये। तो उसमें विचारधाराओं को लेकर के जो टकराव का दौर था, शीत युद्ध का...ज़ाहिर है कि वे संयोग से फँस गये दूसरे खेमे में। 'परिमल' के लोग बहुत-से अज्ञेय के भक्त थे। संयोग से...'कहलाने एकत बसत अहि मयूर मृग बाघ/जगत तपोवन से कियौ दीरघ दाघ निदाघ।' तो इलाहाबाद तपोवन हो गया था साहित्य का और उस तपोवन में कण्व मुनि की तरह से वात्स्यायन जी विद्यमान थे और दूसरा खेमा ये था। ये दूसरी बात है कि उस वक़्त दोनों खेमों के मेले अलग-अलग रहते थे। लेकिन दोनों साथ-साथ पाये जाते थे।...लेकिन दो वर्ष जो अभिशप्त थे हम लोग जोधपुर में, उस बीच जो आदान-प्रदान हुआ और मैं उनके हृदय की विशालता कहूँगा वात्स्यायन जी की...उनको जाने समझने का अवसर मिला। इस पृष्ठभूमि में वात्स्यायन जी के साहित्य के बारे में, छियासठ-सड़सठ के आसपास लिखी हुई मेरी पुस्तक 'कविता के नये प्रतिमान' है उसके आठवें अध्याय में असाध्य वीणा का विश्लेषण करते हुए इस सम्बन्ध में जो मैंने लिखा है, उसे जिन लोगों ने देखा हो...देखने का संयोग घटित हुआ हो, तो उसे अन्दाजा लगेगा कि उनके काव्य के प्रति मेरे मन में क्या धारणा है। ऐसी स्थिति में मेरी जो मन:स्थिति है... वात्स्यायन जी की दूसरी एक कविता के माध्यम से मैं शुरू करना चाहता हूँ और दो

कविताओं की मैं चर्चा करूँगा संक्षेप में। वो कविता है उनकी 'नाच', जिसका एक अंश अभी मैंने संयोग से आपके हिन्दू कॉलेज में लगे हुए देखा है। आपके ध्यान में होगी कविता। और स्वयं वात्स्यायन जी को मैं इसी रूप में देखता हूँ जैसे एक तनी हुई रस्सी पर एक आदमी नाचता है–उनके समूचे साहित्य में। अन्तिम दिनों में हर तनी हुई रस्सी पर चलने वाला आदमी चाहता है कि इस तनाव से मुक्त हो। ऊपर से बहुत शान्त और स्थिर...तनिक भी विक्षोभ न हो, लेकिन अन्दर साबित करता है। बहुत कम बोलते भी थे...ख़ास जगहों पर।

आपके सामने जो यह वक्तव्य है तो एक तरह से शलाका परीक्षा है, उसमें उतरने की कोशिश मैं कर रहा हूँ और इस परीक्षा में मेरी स्थिति लगभग वही अभिव्यक्त करती है अगर कोई कविता है तो 'नाच' है। हूँ तो खड़ा आपके सामने लेकिन आप देखेंगे कि लगभग मुझे नाचना नहीं आता और नाचना नहीं आता तो मैं आपके आँगन को टेढ़ा तो कहूँगा नहीं, नाच न जाने आँगन टेढ़ा। आँगन सीधा-सादा ही है आप लोगों का। कविता एक बार मैं पढ़ देता हूँ और ये क्यों महत्त्वपूर्ण है? इसकी ओर केवल इशारा करूँगा, उसकी व्याख्या नहीं करूँगा। आपमें से बहुतों को याद होगी।

एक तनी हुई रस्सी है / जिस पर मैं नाचता हूँ / जिस तनी हुई रस्सी पर मैं नाचता हूँ / (आवृत्तियों को देखिए, वो आवृत्तियाँ संगीत बनाती हैं, वो छन्द है) तो जिस तनी हुई रस्सी पर मैं नाचता हूँ / वो दो खम्भों के बीच है / रस्सी पर मैं नाचता हूँ / वह एक खम्भे से दूसरे खम्भे तक का नाच है / दो खम्भों के बीच जिस तनी हुई रस्सी पर मैं नाचता हूँ / उस पर तीखी रोशनी पड़ती है / जिसमें लोग मेरा नाच देखते हैं / न मुझे देखते हैं जो नाचता है / न रस्सी को जिस पर मैं नाचता हूँ / लोग सिर्फ़ नाच देखते हैं / पर मैं जब नाचता हूँ / जिस रस्सी पर नाचता हूँ / जो इन खम्भों के बीच है / जिस पर जो रोशनी पड़ती है / उस रोशनी में उन खम्भों के बीच उस रस्सी पर / असल में मैं नाचता नहीं हूँ / मैं केवल उस खम्भे से इस खम्भे तक दौड़ता हूँ / कि इस या उस खम्भे से रस्सी खोल दूँ / कि तनाव चुके ढो और ढील में मुझे छुट्टी हो जाये / पर तनाव ढीलता नहीं / मैं उस खम्भे से उस खम्भे तक दौड़ता हूँ / पर तनाव वैसा ही बना रहता है / सब कुछ वैसा ही बना रहता है / और वही मेरा नाच है जिसे सब देखते हैं / मुझे नहीं / रस्सी को नहीं / खम्भे नहीं/ रोशनी नहीं / वे देखते हैं नाच।

संगीत में, ख़ासतौर से डांस में जिस तरह से आवृत्तियाँ होती हैं, खम्भा, रस्सी, मैं, नाच, दौड़ना—इन चार-पाँच शब्दों से पूरी की पूरी कविता बनी हुई है। और ये जो आवृत्तियाँ होती हैं, वो छन्द है इस कविता का। बहुत विश्लेषण करना पड़ेगा। कहीं कोई क्लासरूम होता तो उस टेक्स्ट की व्याख्या ब्यौरे में जाकर होती। ज़ाहिर है कि यह संगोष्ठी है, क्लासरूम नहीं है। तो मैं वो भूमिका अध्यापक होने के बावजूद निभाने की मूर्खता नहीं करूँगा और ख़ासतौर से अनेक रसज्ञ लोगों के सामने। कविता में एक तनाव और तनाव में ढील देने की बात की गयी। तनाव, मुक्ति, अज्ञेय के समूचे साहित्य में आपको मिलेगा। जितना मैंने पढ़ा है...उनके पूरे विकास को...कविता के विकास को देखें, प्रेम, अनुराग, प्रकृति आदि होते हुए... संस्कृत काव्यशास्त्र में शान्त को सभी रसों का पर्यवसायी मानते हैं और सबसे बड़ी उपलब्धि मानते हैं...अन्तिम। और वही जीवन में सबसे बड़ी...लोग शान्ति चाहते भी हैं। सम्पूर्ण साहित्य अज्ञेय का अपनी विकलता, बेचैनी, तनाव, उपन्यास, कहानी, कविता के द्वारा... इसलिए उनकी जो 'सदानीरा' छपी है, उस 'सदानीरा' को कालक्रम की दृष्टि से अध्ययन करें कि कहाँ से शुरू करके कैसे चलते हुए अन्तिम कविताओं में लगभग तुलसीदास की 'विनय पत्रिका' के राम-रावण युद्ध की कथा, रामायण लिखने के बाद भी...'रामचरितमानस' का अन्त पढ़े और अन्तिम 'विनय पत्रिका'। लोग 'विनय पत्रिका' को उनकी सर्वोत्तम उपलब्धि मानते हैं। क्योंकि सारे संघर्ष, तनाव के बीच, चाहे वह राम-रावण युद्ध हो रहा हो या युद्ध के बहाने वे अपने दौर के उस संघर्ष की कहानी कह रहे हों, उसकी अन्तिम परिणति होती है। और शायद अज्ञेय के समूचें साहित्य क्रम का विकास मुझे इस रूप में दिखायी पड़ता है। इस 'नाच' के साथ जो मैंने कहा कि मेरी बहुत प्रिय कविता है, वो है 'असाध्य वीणा'। और मेरा ख़याल है कि सर्वश्रेष्ठ लम्बी कविताओं की सूची बनाई जायेगी, जो बहुत लम्बी नहीं होगी, छोटी ही होगी...चयन यदि करें तो प्रसाद की 'प्रलय की छाया', निराला की 'राम की शक्तिपूजा'...ये जिस कोटि की हैं... खेद के साथ कहना पड़ता है कि पन्त जी की ऐसी कोई कविता... हाँ 'परिवर्तन' है, मुक्तिबोध की 'अँधेरे में'–ये ऐसी कविताएँ हैं। तो अशोक जी तो योजनाशूर हैं ही, उनको व्यवहार में भी लगा देते हैं कि ऐसी लम्बी कविताएँ और इन लम्बी कविताओं में एक-एक कविता की समीक्षा करके छाप जाये तो समझता मैं हूँ कि हिन्दी में अच्छा काम होगा और पाठ्यक्रम में इन कविताओं को पढ़ाया जाये तो हिन्दी की जो अन्तरात्मा है, उससे विद्यार्थियों का सचमुच परिचय होगा।

इस नाते मैंने कहा कि उस लम्बी कविता में जो 'असाध्य वीणा' है, वात्स्यायन जी की काव्य-कला के सभी रूपों का परिचय 'असाध्य वीणा' में मिलता है। उसका केवल एक अंश मैं आपके सामने सुनाना चाहता है, जहाँ उसकी परिसमाप्ति होती है। उससे आपको यह भी आभास होगा कि ये जो कविता है 'असाध्य वीणा'... 'नाच' 1976 की है, 'असाध्य वीणा' इकसठ की है। पचास साल की उम्र थी अज्ञेय की जब उन्होंने 'असाध्य वीणा' लिखी। और वो इलियट कहता है न कि जहाँ हमारा आरम्भ है, वहीं हमारा अन्त है... तो बिगनिंग औ एंड जो होता है... वे कसया में पैदा हुए थे और अन्त तक वे नहीं भूलते कि मेरा जन्म बुद्ध की भूमि कसया में हुआ है। और उस बौद्ध दर्शन का जो शान्ति वाला पक्ष था... वो बार-बार आता है और संघर्ष तो था ही बुद्ध का। तो उनकी परवर्ती कविताएँ आप देखेंगे तो जैसा मैंने कहा कि शान्त पर्यवसायी है समूची कविता में। असाध्य वीणा जब बजती है तो उसको किसने कैसे सुना... पुस्तक होती तो बताता कि जो हलवाहा है, चरवाहा है, खेत में पानी डालने वाले लोग हैं, उन्होंने अपने-अपने ढंग से उस वीणा में क्या-क्या सुना, वो सूची आप पूरी की पूरी देखें तो उससे आपको पता चलता है कि जो लोग अज्ञेय को जन-विरोधी मानते हैं... तो 'असाध्य वीणा' में वो साधारण जनों के... किसानों के... खेत में काम करने वाले... उन लोगों की एक-एक क्रिया... सारी की सारी उसको वो सुनाई पड़ती है उस वीणा में। एक पूरा समाज... राजा के यहाँ तो बजा रहे हैं लेकिन उसके सुनने वाले कौन हैं? कहाँ-कहाँ प्रभाव पड़ता है... इससे मालूम होता है कि वीणा कितनी अधिक व्यापक ... जीवन के अनुभवों, दृश्यों, समुदायों और उसके भाषा के स्तर देखें। 'असाध्य वीणा' में ये जो आजकल बोलचाल की भाषा वाली बात है, वो भी है। क्योंकि एक परिनिष्ठित संस्कृत के ज्ञाता... क्योंकि न भूलें कि वो एक पुरातत्वविद् और संस्कृत के विद्वान के बेटे थे। संस्कृत उनकी बहुत अच्छी थी। कोश... और ऐसे शब्दों का प्रयोग किया है... जो शब्द... मैं तो कभी-कभी ये सोचता हूँ कि किसी को लगा के... एक परियोजना हो, जिसमें केवल अज्ञेय की कविताओं का शब्दकोश बनाया जाये। जैसे तुलसी की गरिमा है... शेक्सपियर के बारे में कहते हैं कि उसने जितने शब्दों का अंग्रेज़ी से प्रयोग किया है... हरीश जी बेहतर बता सकते हैं कि अंग्रेज़ी में किसी ने उतने शब्दों का प्रयोग नहीं किया है। तुलसी-कोश आप पढ़ें तो पता लगेगा कि जितने शब्दों का प्रयोग उन्होंने कर दिया, उसके आधे हिस्से में भी लोगों की पहुँच नहीं है। इस दृष्टि से अज्ञेय की केवल कविता, गद्य आप छोड़ भी दें, तो कविता का जो शब्दकोश बनेगा...। मैं इन

शब्दों के साथ उसका एक अन्तिम अंश, जहाँ कविता समाप्त होती है—कहकर के वीणा मौन हुई—वो अंश आपके सामने पढ़ना चाहता हूँ। ये केश कम्बली, आपना कम्बल-वम्बल ओढ़े हुए राजा के दरबार में आये थे, वीणा लेकर के... रखी हुई है, जो असाध्य वीणा थी, कोई बजा नहीं पाता था, वो काम सौंपा गया। अब कैसे वीणा के सामने देर तक झुका रहा और अन्त में छुअन हुई और वीणा बज उठी। वीणा स्वयं अपने को बजाती है। वो गायक कहता है कि मुझमें क्या ताक़त...। जिस किरीट तरु से काट करके वह लकड़ी निकाली गयी थी, वीणा बनायी गयी थी, उस किरीट तरु को एक-एक प्रतीक, सिम्बल...। अब ये आकस्मिक नहीं है... संयोगवश मैं कह दूँ कि अज्ञेय ने 'प्रतीक' नामक पत्रिका निकाली थी। लोग 'प्रतीक' का अर्थ आमतौर से जो समझते हैं... बिम्ब, प्रतीक जो लिखा करते हैं... पर प्रतीक जब वो कहते हैं तो उसका एक अलग दर्शन है। हमारे यहाँ प्रतीकवाद का कोई वाद नहीं चला हिन्दी में। फ्रांस में ही 'सिम्बालिज़्म' नाम की चीज़ चली थी। लोग भूल जाते हैं अज्ञेय के सन्दर्भ में कि प्रतीकवाद अज्ञेय में... लोग उनको तो प्रयोगवादी कहते हैं। मुझे भ्रामक लगता है। प्रयोगवादी नहीं हैं वो। हमारी पूरी परम्परा के प्रतीकों का अज्ञेय कैसे इस्तेमाल करते हैं। और छोड़ दें तो इस कविता को देखें आप। पहले केशकम्बली का आना, वीणा का आना... एक-एक प्रतीक उसमें जो आते हैं। केवल अन्तिम अंश आपको सुनाना चाहता हूँ। संगीतकार... ये अन्तिम है, वीणा को धीरे-से नीचे रख... ढँक... मानो... (लय है इसमें मैं तो गद्य की तरह पढ़ रहा हूँ। संगीतकार वीणा को धीरे-से नीचे रख, ढाँक-ढँक मानो)/गोदी में सोये शिशु को पालने डालकर मुग्धा माँ/हट जाय दीठ से दुलराती (हाथ से नहीं)/ उठ खड़ा हुआ/...(बोला)... श्रेय नहीं कुछ मेरा/मैं तो डूब गया था स्वयं शून्य में/ वीणा के माध्यम से अपने को मैंने/सब कुछ सौंप दिया था/सुना आपने जो, वह मेरा नहीं, न वीणा का था/वह तो सब कुछ तथता थी (तथता किस दार्शनिक सन्दर्भ में आता है। यही दर्शन से आया हुआ शब्द है। अलग सिद्धान्त है तथता का)/महाशून्य/ वह महामौन/अविभाज्य, अनाप्त, अद्रवित, अप्रमेय... (इस अनुप्रास को देखिए। अनुप्रास ही नहीं, अविभाज्य, अनाप्त, अद्रवित, अप्रमेय... ये शब्द हिन्दी कविता में नहीं आये हैं। दर्शन की किताबों में इनमें से कुछ पाये जाते हैं)/जो शब्दहीन/ सब में गाता है/नमस्कार कर मुड़ा प्रियंवद केशकम्बली (लेकर कम्बल) गेह-गुफा को चला गया/उठ गयी सभा/सब अपने-अपने काम लगे अन्तिम शब्द 'युग पलट गया' चला गया। यह पूरा का पूरा जो अन्त है... ये कलात्मक दृष्टि से जो बचाव है इसका, इससे पता चलता है। ये कवित्व लम्बी कविताओं में...।

लोगों का ख़याल है कि मैंने 'अंधेरे में' को महान कविता कहा था। तुलना करने की बात नहीं है लेकिन यह जो कलात्मक रचाव कविता का विन्यास जैसा अज्ञेय में है, मुक्तिबोध में नहीं था। ये तथ्य है। स्वीकार करना चाहिए। विचार बड़े ज्वलन्त हैं, इसमें कोई शक नहीं लेकिन जो रचाव है कविता का, जो कला है और यह कविता प्रतीकवादियों की नहीं थी, ये शब्दों की कला है। जैसा साध लिया था अज्ञेय ने, कम लोगों में पाया जाता है। उनके अनुयायियों तक में नहीं, फिर बाकी विरोधियों को तो छोड़ दीजिए। इस पर पूरी की पूरी एक किताब लिखी जा सकती है। मैं केवल संकेत के रूप में कह रहा हूँ। और मैंने कहा कि मैं केशकम्बली तो हूँ नहीं, हो भी नहीं सकता, क्षमता भी नहीं। लेकिन मैं अज्ञेय की ये वीणा आप लोगों के सामने रखकर के इन शब्दों के साथ विदा लेता हूँ।

*साभार : 'हस्ताक्षर' पत्रिका, अंक-12, हिन्दू कॉलेज, दिल्ली विश्वविद्यालय (यह वक्तव्य नामवर जी ने दिसम्बर 2010 में हिन्दू कॉलेज में 'आज के प्रश्न और अज्ञेय' विषय पर आयोजित संगोष्ठी में दिया था।)*

लिप्यन्तरण : **आशा रावत**

# आधुनिक हिन्दी साहित्य में मनुष्य की छवि : एक दृष्टिकोण

हिन्दी के साहित्यिक परिदृश्य में मनुष्य के समग्र मूल्यांकन का प्रयास करने से पहले हमें यह देखना चाहिए कि समकालीन हिन्दी कविता में मनुष्य की जो छवि उभरती है, वह कैसी है। यहाँ हमें अपने को सिर्फ़ कविता के दायरे में सीमित रखने के लिए क्षमाप्रार्थी होने की आवश्यकता नहीं है, क्योंकि यह कविता ही है, जिसमें विचार, भाव और अवधारणा का संश्लिष्ट रूप देखने को मिलता है। कहना न होगा कि आज की हिन्दी कविता में खिन्नता और निराशा की मनोदशा व्याप्त है। ऐसी निराशा, जो भय और आतंक से भरी हुई है। आज का हिन्दी कवि जिस मनुष्य की छवि उकेर रहा है, वह मनुष्य होने की बुनियादी शर्त से कहीं नीचे का जीवन जी रहा है। वह स्वयं को चारों तरफ़ से घिर चुके ऐसे जानवर की तरह देखता है, जिसकी आँखों में गहरा भय समाया हुआ है—मानो उसका अन्त अब ज़्यादा दूर नहीं है। ग़रज़ कि आज की हिन्दी कविता का मनुष्य स्वयं को नियति के हवाले कर चुका है। हालाँकि कभी-कभी वह बेहद हताश व्यक्ति की तरह युक्तिपूर्ण साहस का प्रदर्शन करता है, जिसे कुछ कवि और आलोचक 'प्रतिबद्धता' मानते हैं। पर फिर से वह उसी आत्मदया, प्रलाप और शाश्वत भय की शरण में चला जाता है। वह आधे-अधूरे मन से समाज की अमानवीय शक्तियों के ख़िलाफ़ युद्ध छेड़ता तो है, किन्तु अपने विचारों और उद्‌देश्यों के प्रति दृढ़ आस्था रखने वाले व्यक्ति की तरह वह निष्ठा, धैर्य और साहस का प्रदर्शन नहीं कर पाता। जब हिन्दी का कवि बार-बार यह कहता है कि उसे योजनाबद्ध रूप से या सोच-समझकर अमानवीकृत कर दिया गया है, तो उसकी कविता के सन्दर्भ में हमें यह सोचने पर विवश होना पड़ता है कि क्या उसके पास यह जानने की एक स्पष्ट और सुविचारित दृष्टि है कि मनुष्य होता क्या है और मनुष्य को होना कैसा चाहिए ?

मनुष्य क्या है–जब से यह प्रश्न सामने आया है, तब से दार्शनिक, वैज्ञानिक और कलाकार इसका उत्तर खोजने में लगे हुए हैं। एंटोनियो ग्राम्शी इस समस्या की जड़ तक पहुँचते हुए कहते हैं कि "... यह प्रश्न सामने रखते हुए कि 'मनुष्य क्या है', हमें यह देखना चाहिए कि क्या मनुष्य अपने जीवन का निर्माण स्वयं कर सकता है। यह मानने में कोई हिचक नहीं होनी चाहिए कि मनुष्य एक प्रक्रिया है, और उससे कहीं अधिक, अपने कार्यकलाप की प्रक्रिया। अगर गहराई से सोचें तो यह प्रश्न कि 'मनुष्य क्या है' अपने आप में एक अमूर्त या 'वस्तुनिष्ठ' प्रश्न नहीं है। यह हमारे अपने बारे में तथा दूसरों के बारे में सोचने की प्रक्रिया से उत्पन्न हुआ है, और हमने जो सोचा और देखा है, उसके सन्दर्भ में हम यह जानना चाहते हैं कि हम क्या हैं और क्या हो सकते हैं; क्या हम वास्तव में 'स्वयं के निर्माता' और अपने जीवन और भाग्य के विधाता हैं और यदि हाँ तो किस हद तक। और इसे हम आज और आज की परिस्थिति के आधार पर जानना चाहते हैं, अपने दैनन्दिन जीवन की परिस्थिति में जानना चाहते हैं, न कि किसी और जीवन या किसी और मनुष्य की परिस्थिति में।"

अमूर्त या भाववादी दर्शन में मनुष्य की एक आदर्श और शाश्वत अवधारणा है, जो यह मानती है कि सामान्य मनुष्य उन जकड़नों से परे है, जिनका सामना उसे अपने समय और स्थान के कारण दैनन्दिन जीवन में करना पड़ता है। भाववादी दर्शन बड़ी चतुराई से समाज, इतिहास, विज्ञान और राजनीति द्वारा उत्पन्न की गयी समस्याओं से छुटकारा पा लेता है। भाववादी दर्शन का मनुष्य 'पारलौकिक' है–लगभग भगवान की तरह। वह अन्याय, शोषण, ग़रीबी, असमानता, भूख और बीमारी से असंपृक्त है। मनुष्य की यह अवधारणा आज भी बहुतों को प्रिय है। वे ग्राम्शी की इस बात से सहमत नहीं होंगे कि मनुष्य अपने कार्यों की प्रक्रिया है, क्योंकि वे 'शुद्ध विचार' के संसार में विचरण करते हैं। वे कुछ संकोच से सम्भवतः यह मान लेंगे कि मनुष्य अपना और अपने भाग्य का निर्माता स्वयं है, पर वे 'आज की परिस्थिति' या दैनन्दिन जीवन की परिस्थिति में शायद ही यक़ीन रखेंगे, क्योंकि उनकी दृष्टि में ये बातें विचलित करने वाले भ्रम या मिथ्या की तरह हैं और 'सत्य' या 'वास्तविकता' को इन बातों से दूषित नहीं किया जाना चाहिए। उन्हें यह डर सताता है कि उनकी नियति विशाल जनसमुदाय से जुड़ी हुई है। वे अपने लिए एक अलग नियति बनाने की कोशिश में लगे रहते हैं–ऐसी नियति जो भौतिक जीवन के दैनन्दिन कार्य-व्यापार से मुक्त हो। वे व्यक्तिगत मुक्ति में प्रबल आस्था रखने लगते हैं और स्वयं को मीनार और द्वीप की तरह देखना उन्हें रुचिकर लगता है–

भिन्न, एकाकी और अलग-थलग। कहना न होगा कि मनुष्य की यह छवि अत्यन्त सम्मोहक और आकर्षक है। अज्ञेय अपनी कविता 'नदी के द्वीप' में लिखते हैं–

*द्वीप हैं हम !*
*यह नहीं है शाप।*
*यह अपनी नियति है।*
*हम नदी के पुत्र हैं। बैठे नदी के क्रोड में।*
*वह बृहत भूखण्ड से हमको मिलाती है।*
*और वह भूखण्ड अपना पितर है।*

यहाँ नदी संस्कृति की धारा है, व्यक्ति द्वीप है और भूखण्ड मनुष्य का साझापन। कविता पुनर्जन्म की इस आशा के साथ समाप्त होती है–

*...उसी में रेत होकर*
*फिर छनेंगे हम। जमेंगे हम। कहीं फिर पैर टेकेंगे।*
*कहीं फिर भी खड़ा होगा नये व्यक्तित्व का आकार।*
*मात:, उसे फिर संस्कार तुम देना।*

एक आलोचक के अनुसार इस कविता में प्रकृति और इतिहास का महाचक्र मनुष्य के व्यक्तिगत जीवन के लघु चक्र को स्वयं में समाहित कर लेता है; और कवि के लिए यह सम्भव है कि वह परम्परा का रुख करते हुए परिवर्तन और व्यक्तिगत अस्मिता की यातना को पुनरागमन की शाश्वत अवधारणा से जुड़े प्राचीन प्रतीक में समाविष्ट कर ले। इसमें कोई सन्देह नहीं कि बार-बार वापस आने की क्षमता रखने वाले मनुष्य की छवि लुभावनी है, लेकिन कविता की सतर्क व्याख्या अलग दास्तान बयान करती है–कवि इस बात पर लगातार ज़ोर देता है कि नदी ही द्वीप को भूखंड के साथ जोड़ती है, लेकिन यह तथ्य अकाट्य है कि द्वीप आख़िरकार द्वीप है, जो मुख्य भूखण्ड से पृथक् है; और वहाँ सिर्फ़ पुल या नौका से ही पहुँचा जा सकता है। इसके अलावा, अलग-अलग द्वीप भी अपने आप में एक-दूसरे से पृथक् हैं। सम्भवत: अज्ञेय इस अनुभव-सिद्ध तथ्य को स्वीकार नहीं करना चाहते कि कोई भी मनुष्य द्वीप नहीं होता। यहाँ तक कि कविता का किंचित आशावादी स्वर भी हमारी बहुत दूर तक मदद नहीं करता है। पुनरागमन की यह उम्मीद वस्तुत: विनाश के भय से नि:सृत है, जो अंतत: पुनरावतार और पुनर्जन्म के उन अप्रमाणित सिद्धान्तों पर आधारित है, जिन्हें भाववादी दर्शन भी पूर्ण रूप से स्वीकार नहीं करता। "जमेंगे हम" जैसे आग्रह में किसी भविष्यवक्ता की ध्वनि

है, जिससे किसी रक्षक और नायक की छवि उभरती है–ऐसा ताक़तवर और अकेला मनुष्य, जिसे किसी सहारे की आवश्यकता नहीं और जो अपनी नियति का शिल्पकार स्वयं है।

ग़ौरतलब है कि अज्ञेय की दृष्टि में जो नदी के सुन्दर 'द्वीप' हैं, वे गजानन माधव मुक्तिबोध के लिए 'चम्बल की घाटी में' चट्टानों के अनगढ़ टुकड़े हैं। वे प्रस्तरीभूत हैं, क्योंकि उन्हें "सामंजस्यों के कठघरे में ख़ुद संगतिबद्ध ही रहने की है ज़िद।" यह समझौता उन्हें पत्थर बनाता है–जड़, प्राणहीन और अमानवीकृत। उनकी जड़ता इसलिए भी डरावनी लगती है, क्योंकि उन पर बैठा हुआ हत्यारा डाकू 'पाषाण' से भी कहीं अधिक अमानवीकृत हो चुका है। मुक्तिबोध प्रश्न करते हैं–

*ओ मेरे पाषाण, ओ मेरे टीले*
*आख़िर तू डाकू की कुरसी ही क्यों हुआ!!*
*क्यों उसने तुझको ही छाँटा और चुन लिया*
*तुझ पर ही आख़िर बैठ गया क्यों वह?*
*और फिर उत्तर देते हैं–*
*छाती पर तुम्हारे...*
*अकड़कर ठाठ से*
*बैठी जो डाकू की चट्टानी मूरत,*
*तुम्हारी ही फ़ैल-मोटाई हुई सूरत*
*तुम्हारी ही आकृति।*

इस प्रकार मुक्तिबोध व्यक्तिगत मुक्ति ढूँढ़ने वाले व्यक्ति के दोहरे चरित्र को उजागर करते हैं। वे यह सिद्ध करते हैं कि पाषाण रूपी व्यक्ति और 'डाकू' के बीच गहरा षड्यन्त्र है। व्यक्तिगत स्वतन्त्रता का दम भरने वाले व्यक्ति की तानाशाह और निरंकुश ताक़तों के साथ गहरी साँठ-गाँठ होती है, क्योंकि ये ताक़तें उसे मोक्ष पाने के लिए स्वतन्त्र छोड़ देती हैं। जन्म-मरण के चक्र, पुनर्जन्म, अवतार, आत्मा के अमरत्व और भौतिक जगत पर अध्यात्म जगत की श्रेष्ठता से किसी भी तानाशाह का कोई झगड़ा नहीं होता।

मुक्तिबोध के अनुसार इस पाषाणवत स्थिति से मुक्ति तभी सम्भव है जब पाषाण या टीला ख़ुद को टुकड़े-टुकड़े कर 'डाकू' का विध्वंस कर दे। यानी व्यक्तिवाद को नष्ट करके ही 'डाकू' का संहार किया जा सकता है। मनुष्य को सबसे पहले

अपने अहंकार से मुक्त होना चाहिए। अहंकार का त्याग एक तरह से आत्मविलुप्ति का कठिन मार्ग है, पर मानव जाति की सामूहिक मुक्ति के लिए यह परम आवश्यक है। जैसा कि मुक्तिबोध का कहना है : "...कभी अकेले में मुक्ति न मिलती। यदि वह है तो सबके ही साथ।"

इसी अहसास के साथ मुक्तिबोध का आत्मसंघर्ष शुरू होता है और उसका चरमोत्कर्ष मिलता है उनकी 'अँधेरे में' कविता में, जहाँ वे ऐसे मनुष्य की छवि उद्घाटित करते हैं, जिसका "अपना व्यक्तित्व ही अपने से खोया हुआ'' है, पर "वही अकस्मात उसे मिलता था रात में।" यह कविता 'आत्म-निर्वासन' या 'अस्मिता के लोप' का सघन काव्यात्मक चित्रण है। व्यवस्था के दबाव और आतंक के कारण मनुष्य अपने स्वतन्त्र विचारों और भावों पर अंकुश लगाता है और अपने मनोमस्तिष्क में और समाज में असहज समझौते करने पर विवश हो जाता है। यह एक प्रकार का आत्म-प्रतिबन्ध है। मुक्तिबोध का मानना था कि हम अपने वास्तविक व्यक्तित्व को अपने अन्तस या उपचेतन के तलघर में क़ैद कर लेते हैं। पर विडम्बना यह है कि यह निर्वासित व्यक्तित्व न तो स्वयं चैन से रहता है और न ही हमें चैन से रहने देता है। 'अँधेरे में' कविता में आत्म-निर्वासित व्यक्ति का यह विद्रोही पक्ष "रक्तालोक-स्नात पुरुष'' के रूप में प्रकट होता है। यह वही व्यक्ति है, जो सैनिक शासन और मार्शल लॉ को चुनौती देता हुआ बार-बार यह गीत गाता है–

*अब तक क्या किया ?*
*जीवन क्या जिआ !!*

'अँधेरे में' कविता का काव्य-नायक इसी खोए हुए व्यक्ति की तलाश में है, क्योंकि "वह रहस्यमय व्यक्ति अब तक न पायी गयी मेरी अभिव्यक्ति है/ पूर्ण अवस्था वह निज सम्भावनाओं, निहित प्रभावों, प्रतिमाओं की/मेरे परिपूर्ण का आविर्भाव।" इस प्रकार मुक्तिबोध न केवल आत्म-निर्वासित व्यक्ति का, बल्कि उस मनुष्य का चित्रांकन करते हैं, जो अपनी पूर्ण सम्भावना को उजागर करने के लिए व्यग्र और बेचैन है। मुक्तिबोध सम्भवतः हिन्दी के अकेले कवि हैं, जो कविता में 'सम्पूर्ण मनुष्य' की छवि को साकार करते हैं।

यहाँ मुक्तिबोध का एक और चित्र याद आता है–'डबरे पर सूरज का बिम्ब।' मुक्तिबोध कहते हैं कि भले ही हम सब लोग डबरे की तरह हों, पर हममें सूरज का प्रतिबिम्ब धारण करने की अद्भुत क्षमता है। अगर हम अज्ञेय के 'द्वीप' के बरअक्स मुक्तिबोध के 'डबरे' को रखें, तो यह स्पष्ट हो जायेगा कि जहाँ अज्ञेय

का ज़ोर मनुष्य के अकेले होने पर है, मुक्तिबोध साधारण मनुष्य की अन्तर्निहित शक्ति पर बल देते हैं। संवेदनशील कवि होने के नाते मुक्तिबोध अपने समय के दबावों से परिचित हैं। वे यह भी जानते हैं कि उनके लिए व्यक्तिगत मुक्ति और पलायन का रास्ता आसानी से सुलभ है। पर उनका आत्मसजग और वस्तु-सजग मन उन्हें आत्मलीन उदासीनता और जीवन को निस्सार समझने की आत्मप्रवंचना से उन्हें बचाता है; और अन्ततः हमें अँधेरे के ख़िलाफ़, अलगाव और उदासीनता के ख़िलाफ़, आन्तरिक दोहरेपन के ख़िलाफ़ "संकल्प-धर्मा चेतना का रक्तप्लावित स्वर" सुनाई पड़ता है।

सम्भव है कि कुछ लोग 'सम्पूर्ण मनुष्य' की इस छवि को 'रोमांटिक' या 'काल्पनिक' कहकर ख़ारिज करने की कोशिश करें। पर क्या वस्तु-जगत से विकसित होने वाली मनुष्य की अन्तर्निहित सम्भावनाओं को पहचानना और महसूस करना महज़ एक रोमांटिक ख़याल है? क्या भविष्य को अपने परिप्रेक्ष्य में शामिल करना रूमानियत है? अगर सृजनधर्मी कल्पना रोमांटिक है, तो मुक्तिबोध को कुछ हद तक रोमांटिक भी कहा जा सकता है, पर ठीक उसी अर्थ में जैसे 'सम्पूर्ण मनुष्य' का स्वप्न देखने वाले कार्ल मार्क्स रोमांटिक थे और लेनिन भी, जिन्होंने दुनिया में पहली समाजवादी व्यवस्था की नींव रखी। पर हम यह जानते हैं कि मैक्सिम गोर्की ने जिसे 'क्रान्तिकारी रोमांटिकता' और 'वीरत्व-व्यंजक रोमांटिकता' कहा था, वह अपने उद्देश्यों को प्राप्त कर लेने पर 'समाजवादी यथार्थवाद' में परिणत हो जाती है। वस्तुतः मुक्तिबोध के 'सम्पूर्ण मनुष्य' के पास उस रोमांटिक नवजागरण की विरासत है, जो हमारे स्वतन्त्रता-संग्राम का सर्वोत्तम प्रतिफल रहा है। इस दृष्टि से मुक्तिबोध का 'मनुष्य' निराला की 'राम की शक्ति पूजा' के 'पुरुषोत्तम नवीन' का उत्तराधिकारी है, जो अन्याय के हाथों अपनी पराजय से थोड़ी देर के लिए अवश्य हिल जाता है, पर उसके पास ऐसे अपराजेय मन की शक्ति है, "जो नहीं जानता दैन्य, नहीं जानता विनय" और अन्ततः वह 'महाशक्ति' अर्जित करने में सफल होता है। मुक्तिबोध का मनुष्य प्रेमचन्द के उपन्यास 'रंगभूमि' के सूरदास की परम्परा को आगे बढ़ाता है, जो मरते समय यह कहता है कि "जो ग़रीबों के लिए जान लड़ा दे, वही सच्चा वीर है।" प्रेमचन्द के मर्मस्पर्शी शब्दों में, "हाँ, वह साधु न था, महात्मा न था, देवता न था, फरिश्ता न था। एक क्षुद्र, शक्तिहीन प्राणी था, चिन्ताओं और बाधाओं से घिरा हुआ, जिसमें अवगुण भी थे और गुण भी। गुण कम थे, अवगुण बहुत। क्रोध, लोभ, मोह, अहंकार, ये सभी दुर्गुण उसके चरित्र

में भरे हुए थे, गुण केवल एक था, किन्तु ये सभी दुर्गुण उस गुण के सम्पर्क से, नमक की खान में जाकर नमक हो जानेवाली वस्तुओं की भाँति, देवगुणों का रूप धारण कर लेते थे–क्रोध सत्क्रोध हो जाता था, लोभ सदानुराग, मोह सदुत्साह के रूप में प्रकट होता था और अहंकार आत्माभिमान के वेश में! और वह गुण क्या था?–न्याय-प्रेम, सत्य-भक्ति, परोपकार, दर्द या उसका जो नाम चाहे, रख लीजिए। अन्याय देखकर उससे न रहा जाता था, अनीति उसके लिए असह्य थी।" मुक्तिबोध का मनुष्य प्रेमचन्द का सूरदास है–उसकी कमज़ोरियों और शारीरिक एवं बौद्धिक अक्षमताओं के बिना।

परम्परा और प्रगति, स्मृति और आशा, इतिहास और कल्पना के एकाकार होने पर ही 'मनुष्य' की सच्ची परिभाषा सम्भव है। हिन्दी कविता में मुक्तिबोध हमें इसका कलात्मक बोध कराते हैं कि मनुष्य क्या था, क्या है और क्या हो सकता है।

*यह उनके अंग्रेजी में लेख 'The Image of Man : Perspective from modern Hindi Literature' का हिन्दी अनुवाद है।*

अनुवाद–**सुबोध कुमार**

# देशी ठाट के कवि केदार

केदारनाथ अग्रवाल की चर्चा हिन्दी साहित्य जगत में काफ़ी देर से हुई। सच पूछा जाय तो साठ के अन्तिम दशक में उनकी पहचान बनी और गम्भीरता से चर्चा शुरू हुई जबकि उनकी कविताएँ 1934-35 से ही आ रही थीं। 1947 में 'युग की गंगा' और 1956 में 'लोक आलोक' नामक दो काव्य पुस्तिकाएँ भी सामने आ चुकी थीं। इन्हें किसी छोटे प्रकाशन ने प्रकाशित किया था। लेकिन 1965 में प्रकाशित काव्य संग्रह 'फूल नहीं रंग बोलते हैं' के प्रकाशन के बाद सबका ध्यान उनकी ओर गया।

केदार जी की कविताएँ आरम्भ से ही एक नयी सौन्दर्य दृष्टि को लेकर सामने आ रही थीं। इस स्तर पर वे अपने पूर्ववर्तियों से भिन्न थे। बावजूद इसके एक लम्बे समय तक वे उपेक्षित रहे। एक आम मान्यता यह है कि आजीवन बांदा से जुड़े रहने और किसी महानगर या बड़े साहित्यिक केन्द्र से सम्बन्ध न बना पाने के कारण उनकी उपेक्षा हुई। इस तरह की राय व्यक्त करने वाले लोग अपनी बात को पुष्ट करने के लिए यह सवाल खड़ा करते हैं कि आख़िर उनकी कोई किताब दिल्ली के किसी प्रकाशक ने क्यों नहीं छापी? पर केदार जी की उपेक्षा का यह कोई कारण नहीं है। इसका कारण जटिल है। इसके लिए तत्कालीन काव्य और राजनीतिक परिदृश्य ज़िम्मेवार है। जिस दौर में केदार जी ने लिखना शुरू किया उस दौर में प्रयोगवाद और नयी कविता का व्यापक प्रभाव था। पूरे काव्य परिदृश्य पर अज्ञेय और नयी कविता के कवि छाये हुए थे। एक ऐसा माहौल बना हुआ था जिसमें पन्त, बच्चन और निराला तक उपेक्षित थे। केदार जी की सौन्दर्य दृष्टि और उनका राजनीतिक तेवर तत्कालीन प्रयोगवाद के संस्कारों के अनुकूल नहीं था। उनके साथ-साथ मुक्तिबोध, नागार्जुन, शमशेर और त्रिलोचन की ओर भी किसी का ध्यान नहीं जा रहा था। इसी दौर में आज़ादी मिली। आज़ादी के बाद शीत युद्ध के प्रभाव में एक ख़ास तरह की वाम विरोधी राजनीति का वर्चस्व स्थापित हुआ। नयी कविता के कवि

इस राजनीति के प्रभाव में थे। ऐसे में उग्र वामपन्थी केदारनाथ अग्रवाल यदि उपेक्षित रहे, तो कोई आश्चर्य नहीं। लेकिन प्रगतिशील आन्दोलन आरम्भ होने और केदार जी के उससे सक्रिय रूप से जुड़ने के बाद भी उन्हें वह प्रतिष्ठा तत्काल नहीं मिली, जिसके वह हक़दार थे। प्रगतिशील आन्दोलन के आरम्भ में मुखर और एक हद तक सरल राजनीतिक कविताओं को ज़्यादा महत्त्व मिल रहा था। उस समय शिवमंगल सिंह 'सुमन' और शील को ज़्यादा महत्त्व दिया जा रहा था। केदार जी की काव्य दृष्टि सर्वथा नवीन थी। वे प्रगतिशील आन्दोलन से जुड़े हुए थे, पर उनकी सौन्दर्य दृष्टि सबसे अलग थी जिसे उस दौर में पहचाना न जा सका।

उनके महत्त्व को पहचाना गया 60 के दशक के अन्तिम दौर में। यह दौर भारतीय राजनीति में बदलाव का दौर है। चीन का आक्रमण, नेहरू युग की समाप्ति, नेहरूवाद से मोहभंग–इन सबने भारत की राजनीति में भी व्यापक परिवर्तन की भूमिका तैयार की। यही दौर नक्सलबाड़ी आन्दोलन का भी है। इस व्यापक राजनीतिक उथल-पुथल में हिन्दी कविता का मिज़ाज बदला। युवा पीढ़ी की कविता सामने आयी। युवा कवियों ने अपनी परम्परा के कवियों को नये सिरे से देखना-परखना शुरू किया। 60 के दशक के अन्त में उभरे युवा कवियों–श्रीकान्त वर्मा, सर्वेश्वर दयाल सक्सेना, रघुवीर सहाय, धूमिल, राजकमल चौधरी, कुँवर नारायण और केदारनाथ सिंह ने प्रगतिशील कवियों को खोज निकाला। उनके प्रयास से केदारनाथ अग्रवाल का महत्त्व स्थापित हुआ। उनके साथ ही शमशेर, मुक्तिबोध, त्रिलोचन और नागार्जुन भी ख़ूब बिके। इसी दौर में केदार जी को साहित्य अकादेमी पुरस्कार मिला। 1967 में 'आलोचना' के दूसरे अंक में शमशेर बहादुर सिंह ने 'फूल नहीं रंग बोलते हैं' की समीक्षा के क्रम में केदार जी पर विस्तार से लिखा। उन्होंने भी स्वीकार किया कि केदार जी को जो प्रतिष्ठा पहले ही मिल जानी चाहिए थी, वह बाद में मिली।

केदार जी ने एक साथ कई तरह की कविताएँ लिखीं। शुरुआती दौर में उनकी राजनीतिक मुखरता स्पष्ट है। लेकिन इसके साथ ही प्रकृति और प्रेम पर भी उन्होंने लाजवाब कविताएँ लिखीं, बल्कि धीरे-धीरे वह इन पर ही केन्द्रित होते गये। जो आक्रामकता और उग्र स्वर उनमें शुरू में दिखाई देता है वह बाद में नहीं मिलता। उन्होंने अपने आपको समेट लिया। वे एक 'लिरिक पोएट' बन गये और वे एक 'पर्सनल पोएट' के रूप में सामने आये। उनकी बाद की कविताओं में शुरू की तरह

लोग-बाग नहीं मिलते। उनकी बाद की कविताएँ पेड़, पौधे, नदी और पत्नी के इर्द-गिर्द केन्द्रित हो गयीं। हालाँकि उनके समकालीन नागार्जुन दोनों तरह की कविताएँ अन्त तक लिखते रहे।

पर यह भी सच है कि प्रकृति और प्रेम की कविताओं के गठन में जितने भी प्रयोग सम्भव थे, उन्होंने किये। उसके चरम पर वे पहुँचे। वे छायावाद के बाद के पहले कवि थे, जिन्होंने इस स्तर पर इतने विविध प्रयोग किये। सूरज, धूप, केन नदी, पत्नी पर लिखी उनकी ढेरों कविताएँ इसका प्रमाण हैं। उनमें कल्पना की ज़बरदस्त उड़ान थी। उनकी संवेदना में बासीपन नहीं है, हल्कापन है। उनका रंग कभी मद्धिम नहीं होता। उनकी कविताओं में जो रंग आया, वह कभी चटख नहीं हुआ, उनकी आस्था निष्कम्प थी।

उनकी ख़ासियत यह है कि उनकी बाद की कविताओं में भी थकान कहीं नहीं है। आरम्भ से अन्त तक, उनमें एक ताज़गी मिलती है। उनकी ऊर्जा के ताप में कमी नहीं आयी। जबकि उन्हीं के समकालीन कवियों नागार्जुन, शमशेर और त्रिलोचन तक में 1980 के बाद से एक तरह की थकान दिखाई देती है। केदारनाथ अग्रवाल में ऐसा नहीं है। कहा जा सकता है कि उन्होंने अपने लिए एक साँचा तैयार किया जिसे वे आजीवन निखारते रहे।

अपनी राजनीतिक दृष्टि में वे एकदम स्पष्ट थे। वे राष्ट्रीय-अन्तरराष्ट्रीय राजनीति पर कड़ी नज़र रखते थे। अपने मित्र रामविलास शर्मा से वे राजनीति पर निरन्तर संवाद करते रहते थे। 'मित्र संवाद' के पत्रों से यह स्पष्ट है। 1973 में वे भूतपूर्व सोवियत संघ की यात्रा पर गये थे। उन्होंने ग्लासनोत्स का स्वागत किया था। गोर्वाचौव की ग़लत नीतियों पर उन्होंने क्षोभ व्यक्त किया था। अमेरिकी साम्राज्यवाद के बढ़ते वर्चस्व को लेकर वे चिन्तित रहा करते थे। अमेरिका-वियतनाम युद्ध और इराक़ पर अमेरिकी हमले पर भी उन्होंने विचार व्यक्त किये। उनकी प्रेम कविताओं को भी अराजनैतिक नहीं कहा जा सकता। विचारों के स्तर पर उनमें दुविधा नहीं है। वे उसे दो टूक स्याह-सफ़ेद रूप में देखते थे।

यह सही है कि कोई पूरी पुस्तक मैंने केदारनाथ अग्रवाल पर नहीं लिखी; लेकिन सन् 1952-1953 में जब केदारनाथ अग्रवाल को बहुत कम लोग याद करते थे तब 'आधुनिक साहित्य की प्रवृत्तियाँ' पुस्तक में मैंने प्रगतिशील काव्यधारा के कवियों में नागार्जुन और केदार को ही मुख्य रूप से याद किया है। शमशेर पर मैंने

प्रयोगवाद के सिलसिले में विस्तार से लिखा था। मैं पुरानी चीज़ों को देख रहा था, तो केदार की दो कविताएँ जो और भी उद्धृत रही हैं पर एक कविता तो ताज़ा मुझे मिली थी इसलिए मैंने उसको उद्धृत किया। एक तो उनकी प्रसिद्ध कविता है, जो फ़सलों का स्वयंवर है–

*एक बीते के बराबर*
*यह हरा ठिंगना चना*
*बाँधे मुरेठा शीश पर*
*छोटे गुलाबी फूल का*
*सजकर खड़ा है।*

दूसरी कविता जो मशहूर है 'बसन्ती हवा'–'हवा हूँ हवा मैं बसन्ती हवा हूँ।' और तीसरी उसी समय आयी थी, मैंने सुनी थी उनसे 'माँझी न बजाओ बंसी, मेरा तन डोलता है, मेरा मन डोलता है। मेरा मन झूमता है, तेरा तन झूमता। मेरा तन तेरा तन एक बन झूमता।' यह सन् 52-53 के आस-पास की है जबकि उनके दो काव्य-संग्रह आ चुके थे–'नींद के बादल' जिस पर कम लोगों का ध्यान गया था। दूसरा कविता-संग्रह बहुत पहले आया था–'युग की गंगा'। फिर इसके बाद मुझे याद है 'आलोचना' पत्रिका का पुन: प्रकाशन 1967 में जब शुरू हुआ, तो पहला अंक तो मैंने चौथे आम चुनाव के बाद निकाला था लेकिन ठीक दूसरा अंक और इत्तफाक मैं उन दिनों दिल्ली में था, मॉडल टाउन में रहता था। शमशेर जी भी वहीं मॉडल टाउन में रहते थे। उनके घर के पास ही मेरा घर भी था। मैंने उनसे आग्रह किया था कि अभी उनकी कविताओं का एक संग्रह 'फूल नहीं रंग बोलते हैं' आया है, और संग्रह के प्रकाशन का शुभारम्भ यहीं इलाहाबाद में हुआ था। इत्तफाक से मैं गोष्ठी में मौजूद था, बोला भी था। तो मैंने उनसे कहा कि आपने केदार पर कुछ नहीं लिखा है और इतने घनिष्ठ मित्र आप लोग हैं। आपको इस संग्रह पर लिखना ही पड़ेगा और शमशेर जी से लिखाना खेल नहीं था। तीन-चार महीने तक रोज़ मैं वहाँ जाता था और तकादा करता था और एक लम्बा लेख उन्होंने 'फूल नहीं रंग बोलते हैं' पर लिखा जो आलोचना के दूसरे ही नम्बर में छपा है। और मेरी समझ में वैसा लेख केदारनाथ अग्रवाल पर नहीं आया। डॉ. रामविलास शर्मा ने पूरी किताब लिखी है फिर भी शमशेर ने जो लिखा है केदार की कविता के बारे में वह अन्तर्दृष्टि मैंने अन्यत्र नहीं देखी। और, कारण यह है कि केदारनाथ अग्रवाल पर वह जो लेख

है तात्कालिक उत्तेजना यह थी कि उन्हीं दिनों दिल्ली में अज्ञेय जी से मेरी मुलाक़ात हुई। उन्होंने छूटते ही हमारी किताब का ज़िक्र करते हुए केदारनाथ अग्रवाल के बारे में, क्योंकि प्रगतिशील लेखक संघ का आयोजन हमने बनारस में 1953 में किया था, बुलाया था और हमारे उनके बीच जो पत्र-व्यवहार हुआ वह छप भी चुका है। तो उन्होंने कहा कि आप इनको प्रगतिशील-प्रगतिशील कहते हैं केदार सच्चे अर्थों में फॉर्मलिस्ट हैं, रूपवादी हैं। जिस तरह वह तुक मिलाते हैं कविताओं का और अनुप्रास का प्रयोग करते हैं, उनका ज़ोर उस कंटेंट पर नहीं है बल्कि उनका जोर फॉर्म पर है, फॉर्मलिस्ट हैं और आप उल्टे मुझे फॉर्मलिस्ट कहते हैं, मैं यह काम नहीं करता हूँ। केदारनाथ अग्रवाल को प्रगतिशील कहते हैं यह कैसा फॉर्मलिज़्म है। तो मैंने कहा कि इस फॉर्मलिज़्म का जवाब वही कवि दे सकता है यानी शमशेर बहादुर सिंह जो केदार को जानते भी हैं और फार्मलिज़्म की तह-तह पहचानने वाला अगर कोई आदमी है, प्रयोगशीलों में और नयी कवितावालों में तो वह शमशेर हैं। शमशेर ने उसका जवाब दिया है और उस आलेख के तीन पन्नों में कहा है कि वो फॉर्मलिस्ट नहीं हैं। वह यह भी कह रहे थे कि इकट्ठे फॉर्मलिस्ट भी हैं और वो रोमैंटिक बहुत हैं। वह सौन्दर्यवादी कवि हैं। आप लोग खामखाह उन्हें प्रगतिवादी बनाये हुए हैं। बहरहाल, तीसरी बात जब बीच में 90 अंक से ऊपर आलोचना निकलने के बाद बन्द हो गयी तो फिर नयी सहस्राब्दी के साथ सन् 2000 में फिर आलोचना निकालने के लिए राजकमल ने मुझसे कहा। आग्रह कर रहे थे, मैं नहीं चाहता था, शुरू किया। उस आलोचना का इत्तफाक से फिर दूसरा अंक जो आप देख सकते हैं–'स्मरण में है आज जीवन' और यह अंक समर्पित है रामविलास जी को और केदारनाथ अग्रवाल को। पहले रामविलास जी का निधन हुआ फिर केदार जी का निधन हुआ। और इत्तफाक से उससे कुछ ही समय पहले 'मित्र संवाद' नाम की एक पुस्तक का रामविलास जी ने केदार और अपने पत्रों का संकलन किया। अद्भुत पुस्तक है। हिन्दी में दो साहित्यकार मित्रों का ऐसा पत्र संवाद अद्वितीय है और अक्षरश: अद्वितीय है न उसके पहले ऐसा छपा है न उसके बाद किसी का छपा है। उसकी समीक्षा के बहाने इस मैत्री पर मुझे मार्क्स एंगिल्स की मैत्री याद आयी थी। इस मित्र संवाद पर एक पूरा लेख पहला लेख वही है फिर दोनों लोगों के बारे में विशेष रूप से केदारनाथ अग्रवाल की कुछ और टटकी कविताएँ मुझे मिल गयी थीं सौभाग्य से। सहाय जी के ज़रिये मिलीं। और मैंने उनकी वो दस कविताएँ छापी

थीं। तो मोटे तौर से यह सही है कि पुस्तक तो दूर की बात है एक स्वतन्त्र बड़ा लेख नहीं लिख सका। सफ़ाई में यही कह सकता हूँ–

*गो मैं रहा रही न सितम हाय रोज़गार,*
*लेकिन तेरे ख़याल से गाफिल नहीं रहा।*

आज परिमल प्रकाशन के सहाय जी नहीं हैं, अकेले निष्ठा के साथ उन्होंने उनका समस्त साहित्य जिस तरह प्रकाशित किया यह अपने आप में एक मिसाल है। और मुझे नहीं मालूम कि उनकी रचनावली छप गयी है कि नहीं, लेकिन उनकी पूरी रचनावली छपनी चाहिए विधिवत् सम्पादित कोई आदमी सम्पन्न कर सके और, चूँकि इलाहाबाद से उनका गहरा सम्बन्ध था बाँदा से अक्सर यहाँ आते थे बल्कि उनसे हमारी ज़्यादा मुलाक़ात यहीं मार्कण्डेय भाई जानते थे मिंटो रोड पर ही हुआ करती थी। जब भी आते थे तो यहीं मिंटो रोड पर बग़ल में अमृत थे, दास बाबू थे ये लोग थे और इतने स्नेही, सहृदय आदमी, प्रेमी सहजभाव से थे। जो उनकी कविताएँ हैं आमतौर पर जो प्रगतिशील कविताएँ पोस्टर का काम करती हैं और पार्टी के लिए पोस्टर लिखना भी बड़ा मुश्किल काम होता है। जिस तरह राजनीतिक नारे बनाना आसान काम नहीं है उसी तरह राजनीतिक कविता, जो जनता की ज़बान पर चढ़ जाये लिखना आसान काम नहीं है। बहुत कम लोगों की कविताएँ हैं जो मज़दूरों और किसानों की ज़बान पर चढ़ जायें, केदार ने ऐसी कविताएँ लिखी हैं। इसके अलावा कुल मिलाकर केदार जी जिस रूप के, रस के कवि थे, सौन्दर्य के और सौन्दर्य के अनूठे, ठेठ जिसको कहें कि 'देशी ठाट' के, मिट्टी से जुड़ा हुआ आदमी। पेशे से वकील रहते हुए उनका पाला अक्सर उन ग़रीब किसानों से, मज़दूरों से, कुछ बाबू वर्ग के लोगों से भी पड़ता था वरना वकालत चलती कैसे? तो उन लोगों से, अवाम से उनका और वह भी बुन्देलखण्ड के, बाँदा के लोगों से, उस मिट्टी की गन्ध, सुवास और ऐसे सैकड़ों शब्द उन्होंने इस्तेमाल किये हैं जिसमें सहजता, सरलता हम लोग बहुत जल्दी मिडिलची मिडिल क्लास के होते हैं और बाबू वर्ग के मिडिल क्लास की मेंटलिटी एक ख़ास तरह की होती है न ऊपर है न नीचे है और उससे कविता में एक ख़ास तरह का झूठा आभिजात्य उसकी भाषा पर पड़ता है उसके विषय पर पड़ता है। केदार बाबू हर तरह के हम्बक के ख़िलाफ़ थे और उस हम्बक की एक कविता, उसका एक टुकड़ा मैं आपके सामने रखूँगा–

*दयालु हो गया है दीन,*
*दान देते-देते,*

*दीन हो गया है क्षीण,*
*दान लेते-लेते*
*असह्य है यह व्यवस्था*
*दयालु और दीन की मर्म कथा*
*उड़ जाता है वेतन जैसे गन्ध कपूर।*

अब यह दयालु और दीन के बीच हम लोग अक्सर दयालु ही होते हैं। तो ये जो हमारी दयालुता है और जो दीन हैं इन दोनों के बीच जो द्वंद्व है इस छोटी कविता में इसलिए वह आमतौर से किसी भी तरह के हम्बक या बनावटीपन के ख़िलाफ़ है। उनकी उसी दौर की कविताओं में से–

*धोबी गया घाट पर,*
*राही गया बाट पर,*
*मैं न गया घाट और बाट पर,*
*बैठा रहा हाट पर,*
*दोनों हाथ काटकर*
*जीता रहा ओस चाट-चाट कर।*

कुछ लोगों को केवल तुकों का खेल लगेगा हाट, बाट, घाट, चाट। लेकिन, इनके ज़रिये जो बात पैदा की गयी है उसमें आप देखें तो इशारा किस तरफ़ है और अपनी ओर जो कह रहा कि मैं बैठा रहा हाट पर दोनों हाथ काटकर और जीता रहा ओस चाट-चाट कर। कविता यहाँ है यद्यपि शुरू धोबी से होती है लेकिन कुल मिलाकर अपनी मन:स्थिति कि जीता रहा ओस चाट-चाटकर पानी पीकर नहीं, ओस चाट कर जीना। वे वकील थे और पैतृक सम्पत्ति को लेकर मुक़दमे आते रहते हैं। उनके पास भी आया होगा कोई मुक़दमा। उनकी एक प्रसिद्ध कविता है आप लोगों ने ज़रूर पढ़ी होगी। केवल याद दिलाने के लिए कह रहा हूँ–

*जब बाप मरा तब यह पाया,*
*भूखे किसान के बेटे ने,*
*घर का मलबा,*
*टूटी खटिया*

क्या पैतृक सम्पत्ति है? बड़े लोगों की पैतृक सम्पत्ति का मामला हाईकोर्ट, सुप्रीम कोर्ट तक जाता है। ये है पैतृक सम्पत्ति।

*कुछ हाथ भूमि–*
*वह भी परती।*
*चमरौधे जूते का तल्ला,*
*छोटी, टूटी बुढ़िया औगी*
*दरकी गोरसी बहता हुक़्क़ा,*
*लोहे की पत्ती का चिमटा।*
*कंचन सुमेरु का प्रतियोगी*
*द्वारे का पर्वत घूरे का,*
*बस यही नहीं,*
*जो भूख मिली*
*सौ गुनी बाप से अधिक मिली।*
*अब पेट खलाए फिरता है।*
*चौड़ा मुँह बाए फिरता है।*

एक किसान के बारे में, किसानों पर बहुत-सी कविताएँ लिखी गयीं। उन कविताओं को एक तरफ़ रख दीजिए। यह जो पैतृक सम्पत्ति है, सम्पत्ति की लम्बी सूची है। लेकिन जो भूख मिली वह सौ गुनी बाप से अधिक मिली। अब पेट खलाए फिरता है, चौड़ा मुँह बाए फिरता है, हिन्दी में है कोई पैतृक सम्पत्ति पर लिखी ऐसी कविता, ग़रीबों पर लिखी कविता। यह कविता करुणा नहीं जगाती है। इस कविता को पढ़ने के बाद आप आँसू नहीं बहायेंगे। मुट्ठी तनेगी इस कविता को पढ़कर। क्रान्तिकारी कविताएँ चलो-चलो और आगे बढ़ो जैसी कविताएँ नहीं होतीं। क्रान्तिकारी कविताएँ ऐसी होती हैं, जो झकझोर दें और उसके बाद आपकी मुट्ठी तन जाये। इस पैतृक सम्पत्ति के ख़िलाफ़ लड़ने के लिए। आत्म समीक्षा भी है 'हम हैं सबसे आगे' इस कविता का शीर्षक है–

*सबसे आगे हम हैं पाँव दुखाने में,*
*सबसे पीछे हम हैं पाँव पुजाने में।*
*सबसे ऊपर हम हैं व्योम झुकाने में,*
*सबसे नीचे हम हैं नींव उठाने में।*

अब आप देखिए कि चारों दिशाएँ लेनी हैं। सबसे आगे हैं, सबसे पीछे हैं और यह व्यंग्य के रूप में देखिएगा। यह व्यंग्य की कविता है क्योंकि पाँव पुजाने वाली बात आयी है इसलिए यह कविता मज़दूर को उठाने-जगाने के बारे में नहीं है। उस मध्यवर्गीय लोगों के बारे में है। बहुत-से लोग सबसे आगे हम हैं पाँव दुखाने में लेकिन सबसे पीछे हम हैं पाँव पुजाने में। पुजाने में आगे होते और पाँव दुखाने में पीछे होते तो बात समझ में आती। लेकिन व्यंग्य के रूप में भी यह कविता देखी जा सकती है। यानी आप दो-दो शब्दों के दो-दो अक्षर के छोटे-छोटे शब्दों में, दो अक्षर तीन अक्षर से बड़े कोई शब्द नहीं हैं। केदार जी समास बहुला लम्बी भाषा लिखने वाले नहीं हैं, बल्कि छोटे-छोटे शब्दों द्वारा रची हुई, गढ़ी हुई कविता जो ठस है जिसमें एक भी शब्द फ़ालतू नहीं आया है। इन तमाम चीज़ों के बावजूद जैसा कि मैंने कहा केदार जी मूलत: नैसर्गिक सौन्दर्य के कवि हैं और वह सौन्दर्य जहाँ शब्द-शब्द निराला ने लिखा है ध्वनिमय साकार और ध्वन्यात्मक बोलते हुए शब्दों की ध्वनियों के आधार पर भाषा में भी यह बोध संस्कार करता है और इमेजिस्ट कवि कुछ कहे जाते हैं, चित्रात्मक कहे जाते हैं। वह चित्रों की भाषा में बोलते हैं। हर शब्द उनका एक चित्र होता है और यह बहुत कठिन काम है। अमूर्त कविता वाले वो नहीं हैं, विचारों के नहीं हैं उनके विचार चित्रों के रूप में प्रकट होते हैं। बावजूद इसके वो इमेजिस्ट पोएट नहीं हैं। एक कविता और उसमें इस्तेमाल करते हुए जिसे हम अंग्रेज़ी में कहते हैं रेटरिक वक्तृत्व के शब्द होते हैं और उस रेटरिक में–

*जल रहा है जवान होकर गुलाब*
*खोलकर होंठ*
*जैसे आग,*
*गा रही है फाग।*

आग फाग गाये जवान होकर। गुलाब पर बहुत-सी कविताएँ लिखी गयी हैं। लगाते भी हैं लोग। लेकिन, मैंने गुलाब पर लिखी ऐसी कविता नहीं देखी। मुझे नहीं मालूम इन चार पंक्तियों में गुलाब की जो तस्वीर आती है वह हिन्दी या अंग्रेज़ी में गुलाब पर कोई ऐसी कविता लिखी गयी हो। मैंने कहा कि उनमें चित्रात्मकता और बोलती हुई सी चित्रात्मकता और एक ख़ास तरह का उजास और आभास है। ख़ासतौर से पौधों के बारे में, फ़सलों के बारे में उनका चित्र जैसे गुलाब का वर्णन तो किया है। सरसों पर एक तो त्रिलोचन की कविता है–

*सहज पीली उर्मियों में बोल*
*सरसों सलीनी।*

सरसों पर ऐसी दूसरी कविता मैंने नहीं देखी।

*चोली फटी सरस सरसों की*
*लहंगा गिरा फागुनी नीचे*
*चूनर उड़ी अकासी चोली*
*नंगी हुई पहाड़ी देखो।*

ये ऐन्द्रियता और शब्दों के बारे में केदार जी बड़े मितव्ययी हैं। कम-से-कम शब्द इस्तेमाल करते हैं और हर शब्द जैसे अपनी जगह पर है। इधर से उधर आप उठा दें तो कविता ख़त्म हो जायेगी। ये जो नग की जड़ावट होती है कविता में। केदार की कविता का सबसे बड़ा गुण ऐन्द्रियता है जिसे अंग्रेज़ी में 'सेन्स्युअसनेस' कहते हैं। मैं कहता हूँ ऐन्द्रियता मांसलता नहीं है। रीतिकालीन कवियों के यहाँ मांसलता मिलेगी। ऐन्द्रियता जो अलग चीज़ है। जैसे लगता है आपको कविता छूने के लिए उत्तेजित नहीं प्रोत्साहित करती है। नदी पर बहुत-सी कविताएँ लिखी गयीं। केन पर इतनी ज़्यादा कविताएँ लिखी हैं यानी कविता में गंगा, यमुना और सरस्वती का तो बहुतों को ध्यान रहता है लेकिन केन नदी का या तो कालिदास के यहाँ एक बार उल्लेख मिलता है मेघदूत के सिलसिले में। उसके बाद केन नाम की कोई नदी है, उस नदी को तो केदार ने अमर कर दिया है–

*आज नदी बिल्कुल उदास थी*
*सोयी थी अपने पानी में*
*उसके दर्पण पर बादल का*
*वस्त्र पड़ा था।*
*मैंने उसको नहीं जगाया,*
*दबे पाँव घर वापस आया।*

यानी नदी उदास थी। उस पर बादल का वस्त्र पड़ा था। जगाया नहीं उसको और चुपचाप घर चला आया। यानी उसकी नग्नता ढकी रह गयी। यह एक मर्यादाबोध भी है जो बराबर उनमें दिखता है।

उनकी दृष्टि ज़मीन पर, मिट्टी पर, धूल पर, जो नीचे से नीचे की सबसे दबी

हुई चीज़ है, इस बहाने वो दबे हुए लोगों के बारे में कविता लिखते हैं, तो जनता का उतना ध्यान नहीं देते पर उससे जुड़ी हुई जो चीज़ है चाहे वो धूल है, मिट्टी है इन चीज़ों के बारे में लिखेंगे–

*लिपट गयी जो धूल पाँव से*
*वह गोरी है इसी गाँव की*

अब यह कविता धूल के बारे में नहीं उस गाँव की लड़की के बारे में है। आजकल बड़ी करुणा लोग बहा रहे हैं गाँव के बारे में और स्त्रियों के बारे में। स्त्री विमर्श चल रहा है। केदार की कविता में औसत स्त्री को जो स्थान दिया गया है, अलग ही विषय है अध्ययन करने का। लोग प्रगतिशील लोगों पर स्त्री विमर्श के बहाने काफ़ी हमले कर रहे हैं कि ये लोग मर्दाना विचारधारा के हैं। उन लोगों को ध्यान देना चाहिए कि स्त्री के बारे में, उसके सौन्दर्य के बारे में, उसकी शक्ति के बारे में और साथ ही उसकी सहधर्मिता के बारे में, वह साथी है, वह दया की पात्र नहीं है। हर जगह स्त्री विमर्श दिखायी पड़ेगा केदार की कविताओं में। यहाँ तक कि मैं समझता हूँ कि पत्नी के बारे में शायद ही हिन्दी में किसी ने 'हे मेरी तुम' पत्नीवाद बहुत चला करता था एक ज़माने में, हिन्दी में उपन्यास और कहानियों में पत्नीवाद का नारा लोगों ने दिया था। अकेले केदार की कविता इसका जवाब है कि स्वयं उनकी कविता में पत्नी, मैं नहीं जानता हिन्दी में कोई दूसरा कवि है या कोई कथाकार है जिसमें लगभग बराबरी की जगह लेने वाला उसकी कविता में है। क्योंकि आमतौर से रीतिकाल की जितनी कविताएँ हैं वो पत्नी से इतर सम्बन्धों को लेकर लिखी गयी हैं। नायिका भेद तो पूरा का पूरा है। स्वकीया पर अच्छी कविता हो सकती है, रीतिकाल के कवि नहीं मानते थे। हिन्दी में परकीयावाद बहुत चलता था। अकेले इस परकीयावाद को केदार ने चुनौती दी और कहा तुम्हारी परकीया एक तरफ़ और मैं केवल स्वकीया पर ही कविताएँ लिखकर दिखाता हूँ। और इसलिए कविता की दुनिया में एक नयी नैतिकता केदार स्थापित करते हैं। यह सौन्दर्य नहीं बल्कि एक नैतिकता थी, और साथ ही ऐन्द्रियता का मैंने ज़िक्र किया। केदार जैसा कवि खुलकर कहने वाला और वही व्यक्ति जिसके मन में पापबोध, अपराध बोध न हो। 'वर्जिनलसिल' से ग्रस्त रहने वाला खुलकर कह ही नहीं सकता। केदार बाबू बड़े सहज सरल स्वभाव के थे, उनका स्वभाव बच्चों जैसा था। एक कविता का अंश है–

*भूल सकता मैं नहीं,*
*वे कुछ खुले दिन,*
*ओंठ से चूमे गये,*
*उजले धुले दिन,*
*रस भरे दिन,*
*बावरे दिन,*
*दीप की लौ से गरम दिन।*

जैसा मैंने कहा सौन्दर्य का, ऐन्द्रियता का, रमणीयता का, स्वकीया प्रेम सम्बन्धी कविताएँ उनकी हैं, और दूसरी ओर आमतौर से हिन्दी में छायावादी और छायावादियों में सबसे बड़े प्रकृति के कवि श्रद्धेय सुमित्रानन्दन पन्त माने जाते हैं। प्रकृति प्रेम की जैसी कविताएँ पन्त जी ने लिखीं, हिन्दी में कम लिखी गयी हैं। उसके बाद की पीढ़ी के लोगों में देखें तो हैं छिटपुट-छिटपुट, लेकिन पन्त का प्रेम कुमायूँ का है, हिमालय का है। 'ग्राम्या' में गाँव के जीवन का भी वर्णन किया है उन्होंने। 'ग्रामसी' कविता उनकी है। इसलिए ग्राम है लेकिन कुल मिलाकर शहरी जीवन से अछूती ज़मीन है उन चीज़ों के बारे में, किसान के जीवन के साथ आड़वा लगी हुई है और उसमें भी प्रकृति का रौद्र रूप। कोमल रूप का वर्णन तो सभी करते हैं बार-बार केदार जी की कविता याद आती रही–

*मैं घोड़ों की दौड़*
*वनों के सिर पर तड़-तड़ दौड़ा,*
*पेड़ बड़े से बड़ा चिरौटे-सा चिल्लाया, चौंका*
*पत्तों के पर फड़-फड़ फड़के*
*उलटे, उखड़े, टूटे*
*मौन अँधेरे की डालों पर साँड़ पहाड़ी छूटे।*

ये अकेला चित्र प्रभावित करता रहा और इन तमाम मानवीय वर्णन के साथ प्रकृति का वर्णन करते समय आँधी और प्रकृति के रौद्र रूप को तो देखते ही हैं। जीवन के संग्राम में, संघर्ष में उसी तरह से तपा हुआ आदमी।

*मैंने उसको*
*जब-जब देखा,*
*लोहा देखा*

*लोहा जैसा*
*तपते देखा, गलते देखा, ढलते देखा,*
*मैंने उसको*
*गोली जैसा*
*चलते देखा।*

आख़िरी पंक्ति ही इसको क्लाइमेक्स पर पहुँचा देती है। पहली ही पंक्ति में कविता ख़त्म हो जाती तो फिर कविता नहीं होती। लौह पुरुष तो पटेल को ही कह देते हैं हम लोग। ये कविता उन क्रान्तिकारियों की याद दिलाती है जो आज भी आम जनता के लिए संघर्ष करते हैं। इसलिए जो फॉर्मलिस्ट और क्या-क्या सौन्दर्यवादी और ऐन्द्रियबोध कहा करते थे। केदार का यह रूप दिखायी पड़ता है। इसलिए विवेचना की दृष्टि से देखें तो केवल प्रकृति के कवि नहीं हैं केदार, बल्कि केदार मनुष्य और प्रकृति दोनों जहाँ संयुक्त रूप से मिलते हैं, उसके कवि हैं। कुछ लोग केदार को रोमैंटिक कवि कहते हैं, रोमानी कहते हैं। वे भूल जाते हैं कि रोमैंटिक कवियों ने किसी ज़माने में इंग्लैंड में, दूसरे देशों में क्रान्ति का साथ दिया था। बिना एक तरह की रोमानियत के क्रान्ति नहीं कर सकते हैं आप। जहाँ कोई सपना न हो आपकी आँखो में, बेहतर दुनिया, बेहतर भविष्य का आप रोमैंटिक नहीं हैं, जो रियलिस्ट होंगे वे चुनाव की राजनीति में बँधे रहेंगे इसके आगे उनकी दुनिया नहीं। चुनाव में बराबर 'रिवोल्युशनरी रोमैंटिसिज़्म' होता है, क्रान्तिकारी रोमैंटिसिज़्म होता है।

केदार थे रोमैंटिक, इसमें कोई शक नहीं। रूप, रस, इन्द्रिय मिली हैं तो रूप, रस से भरी दुनिया को प्यार करना, देखना, चाहना, मनुष्य होना है। मनुष्य थे, पृथक् नहीं। लेकिन इस रोमानियत के बीच भी क्रान्तिकारी चेतना थी। जिसको मैं रिवोल्युशनरी रोमैंटिसिज़्म कहूँगा, जो छायावाद के बाद आने वाली उस ज़माने की प्रगतिशील कविता थी और वह प्रगतिशील कविता जो सपने के साथ उदित हुई थी। उन आरम्भिक रहनुमा कवियों में हमारे निश्चित रूप से केदारनाथ अग्रवाल थे। केदार की कविता मेरे लिए और आपके लिए भी एक आईना है, और वह आईना अद्भुत है। उनकी कविता को पढ़कर बाबा तुलसीदास याद आते हैं।

*जिमि मुँह मुकुर, मुकुर निज पानी,*
*गहि न जाइ अस अद्भुत बानी।*

जैसे मुँह हमारा आईने में और आईना हमारे हाथ में हो, फिर उस मुँह को पकड़ना चाहे आप तो पकड़ न पाये। जब-जब केदार को मैं पढ़ता हूँ तो बाबा तुलसीदास की पंक्ति याद आती है और किसी कवि को पढ़ते हुए तुलसीदास याद आये यह उसकी, उस गरिमा और महिमा की ओर एक संकेत है। यहीं फ़िलहाल, समाप्त करता हूँ। ताकि सनद रहे।

*(महात्मा गांधी अन्तरराष्ट्रीय हिन्दी विश्वविद्यालय के इलाहाबाद केन्द्र में 'केदारनाथ व्याख्यान माला' के अन्तर्गत यह दिया गया व्याख्यान है। उस समय वह हिन्दी विश्वविद्यालय के कुलपति थे।*

*साभार प्रोफ़ेसर सन्तोष भदौरिया को, जिन्होंने 'केदारनाथ अग्रवाल : कविता का लोक-आलोक' पुस्तक का संकलन और सम्पादन किया है और प्रकाशन यश पब्लिकेशन, नयी दिल्ली ने किया है।)*

# नागार्जुन : और-और कवि, और-और छवि

बीसवीं शताब्दी बहुत-सी बातों के आरम्भ की शताब्दी और बहुत-सी बातों के अन्त की शताब्दी है। बीसवीं शताब्दी का अर्थ है दो विश्वयुद्ध। इसके पहले विश्वयुद्ध नहीं हुए थे और इस विश्वयुद्ध से पैदा क्या हुआ? इसी शताब्दी के ख़त्म होने से पहले समाजवाद का अन्त भी हुआ। इसलिए यह शताब्दी बहुत-सी बातों के आरम्भ का सूचक है और अन्त का भी सूचक है। एक ही शताब्दी में इतिहास कैसे करवट बदलता है। इसी शताब्दी में उपनिवेशवाद का अन्त हुआ और जिसके कारण हमारा देश स्वतन्त्र हुआ। इसलिए उपनिवेश का अन्त भारत के लिए विशेष महत्त्व रखता है और साथ ही नये ढंग से नये उपनिवेशवाद का आरम्भ भी हुआ है। उसी शताब्दी में फासीज़्म का अन्त हुआ है, जिसका अन्त समाजवाद ने किया है। और इसी शताब्दी के ढलते-ढलते और उसके बीच में ही नवस्वतन्त्र देशों में एक नये ढंग के फ़ासिज़्म की शुरुआत हुई जो धार्मिक फ़ासीवाद है। और लगभग दिखायी पड़ रहा है कि उभरते हुए इस इक्कीसवीं शताब्दी में वह एक बहुत बड़ी चुनौती के रूप में हमारे देश में तो है ही दूसरी दुनिया के देशों में इसका असर क्या होगा मैं नहीं कह सकता। इसी शताब्दी में तीन दुनियाएँ बनीं। पहले तो एक विश्व की बात थी जो वन वर्ल्ड नाम से किताब भी लिखी गयी। लेकिन इसी शताब्दी में पहली दुनिया, दूसरी दुनिया, और तीसरी दुनिया बनी। और अन्त में इसी शताब्दी में तीनों ख़त्म होकर सिर्फ़ एक दुनिया रह गयी। और उस एक दुनिया का स्वरूप क्या है? और किन लोगों ने ख़त्म किया है? इस सन्दर्भ को भी हमें ध्यान में रखना चाहिए। और इसी शताब्दी में एक और बात हुई जो उन्नीसवीं शताब्दी में हुई है– राष्ट्रवाद का उदय। और धीरे-धीरे हम लोग देख रहे हैं और अपने ही देश को हम लें तो राष्ट्र खण्ड-खण्ड हो रहा है, टुकड़े-टुकड़े भी हो रहा है। अब राष्ट्र का अर्थ केवल फ़ासीवादी लोग लेते हैं। जो लोकतान्त्रिक शक्तियाँ हैं वह एक राष्ट्र को नहीं बल्कि राष्ट्र की

परिकल्पना बहुराष्ट्रीयता वाली बात है। मल्टीनेशनल कम्पनियाँ ही नहीं बल्कि अपने ही देश में हम देखें तो जो राष्ट्रीय भावना आज़ादी की लड़ाई के बारे में एक भारत के रूप में थी, वह अनेक भारत के रूप में है और उसमें से छोटी-से-छोटी इकाइयाँ; इसका अनुमान आप इसी से लगा सकते हैं कि संविधान जब हमारा बना था तब कुल कितने राज्य थे; कुछ दिनों बाद उससे और जुड़े। पुन: निर्माण हुआ। आज जो महाराष्ट्र दिखायी पड़ रहा है वह पहले महाराष्ट्र नहीं था, आज जो गुजरात दिखायी पड़ रहा है, वह गुजरात नहीं था, और तो और टूटन जो हो रही है उसको भी नहीं भूलना चाहिए। लगभग राष्ट्र नाम की इकाई एक तरह से उन्नीसवीं शताब्दी की परिकल्पना रह गयी है। और राष्ट्र की वही अहमियत नहीं है, वही अर्थ नहीं है क्योंकि हमारे यहाँ बहु राष्ट्र की परिकल्पना है। आज जब कोई राष्ट्र का नाम लेता है तो देखते हैं; वे फ़ासीवाद की ताक़तें राष्ट्र का ज़्यादा नाम लेती हैं। वे लोग नहीं लेते राष्ट्र का नाम जो फ़ासीवाद से लड़ रहे हैं।

इन सारे के सारे परिवर्तनों के बीच में, इस पूरे सन्दर्भ में बदली हुई शताब्दी में हम चार और एक पाँच कवियों की जन्म शताब्दी मना रहे हैं। मैंने जानबूझ के नागार्जुन को चुना है। उनकी कविताओं का एक चयन मैंने राजकमल से छापा था। उसकी एक छोटी-सी भूमिका मैंने लिखी थी। मुझे नागार्जुन में दो पुरानी परम्पराओं का मेल मिलता है; कई दृष्टियों से। एक हैं कबीर और दूसरे हैं निराला। यद्यपि नागार्जुन ने कोई 'राम की शक्ति पूजा' नहीं लिखी है, 'सरोज स्मृति' भी नहीं लिखी है, 'तुलसीदास' भी नहीं लिखी है इसलिए तय है कि निराला, निराला हैं उनकी जोड़ का दूसरा कोई नहीं है। कोई उनकी प्रतिलिपि नहीं है। लेकिन इस पूरे दौर में जो मूल आधार है, जिन दो कवियों ने उस अपने मूल; जिसको लोक आधार मैं कहता हूँ; केदारनाथ और नागार्जुन दो कवि हैं। उनकी भाषा बोलती है, उनका अंचल बोलता है। चाहे केदार बाबू का वह बुन्देलखण्ड हो, चाहे नागार्जुन का। मैं ही नहीं बल्कि समूचा हिन्दी प्रदेश बोलता है। इसलिए ज़मीन से जुड़े हुए और उस ज़मीन की ज़मीनी भाषा जो बोलता है। कविता किसी साहित्य की पहचान होती है, जो कि वो जो बोलता है, उसकी भाषा क्या है। किस भाषा में बात करता है। शास्त्र की भाषा में बात करता है या कहना चाहिए कि सरकारी हिन्दी में कविता लिखने की कोशिश करता है।

विश्वविद्यालयी हिन्दी जो हिन्दी विभागों में या विद्यालयों में आजकल चलती है। ये ठेठ लोक ज़ुबान से फूटी हुई भाषा है। मैं कहता हूँ कि नागार्जुन, केदारनाथ

अग्रवाल की सूची, उनके शब्दों, क्रियाओं की सूची आप लोग बनायें। उनकी भाषा का पता; उनकी क्रियाओं से उनकी ताक़त का पता चलता है। संज्ञाओं से नहीं पता चलता, विशेषणों से पता नहीं चलता। उन क्रियाओं से, एक जो मज़बूत जनाधार है जिसे आत्मसात करके उसे जनता की बोली बल्कि उसके दुख-सुख, संघर्ष की पूरी-की-पूरी दास्तान लिखते हैं। अब देखें तो इस दौर की भारत की जो आम जनता है, भूखी है जो लड़ रही है, दबी कुचली है और तन के खड़ी है। उन कविताओं को और यही नहीं बल्कि कहना चाहिए कि खड़ी बोली के अलावा, जिन्होंने अपने अंचल मिथिला को भी नहीं छोड़ा है। मैथिली में भी कविता लिखी है। यद्यपि मुझे याद नहीं है कि केदार बाबू ने बुन्देलखण्डी में लिखी है कि नहीं लेकिन छौंक तो उनमें बुन्देलखण्डी की प्रचुर मिलती है, भले ही न लिखा हो। लेकिन नागार्जुन तो चूँकि विद्यापति के देश के हैं, इसलिए उनकी कविताएँ उतनी ही महत्त्वपूर्ण हैं मैथिली की भी जितनी कि उनकी हिन्दी की हैं। ये लोकनिष्ठा जो केवल दो कवियों का नाम लेकर के और सही हमारे परम्परा के सक्षम कवि हैं बल्कि अज्ञेय, शमशेर; कोई इसमें विरोध नहीं है। सवाल यह है कि उस जनता की आवाज़ में वाणी में शब्दों में; और उन चीज़ों को लेकर और उनमें ख़ास बात कि जो कविता के विषय नहीं हो सकते थे, उनको कविता में प्रवेश कराया। साहित्य की जो ये पवित्र-सी दुनिया है, उस सम्भ्रान्त दुनिया में कुछ ऐसे चरित्रों का समावेश कराया है जिसको प्रेमचन्द ने कहानियों या उपन्यासों में जगह दी है। कविता में तो इनके लिए जगह थी नहीं, जो कविता की दुनिया में प्रवेश करते। ऐसे लोग नहीं थे। नागार्जुन की कविताएँ आप लोगों ने पढ़ी होंगी और जिसे कहें कि रसों में श्रृंगार रस रसराज होता ही है और प्रेम की कविता सबसे ज़्यादा लिखी जाती है। कविता का मतलब प्रेम की कविता समझा जाता है। गीत को ख़ासकर समझा जाता है। लेकिन एक बीभत्स नाम का रस होता है और बीभत्स रस भी रस कहा गया है। अगर ढूँढ़े तो अज्ञेय ने या शमशेर की कविताओं में श्रृंगार रस ही ज़्यादा मिलेगा; रसराज, नौ रसों में कविता लिखना। नागार्जुन में वीभत्स रस तो शीर्षरस की तरह है, उसे रस बनाया उन्होंने। कुछ उदाहरण देना चाहता हूँ–आत्मचित्र जो नागार्जुन के जितने हैं उनको ख़ास तरह से देखें। कवि की जो एक बनी बनायी प्रतिमा है; बड़ी सभ्य। छायावाद को पहचानते ही हैं पन्त जी के बालों के कारण। तो कवि की जो छवि है उस छवि से अलग जो लोक कवि होता है उसकी क्या छवि है? अपनी छवि उन्होंने; एक छोटी-सी कविता का टुकड़ा है कि– ये बनमानुष, यह सत्तर साला उजबक उमंग

में भरकर सिर के बाल नोचने लग जाता है अकेले में बजाने लगता है सीटियाँ आये दिन। यह सत्तर साला उजबक जो है; अपने ऊपर ही या तो निराला हँस सकते थे या उसके बाद हँसने वाला केवल नागार्जुन है। दुनिया पर तो सभी हँसते हैं लेकिन अपने ऊपर कोई नहीं हँसता। कवि की बनी बनायी जो छवि होती है छायावादियों की ख़ास अलग क़िस्म की। निराला की एक अलग छवि मालूम होती है। इसलिए मैंने कहा कि निराला की परम्परा के समूह में आते हैं। कवि की एक नयी छवि–कवि और और कवि दे वह और और छवि दे वह। ये पंक्तियाँ निराला की हैं। तो जब भी नागार्जुन को पढ़ता हूँ तो और और कवि और और और छवि वाला पाता हूँ। उन्होंने दोहे लिखे और क्या दोहे लिखे हैं! आमतौर से रहीम के दोहे, कबीर के दोहे, तुलसी के दोहे, ये दोहा जो है हमारी हिन्दी की विजातीय पहचान है। छन्द; हर भाषा का एक अपना छन्द होता है। मराठी का अपना छन्द, बंगाली का अपना छन्द। मराठी का एक अपना छन्द है जिसमें तुकाराम ने लिखा है, बाक़ी लोगों ने भी लिखा है। हर भाषा का, कविता का एक अपना दुलारा छन्द होता है। और दोहा को, जिसे हम संस्कृत का 'श्लोक' कहते हैं– 'अनुष्टुप्'। जिस 'अनुष्टुप्' में वाल्मीकि वाणी पहली बार फूटी। ये दोहा हमारा अपना हिन्दी का छन्द है और किसी अन्य भाषा में दोहा नहीं है। हिन्दी से निकला है और अगर कहीं गया है तो हिन्दी से होकर गया है। दोहा गाया भी अच्छा जाता है। बहरहाल, वह क्षमता मुझमें नहीं है। उनके दो दोहे मैं सुनाता हूँ–

*खड़ी हो गयी चापकर, कंकालों की हूक।*
*नभ में विपुल विराट-सी, शासन की बन्दूक।।*

तो एक चित्र बनता है इन दो पंक्तियों में ...कि खड़ी हो गयी चापकर कंकालों की हूक, हूक खड़ी हो रही है कंकाल नहीं खड़े हो रहे हैं। और आदमी नहीं खड़ा हुआ उसकी हूक खड़ी हो गयी। जवाब दे रही है। कई शब्द आते हैं लेकिन बन्दूक के जवाब में हूक का खड़ा होना ये है नागार्जुन।

*जली ठूँठ पर बैठ कर गयी कोकिला कूक।*
*बाल न बाँका कर सकी शासन की बन्दूक।।*

इसलिए ये दमन अत्याचार की ताक़त दिखाते हुए भी उसके विरुद्ध उठी हुई आवाज़ रिरियाते हुए कुत्ते वाली आवाज़ नहीं है। ताक़त देती है जो कविता की ताक़त है। इसे नागार्जुन ने इस दोहे से सिद्ध किया है। आज के मूर्धन्य कवियों के दौर में केवल नागार्जुन के दोहे याद रखे जा सकेंगे और कोई दोहे नहीं।

बड़ा कवि वह होता है जो सौन्दर्यबोध को बदलता है। आप इसे सुन्दर मानते हैं तो यह सुन्दरता है। ये ललित लवंगलता पद शीलन ...जहाँ सौन्दर्य का पददीप हुआ करता है, नागार्जुन में भी दिखता है। जिन लोगों द्वारा नेवले पर भी कविता लिखी जा सकती थी, मादा सूअर पर एक कविता है। एक सज्जन हमारे विनोद में कहा करते हैं, एक ऐसी उमर आती है, हे सखी, ख़ास उमर में यह कि सूअर भी सुन्दर लगा करते हैं। मादा सुन्दर। शीर्षक है 'पैने दाँतों वाली'। भला कटहल भी शीर्षक हो सकता है? एक कविता कटहल पर लिखी है और रिक्शा चलाने वाले लोग जो हैं, उसके जो खुरदरे पैर हैं, जब रिक्शे पर बैठते हैं और डाँटते भी है, जब धीरे-धीरे चलते हैं, गालियाँ भी देते हैं। नागार्जुन की नज़र उसके खुरदरे पैरों पर है, जिससे वह चलता है। और वह ड्राइवर जो सरदार जी गाड़ी ड्राइव कर रहे हैं और आगे गुलाबी चूड़ियाँ लटका रखी हैं। और अपनी बेटी, उसके लिए गुलाबी चूड़ियाँ रखता है। इसमें कहीं कुछ नहीं वात्सल्य रस किस तरह पैदा करता है आम आदमी। वह उसमें दिखाया उन्होंने। एक कविता लिखी है उन्होंने, घिन तो नहीं आती, बीभत्स रस की। बीभत्स रस जिसको कवियों ने छोड़ दिया है। बीभत्स का वर्णन सीमित कर दिया गया है कि वह श्मशान के समय ही उपयोग में लाया जा सकता है और कहीं नहीं। लेकिन जिसका जीवन संघर्ष, ज़िन्दगी श्मशान ही बन गयी हो उस ज़िन्दगी में श्मशान कौन-कौन-सी चीज़ें हो सकती हैं!

गांधी जी के 'तीनों बन्दर बापू के' वाली कविता ज़रूर पढ़ी जानी चाहिए। तीनों बन्दर बापू के–तीनों बन्दर बापू के...और किस तरह बाबा नाचते हुए यह कविता सुनाया करते थे। पूरी जनता उनके साथ गाया करती थी। इसलिए बापू को तो याद किया करते हैं पर तीनों बन्दरों को कोई नहीं याद करता है। ख़ासकर गांधी शान्ति प्रतिष्ठान वाले और राजघाट वाले और दुनिया भर के चरखा कातते हैं लेकिन असल चीज़ तो गांधी जी के तीनों बन्दर हैं। मुश्किल यह है कि जो याद करने वाले लोग हैं क्षमा करें। बुरा न मानें...बन्दरों को नहीं समझ सके। इसलिए गांधी जी को इन्होंने अजीब निरामिष वग़ैरह-वग़ैरह तरह का प्राणी बता दिया है। नागार्जुन कैसे याद करते हैं गांधी जी को। इस तरह नागार्जुन की कविताएँ हैं। एक कविता और सुनाकर; इसलिए कि अज्ञेय जी ने इस कविता का उपयोग किया है अपने ढंग से। प्रतीक जो निकाला था उन्होंने जो इलाहाबाद से; उसके सातवें अंक में; नागार्जुन का नाम नहीं लिया है। अति श्रेष्ठ आदमी थे, नाम नहीं लेते थे। बिना नाम लिये

एक कविता लिखा, मैं उसकी पैरोडी प्रस्तुत करता हूँ, पाँच पूत भारत माता के। वो सुनाकर मैं इजाज़त लेता हूँ।

कविता आपको याद होगी, क्या कविता है! बहुत दावा करते हैं प्रगतिशील और नयी कविता वाले लोग कि वह बहुत प्रयोग करते हैं। अकेले; मैं कहना चाहता हूँ कि नागार्जुन ने जितने प्रयोग किये हैं कविता में उतने अज्ञेय ने नहीं किये, शमशेर ने नहीं किये हैं। केदारनाथ अग्रवाल ने जितने प्रयोग किये हैं। प्रयोगवाद के नाम पर ये लोग जो हल्ला मचाते हैं; उससे ज़्यादा कविता के रूप विधान में, भाषा में सबसे ज़्यादा प्रयोग नागार्जुन, केदारनाथ ने किये हैं। और इस पर ज़ोर देना चाहिए लोगों को। झूठा वाद है प्रयोगवाद, कोई प्रयोग-व्रयोग नहीं किया है इन लोगों ने। वैसे ही जैसे कोई वैज्ञानिक हो और उसके पास प्रयोगशाला हो ही नहीं। प्रयोगशाला सबसे बड़ी कवियों के लिए लोक जीवन है। लोक जीवन में वह प्रयोग को नहीं देखता है तो अपनी कोठरी में बैठकर चाहे जितनी दण्ड-बैठक किया करे! उस प्रयोगशाला से पाँच पूत भारत माता के दुश्मन था खूँखार, गोली खाकर मर गया एक बाकी बचे, पाठक कहते हैं चार। एक क्रान्तिकारी कविता की पैरोडी उन्होंने किसी रूप में की है। ये पाठक और कवि के बीच जो होता है कि जो आप कहना चाहें, वह पाठकों के बीच से निकलता है। चार पूत भारत माता के चारों चतुर प्रवीण और देश निकाला गया एक को बाकी रह गये तीन, तीन पूत भारत माता के लड़ने लग गये ख़ुद। अलग हो गया एक उधर, अब बाकी रह गये दो। दो पूत भारत माता के, छोड़ पुरानी टेक, चिपक गया है एक गद्दी से, बाकी रह गया एक। जहाँ कविता ख़त्म होती है क्या क्रम चलता है–एक पूत भारत माता का कन्धे पर है झण्डा, नाम नहीं लिया है कि झण्डा किसका है? नाम नहीं लिया है बता दिया है कि झण्डा किसका है। उसे पकड़ कर ले गयी पुलिस बाकी रह गया अण्डा।

इसलिए झण्डे के साथ आपके पास अण्डे को रखे जा रहा हूँ, ताकि इससे मुझे उम्मीद है अच्छे-अच्छे बच्चे निकलेंगे।

*महात्मा गांधी अन्तरराष्ट्रीय हिन्दी विश्वविद्यालय, वर्धा के हबीब तनवीर सभागार में दो-दिवसीय 'जन्मशती का सन्दर्भ' कार्यक्रम में दिनांक 02 अक्टूबर, 2010 को प्रस्तुत उद्घाटन-वक्तव्य के अंश*

# छप्पन वर्षों की यादें
## 'प्रान पियारे की गुन गाथा'

त्रिलोचन जी को मैंने पहले-पहल 1941 में देखा था। शायद अगस्त का अन्त या सितम्बर शुरू के दिन थे। मैंने जुलाई में बनारस के क्षत्रिय स्कूल में सातवें दर्जे में दाख़िला लिया था और मेरे छात्रावास में त्रिलोचन जी को भाषण और काव्यपाठ के लिए निमन्त्रित किया गया था। उनकी वह छवि आज भी मेरी आँखों के आगे साफ़ है। कमर में धोती और धोती का एक हिस्सा ओढ़े हुए, कन्धे पर जनेऊ, दाढ़ी-मूँद साफ़, बाल काले, घने और छोटे।

उनका परिचय देते हुए हिन्दी के मेरे प्रधान अध्यापक ने जो कुछ कहा था, उसमें से एक बात अब भी याद है कि "सूरदास के बारे में कहा जाता है कि उन्होंने सवा लाख पद लिखे थे। लेकिन सब मिलते नहीं हैं। त्रिलोचन जी ने सचमुच सवा लाख पद से ज़्यादा लिखे हैं... "इसके साथ ही उन्होंने उनके व्यापक देश-भ्रमण और बहुभाषा ज्ञान का भी उल्लेख किया था। मैं कह नहीं सकता कि उनके स्वर में विनोद का पुट था या नहीं। किन्तु इतना याद है कि उन्होंने पूरी बात बड़ी गम्भीरता से कही थी। शास्त्री जी का भाषण मुख्यतः अपनी घुमक्कड़ी के अनुभवों के बारे में था। भाषण काफ़ी लम्बा था। विषयान्तर बहुत हुआ। अन्त में बहुत आग्रह करने पर उन्होंने एक कविता भी सुनाई। 'चम्पा काले-काले अक्षर नहीं चीन्हती' जिसे हम बालकों ने हास्य रस की कविता के रूप में मजे के साथ सुना।

उस दिन त्रिलोचन जी से मेरी कोई बातचीत नहीं हुई। हो भी नहीं सकती थी। मैं गाँव से शहर आया हुआ नया-नया छात्र। झेंपू, हिम्मत ही नहीं पड़ी। कुछ ही दिनों बाद उसी साल शास्त्री जी से रू-ब-रू मिलने का मौक़ा मिला। स्कूल के परिसर में ही मुख्य द्वार के पास प्राचीन छात्र भवन था। उसमें 'क्षत्रिय मित्र' नाम की पत्रिका का नया-नया कार्यालय स्थापित हुआ था। उस पत्रिका के सम्पादक तो शम्भुनाथ

सिंह थे किन्तु स्वास्थ्य लाभ के लिए छह महीने के लिए बाहर चले गये थे और अपनी जगह त्रिलोचन जी को सम्पादकीय दायित्व सौंप गये थे। इस हैसियत से शास्त्री जी 'क्षत्रिय मित्र' कार्यालय में आया करते थे। मुझे जैसे ही यह ख़बर मिली, उत्सुकतावश मैं उनके दर्शन करने चला गया। यह देखकर थोड़ा अचम्भा हुआ और अच्छा भी लगा कि उन्होंने बिना किसी तकल्लुफ के, सहज भाव से बातें कीं और पढ़ने-लिखने के बारे में सलाह देते रहे।

एक दिन उन्होंने 'क्षत्रिय मित्र' का नया अंक देते हुए, ख़ासतौर से एक सवैया पढ़ने का आग्रह किया। उस सवैये के दो चरण मुझे अब भी याद हैं–''विश्व में हिन्दुओं की सती नारी सा, प्रेमी कहीं निकले तब जानें/'अश्रु' बुझे हुए दीप के ऊपर आके पतंग जले तब जानें।'' कवि का नाम था सभाजीत पाण्डेय 'अश्रु'। इस सवैये को सुनाने के बाद शास्त्री जी ने कहा कि जानते हो, यह अमीर ख़ुसरो के एक फ़ारसी शेर का अनुवाद है। वह शेर इस तरह है—

*हम जन हिन्दू कसे दर-आशिकी मर्दाना नेस्त,*
*सोखतन बरकारे मुर्दा शम्अ हर परवाना नेस्त।*

काफ़ी देर तक मूल और अनुवाद का फ़र्क़ शास्त्री जी समझाते रहे और अनुवाद की प्रशंसा करते रहे। उन दिनों शास्त्री जी से रोज़ कुछ-न-कुछ देर के लिए मुलाक़ात होती थी और उन मुलाक़ातों में मैंने जितना सीखा, जितना जाना उसका आज हिसाब देना भी मुश्किल है। उन्हीं दिनों उन्होंने बंगला सीखने की सलाह ही नहीं दी, बल्कि उसकी शुरुआत भी कर दी। सन्' 41 में इस तरह त्रिलोचन जी से जो सम्बन्ध-सूत्र स्थापित हुआ वह थोड़े-बहुत अन्तराल के साथ आज तक बना हुआ है। प्रथम परिचय के समय मेरी उम्र चौदह साल की थी और शास्त्री जी की चौबीस साल की। लेकिन दस वर्षों का यह फ़ासला कभी फ़ासला नहीं मालूम हुआ। वैसे वे मेरे अभिभावक भी थे, बड़े भाई के समान थे और साथ ही साहित्यिक गुरु भी थे।

क्षत्रिय स्कूल के दिनों में 'क्षत्रिय मित्र' का सम्पादन कार्य छोड़ने के बाद भी वे मेरे छात्रावास में रोज़ ही शाम को आया करते थे। संयोग से हमारे स्कूल के पास ही शिवपुर में कहीं वे शाम को ट्यूशन पढ़ाने के लिए आया करते थे और वहाँ से ख़ाली होने पर सीधे मेरे छात्रावास में चले आते थे। उनके पास कोई-न-कोई ताज़ा लिखा हुआ गीत ज़रूर होता था। गीत सुनाने के बाद इधर-उधर की साहित्य-चर्चा और फिर हमारे साथ ही छात्रावास के मेस में खाना। यह लगभग नियमित कार्यक्रम हुआ करता था। इन्हीं दिनों सन् 1944 में जब मैं हाईस्कूल की परीक्षा की तैयारियाँ

कर रहा था, एक दिन वे 'तार सप्तक' लेकर हमारे कमरे में आये थे और काफ़ी देर तक उस काव्य संकलन के बारे में बताते रहे।

उन्हीं दिनों एक शाम उन्होंने अचानक अपना यह संकल्प सुनाया कि वे अब हाईस्कूल की परीक्षा देंगे। जिस घटना ने उन्हें इस संकल्प के लिए उत्तेजित किया, वह कुछ इस तरह है : उन दिनों वे 'हंस' में काम करते थे। कुल साठ रुपये महीने थे। लड़ाई के कारण महँगाई इतनी बढ़ गयी थी कि इतने कम रुपये में ग़ुज़ारा नहीं होता था। एक दिन उन्होंने मालिक से तनखा बढ़ाने के लिए कहा, तो वह बोले कि–"हाईस्कूल तो पास हो नहीं फिर भी साठ रुपये देता हूँ, कम नहीं हैं।" शास्त्री जी को यह बात लग गयी। बोले, "अब मैं एम.ए. करके ही दम लूँगा–और वह भी इंग्लिश में!" "चूँकि उस साल हाईस्कूल का फार्म भरने का समय बीत चुका था, इसलिए अगले साल फार्म भरने का निश्चय करके शास्त्री जी ने अपने भविष्य का कार्यक्रम पक्का कर लिया। हाईस्कूल पास करने के बाद उसी स्कूल में, जिसका इंटरमीडिएट वाला हिस्सा उदय प्रकाश कॉलेज कहलाता था, उसमें मैंने अपनी पढ़ाई जारी रखी, तो शास्त्री जी वहाँ भी छात्रावास में आते थे। उन दिनों की जो सबसे उल्लेखनीय घटना है, वह 1946 के मार्च महीने की है। अचानक एक शाम शास्त्री जी अपने प्रथम प्रकाशित कविता संग्रह 'धरती' की छह प्रतियाँ लेकर हमारे छात्रावास के कमरे में दाख़िल हुए। यह बंडल मुरादाबाद के प्रदीप प्रेस कार्यालय से आया था। उसमें से 'धरती' की एक प्रति निकालकर उन्होंने हमारे सामने ही देखना शुरू किया और उस प्रति में देर तक प्रूफ़ की भूलें ठीक करते रहे। अन्त में वह प्रति उन्होंने मुझे भेंट की, जो आज भी मेरे पास सुरक्षित है।

प्रथम संस्करण में 'धूप सुन्दर धूप में जगरूप सुन्दर' नाम की कविता अलग-अलग दो कविताओं के रूप में छप गयी। शास्त्री जी इस पर बहुत ख़फ़ा थे। सम्भवतः प्रदीप प्रेस के मालिक जगदीश भारती के पास त्रिलोचन जी की कविताओं की यह पाण्डुलिपि दो-तीन बरसों से पड़ी हुई थी और कवि को प्रूफ़ दिखाये बिना अचानक छापकर उनके पास भेज दी।

जुलाई, 1947 में मैंने काशी हिन्दू विश्वविद्यालय में बी.ए. में प्रवेश लिया। रहने के लिए विश्वविद्यालय परिसर के बाहर संकट मोचन के सामने महेन्द्रवी छात्रावास में जगह मिली। संयोग से त्रिलोचन जी उन दिनों हमारे छात्रावास से कुछ ही दूरी पर नगवा में अकनू भवन में एक कमरा किराये पर लेकर रहते थे और शायद इंटरमीडिएट की तैयारियाँ कर रहे थे। उन दिनों हमारी दिनचर्या कुछ ऐसी

थी कि सुबह-शाम दोनों वक़्त शास्त्री जी से मुलाक़ात निश्चित थी। सुबह सूरज निकलने से पहले बाबू शिवप्रसाद गुप्त की 'सेवा उपवन' वाली कोठी के पास गंगा जी के किनारे वाले घाट पर हम दोनों पहुँच जाते थे। तैरते थे, स्नान करते थे और फिर अपने-अपने छात्रावास में वापस। इसी तरह शाम को भी नहाने का कार्यक्रम तो केवल गरमियों में ही होता था, किन्तु बाकी महीनों में गंगा के किनारे घूमने का कार्यक्रम साथ-ही-साथ हुआ करता था। यह सिलसिला लगभग उन्नीस सौ बावन तक चला।

उन दिनों की एक 'दुस्साहसिक' घटना याद आती है, जिसका सम्बन्ध गंगा स्नान से है। यह घटना 1951 की गरमियों की है। सुबह हम दोनों सेवाघाट पर मिले। शास्त्री जी बोले, "तुमने कभी गंगा पार किया है?" मैंने कहा, "नहीं।" शास्त्री जी ने अपने अन्दाज़ में कहा–"मैंने तो कई बार किया है और वह भी बरसात के दिनों में।" शास्त्री जी ने जिस चुनौती के स्वर में यह बात कही, लगा कि आज तैरकर गंगा पार कर ही लेना चाहिए! और हम लोग कूद पड़े। सौभाग्य से बीच में एक रेती थी। इसलिए तैरकर हम लोग पहले रेती पर पहुँचे, थोड़ी देर आराम किया और इसके बाद फिर दूसरे किनारे की ओर बढ़े। शास्त्री जी ने हिम्मत आफजाई करते हुए कहा, "बस धारा के अनुसार बहते चलो और ज़्यादा तैरने की कोशिश मत करो। कहीं-न-कहीं हम लोग किनारे लग ही जायेंगे।"

थोड़ी देर बाद देखा तो मेरी बाँहें तो भर गयी थीं, शरीर थक रहा था। किनारा कहीं दिखाई नहीं दे रहा था। और मुड़कर अगल-बग़ल देखा तो शास्त्री जी का भी कहीं पता नहीं। लगा कि अब जीवन की कोई उम्मीद नहीं है। बहरहाल, दूसरी ओर जो किनारा था, उस पर बालुई हिस्सा ही ज़्यादा था। इसलिए किनारे से बहुत पहले ही पानी काफ़ी उथला था। किसी तरह किनारे पहुँचे।... आधे घण्टे बाद जब थकान कुछ कम हुई, चारों तरफ़ नज़र दौड़ाई–शास्त्री जी कहाँ हैं? देखने पर मालूम हुआ कि धारा की तरफ़ मुझसे लगभग एक किलोमीटर दूर, बालू के किनारे पर लेटे हुए हैं। जब मैं उधर बढ़ने लगा, तो बोले–"इधर मत आओ, गमछा बह गया है।" बहरहाल, फिर दुबारा हम लोग तैरकर ही वापस आये।...इस तरह गंगा पार तो कर लिया, लेकिन कान पकड़ा कि अब दुबारा शास्त्री जी की ऐसी बातों में नहीं आना है।

इस बीच शास्त्री जी ने स्वयं भी विश्वविद्यालय में बी.ए. में प्रवेश लिया, जिसमें अन्य दो विषयों के अलावा एक विषय अंग्रेज़ी साहित्य भी था। यदि मैं भूलता नहीं तो 1951 में जब वह बी.ए. के छात्र थे तभी उन्होंने सानेट लिखने की शुरुआत की

थी। और पहला सानेट सम्भवतः यही था, ''जब भौंरे ने आकर पहले-पहले गाया, कली मौन थी...'' यह सानेट सम्भवतः उन्होंने काशी हिन्दू विश्वविद्यालय के

आर्ट्स कॉलेज के लान पर बैठे-बैठे लिखा था। इसके बाद तो सानेट-सृजन का जो प्रवाह चला, तो उसने बारह वर्ष से पहले तो रुकने का नाम ही नहीं लिया।

वैसे तो शास्त्री जी के बारे में अनेक किंवदन्तियाँ हैं और उन किंवदन्तियों में से कुछ के मूल स्रोत स्वयं शास्त्री जी हैं। शायद यह विलक्षण प्रतिभाओं का सहज स्वभाव है। जहाँ तक उनकी सर्जनात्मक क्षमता का सवाल है, वह असाधारण है और मैं इसका साक्षी हूँ। 31 दिसम्बर, 1951 की रात से 1 जनवरी, 1952 की सुबह तक शास्त्री जी ने इकतीस सानेट लिखे। अकनू भवन में उस रात अपने कमरे में वे सानेट लिखते रहे और बग़ल के कमरे में मैं 'हिन्दी के विकास में अपभ्रंश का योग' के अन्तिम अध्यायों की प्रेस कॉपी तैयार कर रहा था। हम दोनों रात भर जागते रहे और सुबह शास्त्री जी ने वे सारे सानेट सुनाये। आज शायद किसी को यह भी एक किंवदन्ती मालूम हो, लेकिन यह सच है।

आज सोचता हूँ तो मुझे यह बात किंवदन्ती नहीं मालूम होती कि त्रिलोचन जी ने सवा लाख पद लिखे हैं। जितनी कविताएँ उनकी प्रकाशित हुई हैं, उससे तिगुनी कविताएँ या तो खो गयीं या लुप्त हो गयी हैं। उनमें से दो डायरियों की तो मुझे स्पष्ट याद है। त्रिलोचन जी के साथ इन छप्पन वर्षों की इतनी यादें हैं कि सबका ब्यौरा देना मुश्किल है। मुझे तो श्रीधर पाठक के 'एकान्तवासी मीत' की ये पंक्तियाँ याद आती हैं–

*प्रान पियारे की गुन गाथा*
*साधु! कहाँ तक मैं गाऊँ।*
*गाते-गाते चुके नहीं वह*
*चाहे मैं ही चुक जाऊँ!*

*प्रस्तुति : हरियश राय और प्रकाश मनु*

# रघुवीर सहाय : सीढ़ियों पर धूप में

रघुवीर सहाय के समस्त कृतित्व का प्रतिनिधि संकलन 'सीढ़ियों पर धूप में' 'खेल' से शुरू होता है और 'करुणा' में अन्त। यही उनकी रचना के दो छोर हैं और विशेषता भी। आज के रचनाकारों में यह संयोग विरल है, यदि दुर्लभ नहीं तो। क्रीड़ा से करुणा तक–क्रीड़ा और करुणा का समन्वय नहीं, बल्कि एक कलापूर्ण तारतम्य और अन्ततः करुणा में सम्पूर्ण कला की परिणति।

क्रीड़ा का बोध रघुवीर सहाय में असाधारण है–वह बोध नहीं जो मैच देखनेवाले बड़े-बूढ़े तमाशबीनों में होता है, बल्कि वह बोध जो खेल में स्वयं एक बच्चे को होता है। एकदम बच्चे जैसा ही कौतुक, कुतूहल, नयी-नयी उद्‌भावना की क्षमता और अपनी छोटी-से-छोटी चीज़ में इतना रस लेना कि दुनिया की बड़ी-से-बड़ी चीज़ उसके सामने अपने-आप व्यर्थ हो जाय। यह आकस्मिक नहीं है कि उनकी अनेक कहानियों के पात्र बच्चे हैं या कोई अबोध चिड़िया है, यदि नहीं तो जहाँ वयस्क चरित्र आता है वह भी बच्चे जैसी ही हरकत करता है। रघुवीर सहाय ही हैं जो 'अगर कहीं मैं तोता होता' जैसी कविता लिख सकते हैं। लेकिन यह पहली सीढ़ी है। पूरी रचना है : 'सीढ़ियों पर धूप में' जिसकी अन्तिम सीढ़ी वह है जहाँ पहुँचकर सारा क्रीड़ा-कौतुक पीछे छूट जाता है, रह जाता है तो सिर्फ़ एक अकेलापन–ऐसा अकेलापन जिसमें अकेलेपन की कोई व्यथा भी साथ नहीं रह जाती, शेष रहता है तो एक शान्त सौम्य करुणा का भाव। गोया कि इससे पहले का सब कुछ एक अभिनय था। अभिनय समाप्त हो गया और दर्शक-अभिनेता-शून्य रंगशाला में शेक्सपीरियन विदूषक अकेला रह गया हो। 'सीढ़ियों पर धूप में' अन्त तक पहुँचते-पहुँचते इस करुणा के आलोक में सम्पूर्ण क्रिया-व्यापार को एक नये अर्थ में आलोकित कर देती है। सारे मनोविनोदों के बीच कवि की वह गहरी व्यथा झलक जाती है जिससे उनका सारा कृतित्व आद्योपान्त व्याप्त है और विश्वास करना पड़ता है कि यह व्यथा न तो विलासी की है और न यह व्यथा कोई एक है।

रघुवीर सहाय की रचनाओं से स्पष्ट है कि इस युग की व्यथा को झेलने का एक मात्र उपाय है एकदम शिशु हो जाना और शिशु की तरह ही तमाम बड़ी समस्याओं की अवहेलना कर जाना और आसपास की छोटी-छोटी बातों में शिशु की तरह खेल की सी दिलचस्पी लेना और अन्त में थक कर अपने अकेलेपन की व्यथाहीन करुणा में डूब जाना।

वर्तमान युग में एक बुद्धिजीवी की स्थिति क्या यही है? साल भर हुए अमेरिका के प्रसिद्ध बुद्धिजीवी लेखक आर.पी. व्लेकमूर ने कुछ इसी तरह का सुझाव दिया था कि वर्तमान संकट का सामना करने के लिए बुद्धिजीवी ट्रेजेडी के सफल विदूषक की भूमिका अदा करें। न जीवन से पलायन और न जीवन में आसक्ति–अभिनेता की सी तटस्थ अनासक्ति; गम्भीर-से-गम्भीर बात हँसते-हँसते कह डालना, अपनी व्यथा को मन-ही-मन गोय रखना। कितना अच्छा है। लेकिन काश, इतिहास एक नाटक होता। मुश्किल यह है कि जीवन का नाटक वास्तविक है–जीवन नाटक नहीं है।

रघुवीर सहाय भी इस बात को जानते हैं, फिर भी असहाय शिशु की तरह सहज भाव से कहते हैं–

*नीचे घास*
*ऊपर अकास*
*ऐसा ही होता यदि जीवन में विश्वास।*

'यदि' के इस भोलेपन, इस विवशता पर सिर्फ़ एक टिप्पणी हो सकती है ''हुई मुद्दत कि ग़ालिब मर गया...।''

रघुवीर सहाय की पीड़ा यह है कि वे इसे भी जानते हैं। 'मैं जानता हूँ' यही मुझे अलग करता है–उन्हीं का कथन है। बहुत जानने का यह अनिवार्य अ भिशाप है, लेकिन साहित्य-रचना में कभी-कभी यही अभिशाप वरदान बन जाता है। 'आत्मसजगता' को कुछ लोग मानसिक रोग ही क्यों न कहें, नये साहित्य को इससे एक नया आयाम मिल गया है। रघुवीर सहाय की कहानियाँ इस 'आत्मसजगता' के बोध से नयी हो उठी हैं वरना कथानक, चरित्र आदि के पारम्परिक तत्त्वों से रहित ये गद्य खण्ड सिर्फ़ एक अनूठी उक्ति हैं। कविताओं में जो तरल भावुकता नहीं आने पाती है और न विचारों में 'प्लैटीट्यूड' (Ptatitude) है– वह भी इस आत्मसजगता के ही कारण। इसी के द्वारा 'साधारण' की साधारणता नष्ट किये बिना ही वे उसे असाधारण बना देते हैं। दरअसल वे 'साधारण' के 'असाधारण' कलाकार हैं।

रघुवीर सहाय इसीलिए इतने मौलिक प्रतीत होते हैं कि अज्ञेय के शब्दों में वे अत्यधिक 'आत्मचेता' हैं।

आत्मसजगता का असर भाषा तक पर पड़ता है, स्वाभाविक है कि रघुवीर सहाय जैसे आत्मसजग कलाकार की भाषा में भाषण या 'रेटरिक' का अनर्गल प्रवाह न मिले और न हो वह जटिलता जो आज के अनेक जटिलमना लेखकों की भाषा में मिलती है। चिन्तन प्रवाह की रेखाओं का अविकल अनुसरण करने वाली सहज प्रवहमान भाषा इसी का फल है जो पाठक और लेखक के बीच की अनेक औपचारिक दूरियों को कम करती है और एक प्रकार की सहज आत्मीयता का सम्बन्ध स्थापित करती है। अपनी भाषा के द्वारा रघुवीर सहाय पाठक पर बड़ी सफलता से यह प्रभाव उत्पन्न कर ले जाते हैं कि वह पढ़ नहीं रहा है बल्कि स्वयं लेखक के मुँह से सुन रहा है और सुन भी नहीं रहा है बल्कि उन क्षणों में स्वयं जी रहा है। उनकी भाषा का मुहावरा उनके व्यक्तित्व का ऐसा अभिन्न अंग हो गया है कि उनकी कविता की भाषा भी गद्य के निकट चली गयी है–यहाँ तक कि गद्य-कृतियों और कवितओं की सीमा मिटती दिखाई देती है,–कविताओं में बोलचाल के गद्य का मुहावरा ही नहीं बल्कि लहजा तक आ गया है। आज की कविता में ये तमाम बातें बड़ी महत्त्वपूर्ण समझी जाती हैं।

लेकिन ऐसी आत्मसजग रचनाओं के बारे में अन्ततः यह बुनियादी प्रश्न उठ खड़ा होता है कि क्या ये सचमुच 'रचना' हैं अथवा उन्हें वास्तविक या सिद्ध 'रचना' कहा जा सकता है? क्या ये सिर्फ़ 'रचना-प्रक्रिया' का यथार्थ विवरण नहीं हैं? मेरी दृष्टि में ये रचनाएँ कला-सिद्धि से एक सोपान नीचे ही रुक जाती हैं इसलिए अन्ततः ये अपूर्ण कलाकृति ही कहलायेंगी। यह आत्मसजगता की सीमा है कि वह कलाकार को उस निरुद्विग्न स्थितप्रज्ञता तक नहीं पहुँचने देती जिसमें मानसिक प्रतिक्रियाएँ कलाकृति के रूप में संघटित होती हैं।

आत्मसजगता चित्त को जिस संकल्प-विकल्प या उभय-सम्भव की स्थिति में रखती है उसमें स्वयं रघुवीर सहाय के ही शब्दों में केवल 'खुद-बुद' की सृष्टि हो सकती है–'खुद-बुद' जो पतीली में उबलती हुई खिचड़ी में होता है। और ऐसा 'खुद-बुद' कलात्मक रस देने में असमर्थ है।

सवाल यहाँ फिर उठ सकता है कि रघुवीर सहाय जैसा आत्मसजग कलाकार क्या इस बात को नहीं जानता? और कोई दूसरा उत्तर दे, इससे पहले स्वयं कलाकार का उत्तर प्रस्तुत है : "यह कोई कृतित्व नहीं कि हम जानते हैं–कृति होने का एक लक्षण चाहे हो।"

आत्मसजगता की यह चरम सीमा है जिसे 'ईमानदारी' कहते हैं–ईमानदारी भी 'कितनी नंगी और कितनी बेलौस!' इसमें भी एक दुर्निवार आकर्षण है और कुछ सहृदय ऐसे हैं कि इसके सम्मुख अपने को रोक नहीं पाते और 'दे दिये जाते' हैं। मैं भी चाहता हूँ कि दे दिया जाऊँ लेकिन जो 'इतनी नंगी और इतनी बेलौस' है वह कला नहीं है।

# रघुवीर सहाय का छन्द

अभी जो फ़िल्म[1] दिखायी जा रही थी जिसमें रघुवीर सहाय के साथ साक्षात मुझे उनके सम्पर्क में रहने का एक क्षण मिला उसमें मन इतना डूबा हुआ था कि उसके बाद सहसा रघुवीर सहाय के साहित्य की चर्चा करने का साहस मैं नहीं कर पा रहा हूँ। स्वयं उनकी आवाज़ को सुनते हुए, उनकी कुछ चुनी हुई कविताओं को सुनते हुए ऐसा प्रतीत होता है कि उनके बारे में जो भी हम कहने की कोशिश करेंगे वह बहुत तुच्छ मालूम होगा। फिर भी कोशिश करता हूँ कि शुभारम्भ के अवसर पर कुछ बातें कह सकूँ–

*वही आदर्श मौसम*
*मन में कुछ टूटता-सा*
*अनुभव से जानता हूँ कि यह बसन्त है।*

रघुवीर सहाय की चर्चा बसन्त में ही होनी चाहिए भले ही वे पैदा बसन्त में न हुए हों। पैदा तो वे दिसम्बर में हुए थे लेकिन निराला जी के बाद हिन्दी में सबसे ज़्यादा रघुवीर सहाय ने बसन्त पर कविताएँ लिखी हैं। इसलिए यह सही मौसम है जिसमें उनकी चर्चा की जा सकती है। उनसे मेरी पहली मुलाक़ात जब हुई थी, उस समय भी यही मौसम था। उन दिनों वे मिंटो रोड के एक मकान में रहते थे। सम्भवत: 1951-52 की बात होगी। मेरे मन में उनकी स्मृति भी बसन्त से ही लिपटी-जुड़ी-सी है। एक अरसे से रघुवीर सहाय की कविताओं, कहानियों और उनके बाक़ी गद्य को अपने ढंग से समझने की कोशिश करता रहा हूँ। रघुवीर सहाय सम्भवतया अपने समकालीनों में सबसे अधिक आत्म-सजग कवि थे–अपने माध्यम के प्रति, अपने रचनाकर्म के प्रति, सृजनात्मकता के प्रति। इसी के साथ वे उतने ही निर्मम आलोचक भी थे–अपनी

1 **भूले हुए शब्द की जगह** आयोजन की शुरुआत में भारत भवन द्वारा तैयार की गयी रघुवीर सहाय पर केन्द्रित फ़िल्म।

रचनाओं के। वे अच्छी तरह से जानते थे कि वे क्या लिख रहे हैं। उन्होंने स्वयं कविता पर भी कविताएँ लिखी हैं और इसका भी अहसास उनके मन में था कि कविता और कविता पर कविताएँ दोनों साथ-साथ शुरू से लिखता रहा हूँ, उसके बारे में गद्य में भी बहुत लिखा है और कविता में भी लिखा है और ऐसा लगता है कि उन्हें यह बोध था कि उनका अपना एक काव्यशास्त्र है। इस काव्यशास्त्र को उन्होंने शास्त्रीय भाषा में तो कभी नहीं कहा, इसे कहना वे उचित भी नहीं मानते थे, लेकिन अपने पाठकों के सामने उसे बोधगम्य रूप में रखने के लिए (और उनकी भाषा ठेठ कवि की भाषा नहीं थी) उन्होंने इस काव्यशास्त्र का विवेचन भी किया है। इसे वे अपने ढंग से 'छन्द' कहा करते थे। इसलिए चाहें तो मोटे तौर से हम कह सकते हैं कि रघुवीर सहाय का छन्द और रघुवीर सहाय का काव्यशास्त्र लगभग दोनों एक ही जैसी बात हैं। वे 'छन्द' शब्द का प्रयोग एक विशेष अर्थ में और सम्भवतया बहुत व्यापक अर्थ में करते थे। मुझे याद आता है कि हमारे गुरुदेव आचार्य हजारीप्रसाद द्विवेदी भी 'छन्द' शब्द का प्रयोग इतने ही व्यापक अर्थ में करते थे। जब वे कहते थे कि किसी आदमी का 'छन्द' मैं पहचानता हूँ तो छन्द कविता से सम्बन्धित शब्द नहीं हुआ करता था। रवीन्द्रनाथ भी 'छन्द' शब्द का प्रयोग कभी-कभी बहुत व्यापक अर्थ में करते थे। रघुवीर सहाय ने लिखा है कि कविता की भाषा अन्ततः नया छन्द ही होती है। हर कविता छन्द में बँधी होती है और छन्द के बिना कविता नहीं होती इसलिए दुनिया को, सच्चाई को देखने की जो दृष्टि होती है, समझ होती है, उसे भी वे एक प्रकार के छन्द के अन्तर्गत मानते थे।

रघुवीर सहाय की कविताओं के सिलसिले में अक्सर जो बातें समय-समय पर कही गयी हैं और जिसके कारण उनका महत्त्व आँका जाता रहा है, ख़ासतौर से आख़िरी दिनों में, इससे उनको थोड़ी असुविधा भी हुई थी। ख़ासतौर से स्त्रियों पर, बच्चों पर लिखी हुई उनकी कविताओं, कुछ राजनीतिक कविताओं आदि को लेकर। इसे समझते हुए और इसका जवाब देते हुए इस विषय पर उन्होंने एक प्रसिद्ध कविता भी लिखी है। 'समाधिलेख' नाम की प्रसिद्ध कविता के अन्त में उन्होंने ज़िक्र किया है–

*मेरी कविता में उषा के*
*भीतर मेरी मृत्यु भी लिखी*
*चिड़िया के भीतर है मेरी*
*राष्ट्र भावना बच्चों में दुःख।*

*माना सब कुछ गबड़सबड़ है*
*पर मैंने यूँ ही देखा था,*

*नारी चिड़िया देश जागरण*
*बच्चा प्रकृति दुःख वासना*
*अलग-अलग डिब्बों में मेरी*
*पीड़ाएँ मत बन्द कीजिए*
*जिन्हें एक में मिला-जुलाकर*
*मैंने की थीं ये रचनाएँ।*

इसलिए यदि हम रघुवीर सहाय की कविता पर विचार करते हुए उन्हें अलग-अलग विषयों के अनुसार, अलग-अलग डिब्बों में बाँटकर देखेंगे और खुश होंगे चूँकि आज के युग के इन विषयों पर उन्होंने लिखा है इसलिए (जैसा कि यहाँ कहा गया) वे स्वाधीन भारत के सबसे समर्थ कवि थे तो सुविधाजनक रूप में भले ही हम अपनी समझ से उनकी प्रशंसा कर रहे होंगे लेकिन उनके समूचे कृतित्व में जो कवित्व है उसे हम सीमित करेंगे। उन्होंने एक जगह बहुत स्पष्ट शब्दों में कहा है कि कविता तभी होती है जब विषय से दूर और वस्तु के निकट होती है। मैंने यह समझने की कोशिश की, कि यह वस्तु क्या है, जिसके निकट होने पर कविता होती है। ये बच्चे, स्त्री और प्रकृति, फूल-पौधे आदि या अधिनायक या राजनीति, इन तमाम विषयों से दूर वह कौन-सी वस्तु है जिसके निकट होने पर यह कविता होती है? उस वस्तु से क्या तात्पर्य है ? शायद यह वही है जिसे सामान्य भाषा में हम लोग 'यथार्थ' कहते हैं और हमी लोग यह नहीं कहते हैं बल्कि रघुवीर सहाय का भी बल इस पर है। एक अन्य प्रसंग में उन्होंने कहा है कि आत्मसाक्षात्कार अपने आप में उपलब्धि नहीं है, यथार्थ से साक्षात्कार करने की यदि कोशिश करें तो उसका कुछ महत्त्व है। सन् 1982 या 84 के आसपास जब 'कविता की वापसी' का नारा दिया गया था तो रघुवीर सहाय चिन्तित हुए थे। उस पर उन्होंने एक टिप्पणी भी लिखी थी जो 'अर्थात' में संकलित है। इसमें उन्होंने कहा था कि कविता की वापसी एक तरह से वृथा भावुकता की वापसी है। इस वृथा भावुकता की वापसी के संकट से त्रस्त होकर वे यथार्थ पर और भी बल देना चाहते थे लेकिन उस यथार्थ का जो अर्थ रघुवीर सहाय समझते थे और सामान्यतः तथाकथित यथार्थवादी उसका जो अर्थ समझते हैं, उन दोनों में आकाश-पाताल का अन्तर है। रघुवीर सहाय की दृष्टि

में यथार्थ का जो अर्थ है उसे बार-बार अनेक रूपों में देखने के कारण शायद कुछ लोग सीधे-सीधे कहीं-कहीं सामाजिक यथार्थ या राजनैतिक यथार्थ से जोड़ देते हैं।

सम्भवत: ऐसे ही प्रसंग में रघुवीर सहाय ने कहा था कि राजनीतिक या राजनीतिकर्मी लोगों की भाषा में जो राजनीति है उसे मेरी घोषित रूप से स्पष्ट राजनीतिक कविताओं में नहीं बल्कि उन कविताओं में देखने की कोशिश कीजिए जिनका सीधे-सीधे राजनीतिक भाषा से कोई सम्बन्ध नहीं है। इससे मालूम होता है कि जिस यथार्थ की उन्हें गहन चिन्ता थी, जिससे उनकी मुठभेड़ थी और जिसको बार-बार परत-दर-परत खोलकर देखने की उनकी कोशिश थी और जहाँ लोगों को कविता या उसकी सम्भावना नहीं दिखाई देती थी, रघुवीर सहाय को वहीं कविता दिखायी पड़ती थी, मिलती थी। अपनी कविता में उन कविताओं को रचने की उन्होंने कोशिश की थी।

रघुवीर सहाय की प्रतिनिधि कविताओं के संकलन को पढ़ते हुए आप देखेंगे कि 1946-47 के दिनों से ही उनमें अलग-अलग असम्बद्ध विषय चाहे वे पेड़-पौधे हों, चाहे बच्चे हों, चाहे स्त्री हो, चाहे राजनीतिक विषय हो, ये सब मिलेजुले रूप में ही आते रहे हैं। मुझे यह देखकर आश्चर्य हुआ कि इन आरम्भिक कविताओं में (जो 'प्रतीक' में छपी थीं) उनका अपना अलग स्वरूप और भाषा दिखाई देती है। इन आरम्भिक कविताओं में जिन्हें वे छन्द में और बेछन्द में शुरू से लिखते रहे हैं, एक कविता बहुत सार्थक लगती है। यह कविता है–

*अन्त का प्रारम्भ है यह*
*दीख पड़ता मृत्यु का केवल प्रकाशस्तम्भ है यह*
*अन्त का प्रारम्भ है यह*

(वैसे संयोग ही की बात है कि जब मैं शमशेरजी की कविताओं का संकलन कर रहा था तो एक मृत्यु शमशेर की आरम्भिक कविताओं में भी मिलती है जिसका शीत-वात जैसा कुछ उल्लेख करते हैं वे) 'मृत्यु का प्रकाशस्तम्भ'–मैं इसकी कल्पना नहीं कर सकता कि इसके पहले भी यह कहीं आया है। छन्दों में लिखी गयी इस कविता के सन्दर्भ में सन् 1946 के आसपास के उस दौर की कविता की दुनिया को हम याद करें। यह वह समय है जब एक कवि के रूप में उनका निर्माण हो रहा था। 1949-50 के आसपास की कुछ उनकी पंक्तियों को हम देखें, एक कविता 1949 की है '*भला*' –

*प्रत्याशा की आशा में कोई तथ्य नहीं*
*उत्तर पाकर हो पाऊँगा कृतकृत्य नहीं*
*लेकिन जो आशा की,*
*जो पूछे प्रश्न कभी*
*अच्छा ही किया उन्हें जो मैंने पूछ लिया।*

रघुवीर सहाय की आत्मसजगता की यह जो झलक इस कविता में मिलती है वह बाद की कृतियों में भी पायी जाती है।

राजनीतिक कविता का उदाहरण आज़ादी मिलने के ठीक 2-3 वर्ष बाद, लगभग 1950 में लिखी एक कविता में मिलता है। इसमें उस आज़ादी का हल्का-सा एहसास है जो आज़ाद भारत में बाद में उनको मिला। ये पंक्तियाँ जो मैं कह रहा हूँ–

*नव युग आज़ादी का नव युग की आज़ादी*
*इतने में किसी ने टोंक कर जैसे डपट दिया*
*"देख, सुन, समझ, अरे घर घुस जनवादी"*
*चौंक देखा कोई नहीं, सुना केवल ढप्-ढप्*
*आँगन में गेहूँ का कूड़ा फटक रहीं*
*सोलह सेर वाले दिन देखे हुईं दादी।*

तो 1946 से 1949-50 तक रघुवीर सहाय ने जो कविताएँ लिखी थीं उनमें यथार्थ से मुठभेड़ का उस समय जो उनका प्रयास था, वह बाद तक जारी रहा। तब से लेकर 'सीढ़ियों पर धूप में', 'आत्महत्या के विरुद्ध', 'हँसो हँसो जल्दी हँसो', 'कुछ पते कुछ चिट्ठियाँ' और फिर 'एक समय था', इन कविताओं में एक एकसूत्रता दिखायी पड़ती है और ऐसा लगता है कि वह रघुवीर सहाय सन् 1946 के आसपास ही उस कच्ची उम्र में ही कहीं-न-कहीं प्रगट हो गये थे। एक चाह थी उनको यथार्थ की। रघुवीर सहाय का ध्यान इस ओर गया कि हम लोग आदत के कारण कुछ बातों को देखने के इतने अभ्यस्त हो जाते हैं कि यथार्थ के बारे में हमारी धारणा ही नहीं बनती है। एक दृष्टि बनती है और उस अभ्यस्तता के कारण हम उस चीज़ को नहीं देख पाते जो उस यथार्थ में कहीं छिपी है, दबी है। यह जो प्रक्रिया है उसमें कहीं दोष है। इसलिए इस देखने की प्रक्रिया को बदलना और तोड़ना उस आदत को तोड़ना है। यद्यपि रघुवीर सहाय ने शायद उसे न पढ़ा हो लेकिन उनके ये विचार क़रीब-क़रीब वैसे ही हैं जो 1914 और 17 के आसपास रूसी विचारक

श्करोव्स्की ने जिसे बाद के लोग रूपवादी कहते हैं, व्यक्त किये थे। इस पद्धति को उसने 'डिफेमिलियराइजेशन' कहा। आदत के कारण, अभ्यास के कारण हम बहुत-सी चीज़ों के प्रति इतने उदासीन हो जाते हैं कि उनको जानते तो हैं लेकिन उन्हें छूने और देखने का जो ऐन्द्रिय बोध होता है, वह नष्ट हो जाता है। इसे ही अति-परिचयात अवज्ञा कहते हैं, अति परिचय के कारण उदित होने वाली अवज्ञा। इसीलिए परिचित चीज़ को नितान्त अपरिचित बनाकर पेश करना डिफेमिलियराइजेशन है। रघुवीर सहाय अपनी रचनाओं में इसीलिए विचार नहीं बल्कि विचार की इस प्रक्रिया का संकेत करते हैं और पूरी प्रक्रिया का वर्णन करते हैं–चाहे वे प्रकृति को देखें, चाहे राजनीति को देखें। इसी अत्यधिक अभ्यस्तता के कारण राजतन्त्र और समाज व्यवस्था में निहित तानाशाही और दमन की शक्ति के इतने अभ्यस्त हो जाते हैं कि चाहे वह हमारा पारिवारिक तन्त्र हो, चाहे राजनीतिक तन्त्र हो, रोज़मर्रा की ज़िन्दगी में इस अभ्यास के कारण उसमें निहित हीनता और दमन के प्रति हम संवेदन शून्य हो जाते हैं। इस सम्बन्ध में उन्होंने एक कविता सुनायी थी–

*हज़ार कई हज़ार हज़ारों मर गये भूख से*
*ऐसा कहा*
*इतनी बड़ी संख्या बतायी कि उतनी बड़ी*
*आड़ हो गयी*
*कि कोई देख नहीं पाया कि मैं*
*उनमें नहीं था।*

ये केवल सांख्यिकी का मज़ाक़ नहीं है बल्कि यही सांख्यिकी आड़ बन जाती है। इससे हम बचे रहें यही रघुवीर सहाय का संकेत है। यही प्रकृति के बारे में भी होता है। रघुवीर सहाय जब यथार्थ को देखने की बात करते हैं तो उनका अभिप्राय होता है कि जो है वही काफ़ी नहीं है। जो नहीं है, रघुवीर सहाय वह देखते हैं। सुबह कोयल बोलती है, बुलबुल बोलती है, हम इस बात के इतने अभ्यस्त हो गये हैं कि वह नहीं भी बोलती है तो भी हम उसका बोलना मानकर सुबह का वर्णन करते हुए चलते हैं। जैसा कि केशवदास ने कहा है–"देख मुख भावै, अनदेखे ही कमलचन्द / तातै मुख मुखै सखी, कमलै न चन्दरी।" रघुवीर सहाय ने लिखा है–

*सुबह-सुबह बुलबुल की, कोयल की बोलियाँ*
*आदतन हमको सुन पड़ती हैं, होती वे नहीं हैं*

*दो चिड़ियाँ यहाँ, जब दिन चढ़ आता है*
*रोज़-रोज़ छज्जे पर बमचख़ मचाती हैं*
*किन्तु ये तिल्लौरी हैं, कर्कश आवाज़ है–*

x x x

*मैंने तो एक नया अनुभव पहचाना है,*
*कुछ सच्चा लगता चिड़ियों का चिल्लाना है।*

इसलिए जो है, वह नहीं बल्कि जो नहीं है, जो सम्भव है कभी था लेकिन अब वह नहीं दिखायी पड़ता है, रघुवीर सहाय को उसकी याद आती है। इसीलिए जब यथार्थ से मुठभेड़ की वे बात करते हैं तो इसका अर्थ यह है कि जब आदत के कारण यथार्थ को हम देख नहीं पाते हैं और यह न देख पाना ही सचाई के लिए आड़ बन जाता है। तो इस आदत पर प्रहार करना, इसे तोड़ना ही यथार्थ से मुठभेड़ है। श्करोव्स्की ने देखने की उस प्रक्रिया को 'ले-वेयर' कहा; उस प्रक्रिया को खोलकर दिखाओ। रघुवीर सहाय भी प्रक्रिया का इसी तरह खोलकर वर्णन करते हैं। जैसे 'धूप' कविता सुनाते हुए उन्होंने कहा कि वह धूप है या शायद रोशनी है, या हवा है, केवल यह कह देने में कविता नहीं है बल्कि कैसे वह दिखायी पड़ती है, उस पूरी प्रक्रिया के वर्णन में कविता हुआ करती है। प्रक्रिया का यह वर्णन आमतौर से उनकी उन कविताओं में विशेष रूप से दिखायी पड़ता है जहाँ किसी निष्कर्ष पर पहुँचने के पहले तर्क की पूरी प्रक्रिया वे दिखाते हैं। इसका बड़ा ही स्पष्ट रूप दिखायी पड़ता है। 'हँसो हँसो जल्दी हँसो' कविता में हँसने की उस पूरी प्रक्रिया का वे एक-एक ब्यौरा देते जाते हैं। श्करोव्स्की ने कहा था कि चाहे कविता लिखें, कहानी लिखें या उपन्यास लिखें, उस प्रक्रिया को प्रलम्बित करना है–कभी गतिरोधक से, रुकावटें डालते हुए, कभी किसी शब्द के द्वारा, कभी किसी वाक्य-विन्यास के द्वारा। इसीलिए रघुवीर सहाय कहते हैं कि मैं चाहता हूँ कि मेरी कविता आप गटक न जायें, सटक न जायें, बल्कि आप अटक-अटक कर पढ़ें। मैं जान बूझकर वही लय रखता हूँ कि आप मेरी कविता को शर्बत की तरह सटक और गटक न जायें। वे कहते हैं कि मेरी कविता पढ़ के लोग विलाप करने लगें या सहसा उत्तेजित हो जायें, यह मैं नहीं चाहता। बल्कि इस प्रक्रिया से गुज़रने का मतलब है समझने की कोशिश करना। तुरन्त समझ में न आये, कई दिनों बाद आये, और भी बाद में आये लेकिन उनका बल देखने की, परसेप्शन की, प्रत्यक्षीकरण की प्रक्रिया पर है। विचार के स्तर पर चिन्तन की प्रक्रिया पर और पर्यवेक्षण के स्तर पर देखने की प्रक्रिया पर वे ज़ोर देते हैं। और यह ताक़त एक

बार जब पाठक को मिल जाती है तब वे समझते हैं कि ज़रूरी नहीं कि मैं उससे जो निष्कर्ष निकालता हूँ वही निष्कर्ष पाठक भी निकाले बल्कि अपना निष्कर्ष निकालने के लिए वह स्वतन्त्र है। क्लासिकी काव्यशास्त्र के अनुसार कला दरअसल कला को छिपाने में होती रही है, रघुवीर सहाय का काव्यशास्त्र इसके ठीक उल्टा है : उनकी कला, जैसा कि श्करोव्स्की कहते थे–'ले-वेयर दि वाइस' में है। उनके लिए कला छिपाने में नहीं बल्कि खोलकर दिखाने में और खोलकर दिखाने की पूरी प्रक्रिया में है, रच जाने के बाद वह क्या बनती है, क्या निष्कर्ष होता है, इसमें उनकी कोई दिलचस्पी नहीं है। इसीलिए वे तन्मयता के पक्षधर नहीं हैं, कि उनकी कविता पढ़ के आप तन्मय हो जायें, डूब जायें बल्कि वह झटका देकर आपको अपने से अलग करती रहे।

यह पूरी रचना-प्रक्रिया, सृजन-प्रक्रिया अलग करने वाली है। यही वजह है कि रघुवीर सहाय भाषा पर सबसे ज़्यादा ज़ोर देते हैं। उन्होंने एक जगह स्पष्ट लिखा है कि बहुत-से लोग समझते हैं कि रूप, या भाषा पर ज़्यादा ज़ोर देना रूपवाद है। उनका मानना था कि रूप भी यथार्थ होता है। रूप याने फॉर्म। रघुवीर सहाय जब भाषा पर जोर देते हैं तो इसका कारण यह है कि विचारों की लड़ाई या सामाज़िक शक्तियों की लड़ाई या वर्गों की लड़ाई लेखक या कवि के सामने स्पष्ट रूप से जिस मोर्चे पर व्यक्त होती है वह भाषा का ही मोर्चा है। भाषा की यह तानाशाही जाने बिना हम लोग कुछ नहीं कर सकते। इसलिए रघुवीर सहाय की कविता बार-बार कविता में भाषा की तानाशाही को तोड़ती है। उनकी भाषा के बारे में सिर्फ़ इतना जानना पर्याप्त नहीं है कि वे बोलचाल के शब्द हैं, उन बोलचाल के शब्दों का जो विन्यास और वाक्य रचना है यह पूरी की पूरी वाक्य-रचना चुनौती देती है और उसी भाषा में निहित ऐसी वैकल्पिक आवाज़ों को ध्वनित करती है जो भाषा के अन्दर ही, भाषा के द्वारा ही एक दूसरा विकल्प प्रस्तुत करते हुए और एक नयी समझ, एक नयी सोच की शुरुआत करती है। मुझे लगता कि वह तार्किक कविता है; बहरा करती कविता है। अपने ही भीतर वे तर्क के जाल से उधेड़बुन करते दिखायी पड़ते हैं। उनमें इस प्रकार की गद्यात्मकता है। वृथा भावुकता को तोड़ते हुए वे बार-बार विचारों के स्तर पर हमारे सामने आते हैं और ये विचार केवल किताबों से ग्रहण किये हुए नहीं होते बल्कि अनुभवों का निचोड़ हैं। इससे भी अधिक अनुभव की प्रक्रिया और विचार-प्रक्रिया जैसे एक दूसरे से जुड़ी होती हैं, गुँथी हुई होती हैं। वे गुँथे हुए विचारों को खोलते चले जाते हैं और बिखरे हुए विचारों को गूँथते जाते हैं। ये दोनों प्रक्रियाएँ साथ-साथ चलती हैं। इसीलिए वे

कविताएँ गद्यात्मक हैं, वे तन्मय नहीं करती हैं, भावुक नहीं बनाती हैं, मन में विक्षोभ नहीं पैदा करती हैं बल्कि गहरे, दूर तक सोच में डुबा देती हैं।

यह गद्यात्मकता वे ख़ास क़िस्म की कविताओं में इस्तेमाल करते हैं। यह देखना सबसे दिलचस्प है कि वे छन्दों का इस्तेमाल किन जगहों पर करते हैं। अमूमन कुछ छन्दों का प्रयोग जब वे करते हैं तो कहीं-कहीं छन्द व्यंग्य के रूप में होता है, कहीं-कहीं क्रूरता को और अधिक उभारने के लिए। छन्दों के उपयोग की एक आरम्भिक कविता है–'पढ़िये गीता, बनिये सीता'। इस हल्के फुल्केपन के द्वारा नारी की स्थिति को उन्होंने किस खूबी से चित्रित किया है। इस छन्द का प्रयोग न करके यही कविता यदि गद्य में लिखी जाती तो व्यंग्य के साथ ही उसमें जो करुणा और सहानुभूति निहित है वह ग़ायब हो जाती। इसी तरह से प्रसिद्ध कविता है, 'रामदास', जो पहले जैसा कि सुरेशजी से मालूम हुआ उन्होंने छन्द में नहीं लिखी थी; छन्द में उन्होंने उसे बाद में बाँधा। इस कविता में छन्द किस बात की ओर इशारा दिलाता है ? छन्द की लय में यह पूरा का पूरा भाव निहित है कि अमानुषिकता और उदासीनता किस हद तक पर्याय होती है; यह बात छन्द की एकरसता से ध्वनित होती है। यह ध्वनि मुक्त छन्द से सम्भव नहीं है। इसी तरह द्वन्द्वों में लिखी उनकी प्रसिद्ध कविता–

*राष्ट्रगीत में भला कौन वह*
*भारत-भाग्य-विधाता है*
*फटा सुथन्ना पहने जिसका*
*गुन हरचरना गाता है।*

इस कविता में जो कहा गया है उस पूरी चीज़ को कविता का एक छन्द ही पूरे रंग में बदलता है। उस बात की सारी ताक़त इस छन्द में है। उन्होंने एक जगह 'आल्हा' छन्द का इस्तेमाल किया है। यह छन्द मंत्रीजी के घर में जाने पर है : "इतने बड़े-बड़े कमरे थे जिनमें सौ-सौ लोग समायँ, बार-बार जूते खड़काते वर्दीधारी आयें जायँ।" मंत्रीजी के घर का वर्णन करने के लिए उन्होंने यह जो 'आल्हा' छन्द चुना, अपने आप में उस कथ्य को पूरी ताक़त के साथ व्यक्त करता है। छन्द रघुवीर सहाय के यहाँ केवल अलंकरण नहीं है, माध्यम नहीं है। छन्दों में रघुवीर सहाय वह गतिरोधक वाला सिद्धान्त इस्तेमाल नहीं करते हैं, छन्द अपनी लय से चलता है। उस लय के कारण ही वे अर्थ को सम्प्रेषित करना चाहते हैं। उनकी कविताओं में जहाँ स्पष्टतः छन्द नहीं होता, वह गद्य होती है लेकिन उसमें भी गद्य की लय का इस्तेमाल

वे दूसरे कवियों से भिन्न और इतर ढंग से करते हैं। यहाँ विचार अपनी पूरी प्रक्रिया में, अपनी लय में ही व्यक्त होता है। एक ही बात लय बदल देने पर दूसरी से दूसरी हो जाती है।

जहाँ तक रघुवीर सहाय की लम्बी कविताओं का प्रश्न है उन्होंने 'पैच वर्क' शब्द का प्रयोग किया है। उन्होंने लिखा है कि मेरी ज़िन्दगी बहुत बिखराव की रही है और मेरी बहुत बड़ी आकांक्षा समग्रता की, संश्लिष्टता की रही है। उनके हर संग्रह में कुछ लम्बी कविताएँ हैं। लेकिन मुझे ऐसा लगता है कि वे अलग-अलग लिखी गयी छोटी कविताओं में 'पैच वर्क' हुए शायद लम्बी कविता बनाते हैं या बनाने की प्रक्रिया में होते हैं।

रघुवीर सहाय की जो दुनिया है, जो लोग हैं, जो शब्द हैं, कुल मिलाकर रघुवीर सहाय अपना जो एक संसार रचते हैं उस संसार को रचने में जो उल्लेखनीय बात मुझे दिखायी पड़ती है, जिस पर उनकी आस्था भी थी, वह यह है कि देखने की पद्धति को तोड़ा जाये। साथ ही पाठक के सहयोग से उसके मन में कुछ और नया रचने की आकांक्षा है, चाहे वह भविष्य का संसार हो, चाहे इसी संसार की पुनर्व्यवस्था हो। वे विकल्प प्रस्तुत न भी करें तो भी बार-बार अपनी कविताओं के द्वारा यह अहसास दिलाना चाहते हैं कि पाठक यह न समझें कि वे कुछ नहीं कर सकते। ज़्यादा से ज़्यादा वे यह सोचें कि कुछ करने की तो ज़रूरत है लेकिन हो नहीं रहा है। यह अगर निराशा भी है तो यह निराशा दूसरे ढंग की है। वह उस अकर्मण्यतावादी निराशा से अलग है कि दुनिया बहुत बुरी है, 'बजबजाई हुई सी चीज़ हो गयी है', इसका कुछ नहीं किया जा सकता है। रघुवीर सहाय का समूचा साहित्य इस निराशा की उपेक्षा करता है। वह एक ताक़त से लड़ने के लिए, एक दूसरी ताक़त देता है, संकल्प देता है कि हम यथार्थ को समझ सकते हैं, समझ रहे हैं। अगर लोग इसे समझ लें तो इसे बदल सकते हैं। भले आज न बदल पायें लेकिन बदल सकते हैं, शायद बेहतर बदल सकते हैं। रघुवीर सहाय की यह विशेषता अपने समकालीन अनेक कवियों से उन्हें विशिष्ट बनाती है। यदि इसकी उपेक्षा की जायेगी तो रघुवीर सहाय को हम प्रतिरोध के अन्य अनेक कवियों की कोटि में बैठाकर उनके सृजनकर्म को छोटा करेंगे, मुझे ऐसा प्रतीत होता है। ये हैं कुछ बिखरे हुए से विचार जो मैंने आपके सामने रखे जो अभी लिखने की प्रक्रिया में हैं।

*(साभार : 'पूर्वग्रह' अंक 102, सितम्बर-नवम्बर 1996)*

# नयी कविता का सामाजिक धरातल

नयी कविता स्वातन्त्र्योत्तर भारत के आत्मनिर्माण की ऐतिहासिक प्रक्रिया का अभिन्न अंग है और इधर जिस प्रकार कविता में नये मानव के पुनरन्वेषण तथा पुन:प्रतिष्ठा की चर्चा हो रही है, उससे प्रतीत होता है कि नये कवि इस ऐतिहासिक प्रक्रिया के प्रति जागरूक हो चले हैं। एक ओर अज्ञेय मानवीय 'सेतु' के निर्माण की बात करते हुए कहते हैं.:

*मैं सेतु हूँ*
*जो मानव से मानव का हाथ मिलाने से बनता है*
*जो हृदय से हृदय को*
*श्रम की शिखा से श्रम की शिखा को*
*अनुभव के स्तम्भ से अनुभव के स्तम्भ को मिलाता है*
*जो मानव को एक करता है*

और दूसरी ओर नागार्जुन का भी कहना है कि–

*नयी-नयी सृष्टि रचने को तत्पर*
*कोटि-कोटि कर चरण*
*देते रहें अहरह स्निग्ध इंगित*
*और मैं अलस अकर्मा*
*पड़ा रहूँ चुपचाप*
*यह कैसे होगा?*
*यह क्यों कर होगा?*

................

*सलिल को सुधा बनायें तटबन्ध*

*धरा को मुदित करें नियन्त्रित नदियाँ*
*तो फिर मैं ही रहूँ निर्बन्ध*
*मैं ही रहूँ अनियन्त्रित*
*यह कैसे होगा?*
*यह क्यों कर होगा?*

परन्तु निर्माण की आकांक्षा एक बात है और कविता में उसे 'उपलब्ध' करना बिल्कुल दूसरी बात। सवाल यह है कि नयी कविता में निर्माण की इस वस्तुगत ऐतिहासिक प्रक्रिया को कहाँ तक उपलब्ध किया जा सका है? सवाल कवियों की 'व्यक्तिगत ईमानदारी' का नहीं है बल्कि 'वस्तुमूलक आकलन' का है, जैसा कि गजानन माधव मुक्तिबोध का कहना है, "व्यक्तिगत ईमानदारी वह है जहाँ लेखक वस्तु का वस्तुमूलक आकलन करते हुए उस आकलन के आधार पर वस्तुतत्त्व के प्रति सही मानसिक प्रतिक्रिया करे। यदि वह ऐसा नहीं करता तो उसकी प्रतिक्रिया में सत्यत्व का आविर्भाव उत्पन्न नहीं होगा।" यदि वस्तुमूलक आधार का आग्रह न किया जाय तो मुक्तिबोध के ही शब्दों में काव्य में ऐसे अभिनेता तथा स्वांग करने वाले लोग, लम्बी-चौड़ी बात हाँकने वाले सज्जन बिलाशक एक झूठा साहित्य पैदा कर देते हैं।''

स्वयं कवि मुक्तिबोध का अपना अनुभव कहता है कि नयी कविता के अन्तर्गत इस तरह का काफ़ी 'झूठा साहित्य' या (सूडो लिटरेचर) रखा गया है जिसे वे अपनी बेलाग ज़बान में 'फ्राड' कहते हैं। सवाल यह है कि नयी कविता में जो 'झूठा' नहीं है उसमें वर्तमान समाज का वस्तुगत आकलन कितना हुआ है? वस्तुगत आकलन का अर्थ केवल सामाजिक स्थितियों, मन:स्थितियों, संवेदनाओं और अनुभूतियों का चित्रण नहीं है, बल्कि वह ऐतिहासिक बोध है जिसके व्यापक परिवेश में क्षण-क्षण की छोटी-छोटी स्थितियाँ और मन:स्थितियाँ अभिव्यक्ति पाती हैं।

यह सही है कि नयी कविता में वर्तमान जीवन की विविध स्थितियों का सजीव चित्रण हुआ है। यहाँ तक कि जिन सामाजिक तथ्यों को अभी तक हिन्दी कविता में स्थान नहीं मिल सका था, नयी कविता ने पहली बार उन्हें वाणी दी। इस दृष्टि से नयी कविता विविध प्रकार के अछूते चित्रों का अनूठा अलबम है। इस तथ्य को नयी कविता के तीखे आलोचकों ने भी स्वीकार किया है और कुछ लोगों के अनुसार तो

साधारण जीवन चित्रों की दृष्टि से नयी कविता में कविता का 'जनवादीकरण' या 'डेमोक्रेटाइजेशन' हुआ है।

इससे भी महत्त्वपूर्ण तथ्य यह है कि नयी कविता विद्रोह की कविता है, जहाँ तक कविता का सम्बन्ध है, नये कवियों ने किसी भी सत्ता के सामने घुटने नहीं टेके और न उन्होंने किसी भय अथवा प्रलोभन के कारण चारण की तरह यशोगान किया। और नये कवियों ने 'कनफरमिटी' की आशंका को निर्मूल करके अपने साहस और नैतिक दायित्व का परिचय दिया। ढोंग का उद्घाटन करने और रूढ़ियों पर प्रहार करने में नयी कविता किसी भी युग की कविता से आगे रही है।

परन्तु इस अनवरत विद्रोही भावना ने कुछ नये कवियों के मस्तिष्क को इतना आक्रान्त रखा कि इतिहास को पूरे परिवेश के साथ देखने की ओर उनकी दृष्टि नहीं जा सकी। फलस्वरूप राजनीतिक स्वाधीनता और राष्ट्रीय निर्माण के प्रति अनेक कवियों का रुख़ या तो नकारात्मक रहा या उदासीनता का। इस सम्मान का एक प्रमाण तो यही है कि किसी प्रकार के काव्य परिवर्तन के साथ स्वतन्त्रता प्राप्ति की ऐतिहासिक घटना को जोड़ने पर बहुतों को सन्देह है। जब कोई यह कहता है कि स्वतन्त्रता-प्राप्ति के साथ हिन्दी कविता में कोई परिवर्तन नहीं आया तब उसका साफ़ मतलब है कि नये कवियों की दृष्टि में यह ऐतिहासिक परिवर्तन हुआ ही नहीं।

ऊपर से देखने पर यह एक मामूली-सी बात है किन्तु इसका प्रभाव दूरगामी है और इसका सम्बन्ध नयी कविता की बुनियादी सामाजिक समझ से है। इस एक ऐतिहासिक तथ्य की सत्यता को भलीभाँति हृदयंगम न करने का ही परिणाम है कि नये कवि जब नये मानव के निर्माण की बात करते हैं तब उसमें काव्यात्मक वास्तविकता नहीं आ पाती। और वह नव मानव भी भारत का ऐतिहासिक मानव न होकर एक सीमित व्यक्ति-मानव के रूप में प्रकट होता है। इसी सीमित दृष्टि का परिणाम है कि नयी कविता में जीवन की विषमताओं का चित्रण जितना वास्तविक मालूम होता है, उतनी ही अवास्तविक लगती है नव मानव की भावात्मक प्रतिष्ठा। भोक्ता और स्रष्टा में पार्थक्य स्पष्ट हो जाता है।

जो कवि राजनीतिक स्वाधीनता को कोई महत्त्वपूर्ण परिवर्तन नहीं मानता है और जिसे राष्ट्रीय निर्माण में निर्माण का कोई बीज भी नहीं दिखायी पड़ता, उसके ऐतिहासिक बोध का रूप कुछ और ही होगा। इस विशेष प्रकार के 'परिप्रेक्ष्य' से उसकी कविता के यथार्थ चित्र भी विकृत हो जाते हैं और आदर्श की परिकल्पना

भी सीमित हो जाती है। जागरूक कवि मुक्तिबोध ने इसीलिए इस प्रकार की नयी कविताओं को एक ऐसा 'विकृत आईना' कहा है–

*जिसमें या तो चेहरा दिखता है बहुत बड़ा*
*फूला फूला*
*या अकस्मात् विकलांग व छोटा-छोटा-सा!*

यह आकस्मिक नहीं है कि इस ऐतिहासिक दौर को नयी कविता में 'अन्धायुग' की संज्ञा दी गयी है। जब रघुवीर सहाय कहते हैं कि 'दुनिया एक चुरमुराई हुई-सी चीज़ हो गयी है' तब वे समाज के किसी एक अंग की ही बात नहीं करते बल्कि सारे समाज के बारे में एक सामान्य धारणा प्रकट करते हैं। अज्ञेय की 'सागर तट की सीपियाँ' कविता से भी समाज का एक ऐसा ही धरातल उभरता है जो सागर का 'उच्छिष्ट' बालू तट है और जिस पर इधर-उधर रौंदी हुई इन्द्रधनुषी सीपियों से कुछ व्यक्ति पड़े हैं और वे भी देखते-देखते सागर के गर्भ में चले जाते हैं। सवाल यह उठता है कि क्या स्वातन्त्रयोत्तर भारत सागर का उच्छिष्ट बालू-तट है? इस समाज में क्या केवल रेत के असंख्य कण और कुछ रौंदी हुई सीपियाँ ही हैं? क्या हमारे समाज की वास्तविक तस्वीर यही है?

यदि किसी कवि की दृष्टि में समाज की इतनी नकारात्मक तस्वीर है तो ज़ाहिर है कि उसकी अनुभूति में पीड़ा या व्यथा की प्रधानता होगी। यह आकस्मिक नहीं है कि नयी कविता में 'दर्द' या 'पीड़ा' की प्रधानता है। दर्द या पीड़ा को जैसी और जितनी अभिव्यक्ति नयी कविता में मिली है, हिन्दी कविता के शायद ही किसी युग में मिली हो। निस्सन्देह यह पीड़ा किसी-न-किसी प्रकार इस दौर के सारे समाज के असन्तोष और दुख को प्रकट करती है।

इस बात से इनकार नहीं किया जा सकता कि निर्माण की कोई भी ऐतिहासिक प्रक्रिया काफ़ी जटिल और दुखद होती है। अनेक प्रकार के सामाजिक सम्बन्धों के पारस्परिक द्वन्द्व और सामंजस्य के साथ यह प्रक्रिया आगे बढ़ती है। इस प्रक्रिया के बीच ऐसे भी भावुक कवि होते हैं। जो रह-रहकर हर्ष और विषाद के सामान्य भावोच्छ्वास व्यक्त करते हैं, लेकिन जो निर्माण की प्रक्रिया को इतिहास के पूरे परिवेश में देखता है उसकी गहन पीड़ा कुछ और ही प्रकार की होती है। जो इस बोध के साथ समसामयिक घटनाओं को निश्चित दिशा देने में योग देता है उसकी पीड़ा की अभिव्यक्ति दूसरे स्तर पर होती है। सवाल यह है कि क्या नयी कविता की पीड़ा भी इसी प्रकार की है? और यदि नहीं तो क्यों?

पीड़ा के प्रसंग में नये कवियों ने प्राय: 'वहन करो' और 'सहन करो' जैसी क्रियाओं का प्रयोग किया है जो आकस्मिक नहीं है; बल्कि काफ़ी संकेतपूर्ण है। स्पष्ट है कि इन कवियों के लिए पीड़ा केवल सहन करने के लिए ऊपर से लाद दी गयी है, जैसे कुछ लोग समझते हैं कि स्वयं जीवन भी उन्हें जीने के लिए प्रदान कर दिया गया है। क्या व्यथा के सहन करने की अनुभूति से स्पष्ट नहीं है कि नये कवि के लिए वर्तमान ऐतिहासिक परिस्थिति किसी द्वारा केवल दी हुई है, जिसे वे असहाय भाव से झेल रहे हैं। जिस परिस्थिति के निर्माण में अपने योग का बोध नहीं होता, उसी में निष्क्रिय रूप से पीड़ा के झेलने या सहन करने की बात कही जा सकती है।

एकदम नये कवि प्रयाग शुक्ल ने नये कवि की इस मनोवृत्ति को अत्यन्त संकेत पूर्ण ढंग से व्यक्त करते हुए कहा है कि अभिभावक का योग अपने लड़कों को 'बनाने' में कम होता जा रहा है और युवकों का अपने 'बनाने' में और अपने आस-पास बन रही चीज़ों के बनाने में। ...कहीं किसी तरह का योग न होने के कारण एक अजीब तरह की उदासीनता व्याप्त हो रही है। क्या ऐतिहासिक नव निर्माण की भूमिका में बहुत-से नये कवियों की भी यही स्थिति नहीं है? क्या इस योगदान की भावना के अभाव में वह पीड़ा भी क्रमश: अर्थ-शून्य नहीं हो रही है? जो ऐतिहासिक बोध किसी पीड़ा को अर्थ प्रदान करता है, जब वही नहीं है तो पीड़ा का खीझ और निरर्थकता में बदल जाना अनिवार्य परिणति है।

और इसी बिन्दु पर आकर यह तथ्य प्रकाशित होता है कि जिस वैयक्तिकता के माध्यम से नये कवि सामाजिक अभिव्यक्ति की बात करते हैं वह वस्तुत: कितनी 'व्यक्तिबद्ध' रह गयी है। जिस 'अकेलेपन' को आज का सामाजिक सत्य कहकर कविता में प्रकट किया गया है वह अन्तत: अकेलेपन का प्रचार करता है। यह आकस्मिक नहीं है कि कुछ नये कवियों ने अपने अकेलेपन की पीड़ा प्रकट करते-करते शेष समाज को 'भीड़' कहकर अपनी घृणा भी प्रकट की है : 'लोग, लोग, लोग तमाम लोग'। यह चिन्त्य स्थिति है कि नयी कविता में समाज ज़्यादातर एक अनाथ, अरूप और अबोध भीड़ के रूप में चित्रित हुआ है।

परन्तु नयी कविता के बीच से एक दूसरा सामाजिक धरातल भी उभरता है जो स्वातन्त्र्योत्तर भारत की वास्तविक तस्वीर के काफ़ी निकट है। नागार्जुन की बाढ़ के बाद की गंगा का यह चित्र अपनी सम्पूर्ण सामाजिक अर्थवत्ता के साथ इस धारा का प्रतिनिधित्व करता है–

*हटी गंगा*
*किन्तु गीले पाँव की दुनिया गयी है छोड़*
*और उस पर*
*मलाहों के छोकरों की क्रमांकित पद पंक्ति*
*ख़ूब सुन्दर लग रही है...*
*मन यही करता कि मैं भी*
*उन्हीं में से एक होता...*

इस पाँक के ऊपर उन निर्धन बच्चों की पद पंक्ति ही सम्भवतः इतिहास की नयी दिशा का संकेत है!

*(आकाशवाणी, इलाहाबाद में 21 मार्च, 1961 को दिया गया व्याख्यान।)*

# बिम्बविधान और नयी कविता

शमशेर की एक कविता है : 'एक नीला आईना बेठोस'। पूरी कविता याद नहीं है, सिर्फ़ आख़िर की कुछ पंक्तियाँ याद में रह गयी हैं। पंक्तियाँ कुछ-कुछ इस प्रकार हैं–

*चाँदनी में घुल गये हैं*
*बहुत-से तारे, बहुत कुछ*
*घुल गया हूँ मैं*
*बहुत कुछ अब।*
*रह गया-सा एक सीधा बिम्ब*
*चल रहा है जो*
*शान्त इंगित यों सा*
*न जाने किधर।*

नयी कविताएँ यों भी याद नहीं हो पातीं–कम-से-कम मुझे। स्मरण शक्ति-शूरों की बात नहीं करता। उनसे तो किसी को भी ईर्ष्या हो सकती है। बहरहाल, इस कविता का जो अंश याद रह गया है, वह एक बिम्ब है–एक चित्र। चाँदनी का एक बेठोस नीला आईना है और उसके अन्दर चुपचाप चलता हुआ एक बिम्ब। प्रतिबिम्ब नहीं बल्कि बिम्ब। एक मानव आकृति जो बहुत कुछ धुल गयी है, उसका बचा हुआ–सा एक रूपाभास। एक बिन्दु। जाने इस बिम्ब में क्या था जो सारी कविता के बावजूद याद रह गया।

लेकिन सवाल सिर्फ़ इस एक कविता का ही नहीं है। नयी कविता के कई एक चित्र इसी तरह दिमाग़ के कोने में पड़े हैं। इस बात को तो शायद वे लोग भी स्वीकार करेंगे जिनका परिचय नयी कविता से कुछ-कुछ ही हो पाया है और फिर भी मन में एक दर्ज़न आशंकाएँ तथा एक कोड़ी शिकायतें हैं। अनायास ही जो चित्र याद रह

गये हैं और बहुत–कुछ मिटा देने वाला काल भी जिन चित्रों को नहीं मिटा पाया वे क्या नितान्त तुच्छ वस्तु हैं? उपन्यास पढ़ते-पढ़ते भी मैंने कुछ ऐसा ही महसूस किया है। कहानी भूल गयी लेकिन दो-एक चरित्र आज भी मन में बचें हैं। एक धारणा ही तो है लेकिन मुझे अक्सर लगा है कि उपन्यास में जो स्थान चरित्र का है, कविता में वही स्थान चित्र का है और चरित्र तथा चित्र में कुछ ऐसी बातें हैं जो उभयनिष्ठ हैं, साथ ही ये विशेषताएँ ऐसी हैं जो कालजयी हैं, तभी तो समय भी इन्हें नहीं मिटा पाता। सवाल यह है कि ये विशेषताएँ क्या हैं?

चाँदनी में सब कुछ घुल जाने के बाद जो बिम्ब बच गया, वह क्या है? मानव-आकृति का बहुत कुछ लुप्त हो जाने के बाद जो वस्तु बच गयी वह क्या है? प्लेटो ने जब कहा था कि 'We see through our eyes, not with them.' तो उसने कवि-दृष्टि की बात की थी जो वस्तु में 'बिम्ब' को देखती है। आँखों से हम वस्तु को देखते हैं लेकिन आँखों में से वस्तु-तत्त्व को। दृष्टि के भीतर दृष्टि, लेंस के नीचे लेंस जब इस बिन्दु पर आकर ठहर जायें कि स्थूल वस्तु का बहुत-सा अनावश्यक या अप्रासंगिक अंश ओझल हो जाय तो वह बिम्बदर्शी दृष्टि होगी। फूल या चाँदनी अपने आप में बिम्ब नहीं हैं, लेकिन जब वे किसी दृष्टि के कोण में आते हैं तब बिम्ब हो जाते हैं। इस प्रकार एक ही फूल अनेक बिम्बों के रूप में प्रकट हो सकता है। टी.एस. इलियट ने जब कहा कि 'The roses had the look of flowers that are looked at' तो गुलाब का एक नया बिम्ब तो सामने आया ही, अपनी दृष्टि को देखने वाली एक दृष्टि भी सामने आयी।

बिम्ब के सन्दर्भ में दृष्टि पर ज़ोर देने का कारण है। सामान्यत: लोग बिम्ब को शिल्प की चीज़ समझते हैं और बिम्बों की किसी कविता का अलंकरण मानते हैं। विचित्र बात है कि जो वस्तु के सम्बन्ध में कुछ नहीं जानते वही हर चीज़ को शिल्प के बाड़े में हाँक आते हैं। यह सच है कि कुछ अनुकरणशील कवि भी बिम्बों का प्रयोग अपनी कविता की शोभा बढ़ाने के लिए ही करते हैं किन्तु इसका अर्थ केवल यही है कि उन्हें अभी वह बिम्बदर्शी दृष्टि नहीं मिली है।

परन्तु बिम्ब केवल दृष्टि नहीं है; वह दृष्टि और दृश्य का अन्त: प्रवेश, परस्पर-आश्लेष और अति-सन्निधि है। इस प्रकार वस्तु को अधिक-से-अधिक मूल रूप में उपस्थित करने का ही दूसरा नाम बिम्बविधान है। बिम्ब इसीलिए दीर्घायु होते हैं कि वें स्वयं वस्तु हैं। जो वास्तव है, वही कालजयी हो सकता है। इस प्रकार

कविता के बिम्बविधान के आन्दोलन का अर्थ है वास्तविकता की पुन:प्रतिष्ठा। एक अरसे तक हमारे यहाँ कविता में 'वक्तव्य' की प्रधानता थी। ये वक्तव्य चाहे विचार के रूप में प्रकट होते रहे हैं; चाहे हवाई भावोद्गार के रूप में। वास्तविकता से दूर इन सामान्य वक्तव्यों का विस्मृति के गर्त में डूब जाना स्वाभाविक ही था। जो विशेष से अपरिचित है, उसके लिए सामान्य बातें करना सरल है। इस प्रकार बिम्बविधान सामान्य के विरुद्ध विशेषकर अरूप के विरुद्ध रूप का आग्रह है। कवि मैकलीश का प्रसिद्ध कथन है–"A poem should not mean but be." कविता को चाहिए कि वह अर्थ न दे बल्कि हो। यह ऐसा कथन है जैसे कविता-सम्बन्धी प्रत्येक चर्चा में स्थान मिलना चाहिए। आश्चर्य है कि सबसे अधिक भ्रान्तियों का शिकार इसे ही होना पड़ा। कुछ लोगों ने तो यहाँ तक कहा कि मैकलीश कविता की अर्थहीनता प्रचारित कर रहा है। बहरहाल, हम तो इतना ही जानते हैं कि हमें कवि के मतलब से कोई मतलब नहीं है, मतलब है तो उससे जो कविता है। हमें वस्तु से मतलब है, वस्तु-सम्बन्धी व्याख्याओं से नहीं। व्याख्या आरोप है, व्याख्या यादृच्छिक है। सार्थक तो स्वयं वह वस्तु है जो कविता में बिम्ब के रूप में प्रकट हुई है। हमारे शमशेर ने जब कहा था कि 'बात बोलेगी, हम नहीं।' तो मैकलीश के कथन का दूसरा पहलू था।

वस्तु को बिम्ब रूप में उपस्थित करने से सबसे बड़ी जो बात पैदा होती है वह यह कि उसमें अनेक अर्थों की सम्भावनाएँ रहती हैं। वस्तु विशेष न जाने कितने ऐन्द्रियबोधों और मानसिक प्रतिक्रियाओं के लिए समर्थ होती है। एक फूल में न जाने कितने गन्ध-रूप-रस-शब्द-स्पर्शजनित अर्थों की सम्भावनाएँ हो सकती हैं। इस प्रकार बिम्ब अनिवार्यत: संश्लिष्ट-अर्थ-धर्मी होते हैं। यह अर्थ-व्यंजना, यह अर्थ-समृद्धि ही बिम्ब की महत्ता का कारण है। एक में से उद्भासित होने वाली यह अनेकता एक व्यापक जीवन-दर्शन का संकेत देती है। केदारनाथ सिंह ने अपनी एक कविता में इसी बात को अत्यन्त काव्यात्मक ढंग से व्यक्त किया है–

*मुझे लगता है*
*कि गूँज हीन शब्दों के इस घने अन्धकार में*
*मैं–*
*अर्थ परिवर्तन की एक अबूझ प्रक्रिया हूँ*
*जिसके भीतर*

*ये लोग*
*झाड़ियाँ*
*बत्तखें और भविष्य*
*ही चीज़ एक-दूसरे में*
*घुली-मिली है!*

प्रतीक में यह बात नहीं होती। प्रतीक एकार्थक होता है जबकि बिम्ब संश्लिष्टार्थक। इसीलिए कविता में प्रतीक सम्प्रदाय की सृष्टि करते हैं, जबकि बिम्ब उसे व्यापक अर्थ-सन्दर्भ प्रदान करते हैं। सम्भवतः इन्हीं बातों को ध्यान में रखते हुए एज़रा पाउंड ने कहा था कि बड़े-बड़े ग्रन्थ गढ़ने की अपेक्षा जीवन-भर में एक बिम्ब का निर्माण कर पाना बेहतर है।

*(यह लेख 30 मई, 1960 को तत्कालीन निवास लोलार्क कुण्ड, भदैनी, वाराणसी में लिखा गया था।)*

# केदारनाथ सिंह

केदारनाथ सिंह नयी कविता की उस पीढ़ी के प्रमुख कवि हैं, जिसका उदय सन् 1950 के आसपास हुआ और जिसने नयी कविता को एक विशेष दिशा में मोड़ने का सफल प्रयत्न किया। इस पीढ़ी के युवक कवियों की मन:स्थिति में चालीस के पुराने प्रयोगशील कवियों की घुटन, कुण्ठा, अन्तर्मुखीनता तथा कटु बौद्धिकता नहीं है, इनमें पिछली पीढ़ी के प्रगतिशील कवियों का कोरा राजनीतिक जोश भी नहीं है; इसके अतिरिक्त ये छायावादोत्तर प्रगीतवादियों के सरल गीतों से भी सन्तुष्ट होनेवाले नहीं हैं। कविता के क्षेत्र में इस पीढ़ी ने एक ऐसी स्वस्थ भावसत्ता के साथ प्रवेश किया जिसमें अपनी यथार्थ-संकुल निजता के बीच आशापूर्ण भविष्य की ललक तथा सुन्दर जीवन की अभिलाषा झलक मारती रहती है। इस नवीन उत्थान का सम्बन्ध परोक्ष रूप से तत्कालीन राष्ट्रीय तथा अन्तरराष्ट्रीय परिस्थिति से भी जोड़ा जा सकता है। साहित्यिक दृष्टि से इसे प्रगतिवाद, प्रयोगवाद तथा प्रगतिवाद के लम्बे घात-प्रतिघात का परिणाम भी कह सकते हैं; निश्चय ही इन विभिन्न प्रवृत्तियों ने एक दूसरे के एकान्तों की आलोचना करके कविता के क्षेत्र में एक नये स्तर के सन्तुलन की पृष्ठभूमि तैयार की। यह कविता न प्रगतिवाद थी, न प्रयोगवाद, न प्रगीतवाद ही; और न इन तीनों का समन्वय ही। यह 'नयी कविता' है। यह आकस्मिक नहीं है कि 'नयी कविता' का नारा इसी समय के आसपास दिया गया।

यह नवोत्थान बहुत कुछ अंग्रेज़ी कविता में डिलेन टामस के नेतृत्व में उदित होनेवाले नये ढंग के रोमैंटिक आविर्भाव की तरह है, जो सन् '30 वाले कवियों की अतिशय बौद्धिकता और यथार्थप्रियता के विरुद्ध उठ खड़ा हुआ। नयी पीढ़ी के इस अभियान के महत्त्व को कम करने के लिए कुछ लोग इसे केवल लोकगीतों का संस्कृत रूप कहते हैं; लेकिन अपनी साहित्यिक परम्परा की ओर दृष्टिपात करने पर पता चलेगा कि कविता के क्षेत्र में हर नवोत्थान लोकगीतों की ओर उन्मुख

हुआ है; चाहे वह आदिकालीन रासो का रोमांस काव्य हो, चाहे सन्त-भक्तिकाव्य अथवा आधुनिक युग का स्वच्छन्दतावादी काव्य। यह तो लोक जागरण का प्रमाण है। लेकिन इस नयी कविता को केवल लोकगीतों का अनुवाद कहना विवेक को पीठ देना है। इन कविताओं की अनुभूतियाँ लोकगीतों से कहीं अधिक आधुनिक और जटिल हैं।

इसी तरह कुछ पुराने प्रयोगशील कवियों ने अपना महत्त्व बढ़ाने के लिए इस नवोत्थान को अपनी ही रूमानियत का विकास कहा है, लेकिन विवेकी पाठक जानते हैं कि गिरिजाकुमार माथुर जैसे कवियों की रूमानी 'थकान' से इन कविताओं की तरुण ताज़गी अलग है यही नहीं, इनकी संवेदनाएँ आरम्भिक ऐन्द्रियता और मांसल गरमाई से अधिक गहरी हैं।

पिछले चार-पाँच वर्षों में नयी कविता पर जो कुछ लिखा गया है, उससे एकदम स्पष्ट है, इस नवोत्थान के कवियों में केदारनाथ सिंह का स्थान सर्वप्रमुख है।

ताज़े चित्रण (इमेज) और संवेदनक्षम गीत केदारनाथ सिंह की विशेषताएँ हैं। चित्र नयी कविता की कसौटी हैं और इनके ज़रिये किसी कवि की अनुभूतियों के क्षेत्र और साथ-साथ उसकी कला-शक्ति का पता चल सकता है। मुझे यह कहने में तनिक भी संकोच नहीं है कि चित्र-चयन और चित्र-रचना अर्थात् चित्रों द्वारा उपयुक्त रागबोध के 'पैटर्न' का निर्माण की जैसी क्षमता केदारनाथ सिंह में है वैसी आज किसी कवि में नहीं है। निस्सन्देह आरम्भ में वे नरेश मेहता की तरह फ़िज़ूल चित्रों की लड़ी लगा देते थे लेकिन धीरे-धीरे वे अब एक वृहद् चित्र के भीतर अंगांगि सम्बन्ध से केवल थोड़े-से आवश्यक चित्रों की योजना करने में सफल हो चुके हैं। प्रस्तुत कविताओं में से 'शंका-पुत्र' में यह मितव्ययिता देखी जा सकती है।

जहाँ तक केदार के चित्रों की व्याप्ति का प्रश्न है, वे प्राय: सरल ग्राम्य और वन्य जीवन के हैं; शहर के चित्रों में वे सड़क और चाय की भाप से आगे नहीं बढ़ते। कवि की मन:स्थिति बतलाने के लिए बार-बार आनेवाले कुछ चित्र—जो नि:सन्देह प्रतीक बन गये हैं—बहुत सहायक हो सकते हैं। बन्द कमरा है तो उसमें 'खिड़की', घर है तो 'आँगन'; बाहर निकले तो पगडंडी या खेत की दूर्वा-दल ढकी मेंड़; अधिकांश कविताओं की पृष्ठभूमि में साँझ की छाया है या फिर भोर की हल्की उष्णता। 'कुहरा' केदार के यहाँ अक्सर उठता है और कभी-कभी दुहरा। चिड़ियों के गिरे पंख और फूल की झरी पंखुड़ियाँ उन्हें ज़्यादा प्रिय हैं। क्रिया-कलाप में हल्की

छुअन, नाम लिखना, हाँक लगाना, भटकना, अनागत की प्रतीक्षा, किसी अनदेखे को ढूँढ़ना इत्यादि।

ऐसे और इतने चित्र अपने से बाहर निकलने पर ही मिलते हैं, लगता है कि कवि अपनी स्पृहणीय भावनाओं को बाह्य प्रकृति और विस्तृत जीवन में खोज रहा है और उनका मूर्त रूप प्रतिष्ठित कर रहा है। यह आकुल प्रतीक्षा एक ऐसे भविष्य की है जिसका आभास उसे मिल गया है, रस्ता-घाट का यह भटकना उसी की तलाश में है। यह कोरी 'नॉस्टेल्जिया' नहीं है। किसी अन्तर्मुखी तथा कुण्ठित कवि के लिए यह सम्भव नहीं है।

इस अनूठी बहिर्मुखी प्रवृत्ति ने केदारनाथ सिंह के गीतों में एक विशेष प्रकार की नाटकीयता भर दी है, जो उनकी अपनी विशेषता है; इसीलिए उनकी मुक्त छन्दवाली कविताओं में भी अद्‌भुत गीतात्मकता मिलती है। वे प्रगीत कवि न होते हुए भी मूलत: गीतात्मक हैं और चित्रवादी न होते हुए भी चित्रात्मक हैं।

किन्तु कुल मिलाकर केदार मद्धिम या हल्के संवेगों के कवि हैं, उनके यहाँ आवेश कहीं नहीं है, सम्भवत: इसीलिए उनकी कविता का धरातल एकदम सम है, सभी कविताओं का स्तर प्राय: एक है या वे एक स्तर की हैं। ऐसे कवि प्राय: औसत कोटि के ही रह जाते हैं। तीव्र संवेगों के कवि (जैसे बायरन और निराला) की रचनाओं का स्तर प्राय: विषम होता है, उनकी कलम से बहुत-सी कविताएँ इतनी निम्नकोटि की निकलती हैं कि सहसा आश्चर्य होता है, लेकिन अपने सर्वोत्तम रूप में ये कवि बेजोड़ होते हैं।

हमें आशा करनी चाहिए कि जीवन के संघर्ष इस कवि की भावनाओं को विशुद्ध करके कभी-न-कभी तीव्रता अवश्य प्रदान करेंगे, जिससे वह अपनी काव्य प्रतिभा का उचित विकास कर सके।

*('कवि' (सम्पादक : विष्णुचन्द्र शर्मा) में 1955 में 'विशिष्ट कवि' स्तम्भ के अन्तर्गत प्रकाशित टिप्पणी)*

# 'अभी बिल्कुल अभी' पुस्तक की समीक्षा

'अभी बिल्कुल अभी' केदारनाथ सिंह का पहला स्वतन्त्र काव्य-संग्रह है। इसके साथ कविता के क्षेत्र में एक ताज़गी आयी है...ताज़गी जो नवसृजन करने वाले कवियों के प्रथम काव्य-संग्रह के साथ कभी-कभी आती है, जैसी कि 'पल्लव' के साथ आयी थी या फिर 'परिमल' के साथ। इस दृष्टि से केदार के इस प्रथम काव्य-संग्रह का ऐतिहासिक महत्त्व है।

लेकिन जब मैं इस संग्रह की कविताओं की ताज़गी की बात कह रहा हूँ तब मेरे ध्यान में केवल कुछ अछूते चित्र या नये संवेदन अथवा रूमानी प्रभाव नहीं हैं। मेरा मतलब एक विशेष काव्य-दृष्टि से है जो हमारी सम्पूर्ण चेतना का विस्तार नये दिग्देश में करती है... विस्तार केवल कल्पना का नहीं, सम्पूर्ण चेतना का... भाव-सत्ता का।

नये प्रयोग करने वाले और भी कवि हैं और केदार से कहीं अधिक... नये चित्र देने वाले, नयी अनुभूतियाँ देने वाले, नये शब्द और नयी लय देने वाले। हो सकता है, केदार ने दूसरों के प्रयोगों से निपुण संचयन और सम्पुंजन ही अधिक किया हो। किन्तु इन सबके बाद भी एक रागात्मक दृष्टि है जिसका निरन्तर दूर-प्रसारी आलोक सम्पूर्ण सृष्टि के नये-नये स्वर खोलता चला जाता है। 'जल हँसी' कविता में इस काव्य-दृष्टि का प्रसार देखा जा सकता है।...सुबह-सुबह की एक हँसी है जो पहले तो 'जलाशय के लहरदार पानी पर हल्दी के पानी सी' फैलती है फिर 'लहरों की भीतरी गुफाओं-कन्दराओं में' गूँजती चली जाती है, लेकिन उसके बाद भी एक 'संवेदन-दरपन' है जो उस हँसी को पकड़ने के लिए आकुल है और स्वयं कवि के शब्दों में–

*मैं तो हूँ*
*संवेदन दरपन जलाशय का,*

*खण्ड-खण्ड होकर भी*
*जीवन के बिल्कुल अन्तिम धुँधले छोर तक,*
*समय के आर-पार गूँजती अनामा*
*यह हँसी*
*पकड़ रखूँगा*

नवीन काव्य-दृष्टि, जिसकी ओर मैं संकेत करना चाहता हूँ, यही 'संवेदन दरपन' है जो लहरों में टूटते हुए भी एक हँसी को पकड़ने के लिए समय के आर-पार तक फैलते जाने का व्रती है। यह वह कल्पना-दृष्टि नहीं है जो वास्तव का अतिक्रमण कर जाती है। यह है वास्तव को समेटते हुए भी कालातीत होने जाने वाली दृष्टि।

केदार की कविताओं में यह कालातीत दृष्टि बार-बार आती है। चाँदनी में पेड़ बह गये हैं, रस्ते-मोड़ कहीं गहरे मिल रहे हैं...अँधेरा, इतिहास, खुशबू और पत्तियों का शोर भी, लेकिन एक व्यक्ति है जो इन सबसे अलग अस्तित्व के पीछे कहीं अनगिनत जन्मों पार प्रतीक्षित लेटा हुआ है। 'आत्म चित्र' में भी नगर चिर-आदिम कन्धे पर रखा हुआ मछुए का एक जाल है, पर हँसी की एक झालर है। लेकिन कवि इस नगर और घर में रहते हुए भी वहाँ है जहाँ पृथ्वी के सारे अक्षांशों से होते हुए एक लकीर सूर्य-मण्डल के पास खो जाती है।

सब कुछ समेटते हुए भी सबको अतिक्रमण करने वाली दृष्टि ही है जिसने केदारनाथ सिंह को 'अनागत का कवि' बनाया है...वह कवि जिसका स्थायी पता 'आगामी कल' है।

स्थायी पता जो हो, 'अभी बिल्कुल अभी' का कवि रहता वर्तमान में है। वर्तमान के भी कई धरातल हैं, लेकिन केदार वर्तमान के उस संक्रमण-बिन्दु पर जीवित हैं, जहाँ तमाम दिशाओं की विचार-धाराएँ टकराती हैं–

*हर दिशा*
*तेज़ी से*
*दूसरी दिशाओं को*
*जहाँ पर छूती है*
*वहाँ...*
*मैं जीवित हूँ !*

इसीलिए 'अनागत का कवि' होते हुए भी केदार एकदम रोमांटिक नहीं हैं। यह सही है कि उनकी कविताओं में वर्तमान संघर्ष का स्पष्ट चित्रण नहीं मिलता और इसीलिए कभी-कभी वे अन्य नये कवियों के समान 'आधुनिक' नहीं लगते। किन्तु 'अभी बिल्कुल अभी' की कविताओं में वर्तमान का अन्तरिक रूप आलोकित है। केदार के पास वर्तमान 'शंका पुत्र' के रूप में वर्तमान है और अपने पिता की अँगुली पकड़ कर साथ-साथ भविष्य की ओर चल रहा है।

नयेपन की घोषणा करने वाले आज के अनेक कवियों की तरह केदार ने आज के युग को विचारों के रूप में ग्रहण नहीं किया है। विचार के रूप में जीवन को ग्रहण करना जीवन का सरलीकरण है...अति सरलीकरण। दर्शन की भाषा में 'एबस्ट्रैक्शन' (Abstraction) है। सामान्य कवि इसी 'सरलीकरण' की अभिव्यक्ति करते हैं। कविता में यह सरल कार्य है।

केदार ने विचारों को सीधे-सीधे अभिव्यक्त नहीं किया है। उन्होंने सतह पर तैरते विचारों को पार करके और गहरे जाकर धड़कती धमनियों वाले साक्षात् जीवन को ग्रहण किया है। इसलिए उनकी कविताओं में जीवन की धड़कन है, स्वस्थ रक्त की उच्चता है, प्राण-धारा की जीवन्तता है। इसीलिए उनकी कविता में बिम्बों की बहुलता है। बिम्ब जीवन की 'मर्म-छवि' है।... काव्यात्मक बिम्बों में जीवन अधिक समृद्धि के साथ व्यक्त होता है क्योंकि उनमें वस्तु और भाव दोनों का संघात होता है। वर्तमान कविता में 'बिम्बधर्म' को प्रतिष्ठित करके केदार ने स्वस्थ नया मोड़ दिया है।

प्रयोगों की प्रधानता के कारण कविता विचारों की वाणी हो गयी थी...यहाँ तक कि वह 'कविता' नहीं रह गयी थी। केदार ने पहले से आती हुई क्षीण बिम्बधर्मी धारा को अपना महत्त्वपूर्ण योग देकर 'कवित्व' का पुनरुत्थान किया।

'अभी बिल्कुल अभी' की कविताओं में विचारों की कमी, युगचेतना की कमी का सूचक नहीं है, बल्कि कवि की सृजनशीलता का प्रमाण है। कविता को विचारों से शुद्ध करना रचना-प्रक्रिया का सबसे कठिन कार्य है। कहना न होगा कि केदार ने इसके लिए सफल संघर्ष किया है। विचार-हीनता के आरोप का ख़तरा उठा कर भी उन्होंने रचनात्मक साधना प्रस्तुत की है।

इस दृष्टि से केदारनाथ सिंह की 'शब्द-साधना' सबसे महत्त्वपूर्ण है।

*चलते चलते*
*रास्ते की धूल से*

*एक शब्द उठाता हूँ*
*और पाता हूँ कि अरे*
*गुलाब !*

जीवन और साहित्य की परम्परा में से उन्होंने 'शब्द' उठाया और उसके चारों ओर एक प्रभामण्डल रच दिया। कविता में आकर वह 'गुलाब' हो गया...चाहिए तो उसे एक 'बिम्ब' कहिए या कोई नयी अनुभूति अथवा मूल्य। इसीलिए उनके शब्दों में एक नयी चमक है...दूरगामी सन्दर्भों की गूँज है।

परन्तु कुल मिलाकर केदारनाथ सिंह अभी एक चौराहे पर हैं। उनकी दृष्टि के सामने बहुत-से 'लक्ष्यहीन' मोड़ हैं, 'अनदेखी छापहीन खुलती राहें' हैं। शायद उनकी दृष्टि में यह युग ही ऐसा है और इसीलिए 'अभी बिल्कुल अभी' एक 'अनिश्चय के युग' की कविता है अनिश्चय-युग के अनिश्चितमना कवि की कविता।

लेकिन इस बात को भी निश्चयपूर्वक कौन कह सकता है?

*(केदारनाथ सिंह के 'अभी बिल्कुल अभी' पहले कवितां-संग्रह की समीक्षा का प्रसारण आकाशवाणी, इलाहाबाद ने 7 अक्टूबर, 1960 को किया था।)*

# नये नाम के अनवरत अन्वेषण में

केदारनाथ सिंह की कविताओं का संकलन 'अभी बिल्कुल अभी' यहाँ ख़त्म होता है जहाँ से 'न रास्ता कहीं मुड़ता है, न सड़कें कहीं जाती हैं।' और आलोचना वहीं से शुरू होती है, जहाँ कविता ख़त्म होती है।

कविता सड़क नहीं है। हो भी तो फ़िलहाल मुझे कहीं जाने की जल्दी नहीं है। चौराहे पर तैनात भी नहीं हूँ कि रास्ता बताने की चिन्ता हो। लेकिन 'अभी बिल्कुल अभी' की कविताएँ हैं कि रह-रहकर उस चौराहे पर ले जाती हैं जो 'मन की सारी राहें विवश छीन लेता है।' आगे 'प्रश्न-भरी मुद्रा का कुहासा' दिखायी पड़ता है जिसमें बहुत-से अधूरे पथ हैं; लक्ष्यहीन मोड़ हैं; आकाश में उड़ती हुई 'दिशाहीन चिड़ियाँ' हैं। इस पूर्व-परिचित चौराहे का इतिहास यह है कि यहीं से 'दिग्विजय का अश्व' भी गया है किसी अनजान पथ की ओर और 'झुटपुटे में' फिर कहीं बिला गया। फिर भी केदार के साथ यहाँ हम उस 'अनागत' की प्रतीक्षा करते हैं 'जो न आता है, न जाता है।' लेकिन यहाँ तक भी जो हम आ गये तो कौन ले आया? प्रश्न, संशय, दुविधा, अनिश्चय, अस्पष्टता आदि का मिला-जुला बोध जगाना भी कुछ होता है या नहीं? केदार की कविताएँ यदि यह युग-बोध जगाती हैं तो यह भी एक उपलब्धि है। सार्थकता का एक सोपान यह भी है।

'लक्ष्यहीन मोड़', 'अनदेखी छापहीन राहें' और 'अजन्मे पुल' वग़ैरह देखकर प्राय: कविताओं को अस्पष्ट कह दिया जाता है। शायद केदार की कविताएँ भी कहीं-कहीं अस्पष्ट कही गयी हैं। स्वयं कहने वालों के मन में अस्पष्टता का अर्थ कितना स्पष्ट है, मुझे नहीं मालूम; किन्तु इतना तो स्पष्ट किया ही जा सकता है कि अस्पष्टता का बोध जगाना अस्पष्टता नहीं है। इसके बाद भी यदि अर्थ अस्पष्ट रह जाता है तो कविता के गद्यार्थियों (विद्यार्थियों नहीं) से निवेदन है कि चित्रों के

आनयन के लिए थोड़ा प्रयत्न करना पड़ता है—समझ में आने से पहले कविता श्रवण में आती है और नयन में भी!

कविता के लिए श्रवण हो तो शब्दों का संगीत भी अर्थपूर्ण हो सकता है और नेत्र हों तो अस्पष्ट लगने वाले चित्र की सूक्ष्म रेखाएँ भी आकार धारण कर सकती हैं।

केदार के अस्पष्टता-बोधक चित्रों में ऐसी अनेक सूक्ष्म रेखाएँ हैं जो बोध को विशेष अर्थ प्रदान करती हैं। उनके लक्ष्यहीन मोड़ों पर खिंचे हुए रोली के हलके इशारे हैं। 'दिशाहीन चिड़िया' के पर में 'आकांक्षा के जीवित रेशे' हैं। अनागत है तो 'हाथ उसके हाथ में आकर बिछल जाते' हैं। पुल अजन्मे हैं लेकिन हवाओं में तैरते हैं। अर्थ यदि भविष्य है तो केदार के लिए वह कोई काल्पनिक स्वप्न नहीं बल्कि वर्तमान के बीच उद्भासित होने वाली रेखा है। इस अनिश्चय में भी उन्हें इतना निश्चय तो है ही कि वह आस-पास यहीं कहीं है—यहाँ तक कि 'हर नवागन्तुक उसी की तरह लगता है।'

इस प्रकार केदार का युग-बोध अनिश्चयवादियों से भिन्न है। अनिश्चयवादी संकट का नारा लगाते हैं, संक्रान्ति की घोषणा करते हैं, मूल्यों के अनिश्चय का प्रचार करते हैं। उनकी अस्पष्टता दूसरे प्रकार की है। वे अपनी दिमाग़ी उलझन को सारे ज़माने के नाम से चालू करना चाहते हैं। उन कविताओं में अस्पष्टता का पर्याय उलझन है : दिमाग़ी उलझन जो शिल्प की सपाटता के बावजूद उलझन ही बनी रहती है। यह उलझन जो 'दर्द' पैदा करती है, पाठक में सिर-दर्द और कवि में दिल का दर्द। क्रमशः यह दर्द शब्दों की हद के पार चला जाता है और रहस्यवाद बन जाता है। यह मौन की अस्पष्टता है और, पाठक तो दरकिनार, स्वयं कवि के लिए भी अबूझ है।

इस मौन से केदार का मौन भिन्न है। वह सूर्योदय है जो किसी के लिए ख़ाली गुलदस्ता है, तो किसी के लिए आघातहीन ताज़ा समाचार, लेकिन निस्सन्देह वह एक 'हलका-सा उत्तर है।' यह हलका-सा उत्तर इतना हलका है कि 'चुप' का भ्रम हो जाता है, लेकिन यह रहस्यवाद नहीं है। यह मौन अर्थपूर्ण होते हुए भी इतना सहज है कि बच्चे सुनते हैं, क्योंकि बच्चे इस ज़माने के नये इन्सान हैं और इसलिए सचाई को सहज ही समझते हैं। बच्चों को इस मौन में भी शब्द सुनाई पड़ते हैं। इस प्रकार इस मौन में भी 'हर शब्द किसी नये ग्रहलोक में जन्मान्तर' है। कहाँ दर्द का रहस्यवादी मौन और कहाँ सूर्योदय के जन्मान्तर के शब्द!

अस्पष्ट यह हो सकता है लेकिन ज़माना ही कुछ ऐसा है कि दो टूक साफ़ बात ही पहेली बन जाती है। सीधी बात का सामना करने के लिए नैतिक साहस की ज़रूरत होती है। सचाई कभी इस तरह सामने आती है कि एकबारगी सिर चकरा जाता है। बादलों से सहसा निकलकर सूरज आँखों में चौंधिया देता है। कविता में एक अस्पष्टता वह भी होती है जिसे बच्चे भी समझ लेते हैं और गहन विद्वान चकरा जाते हैं, जैसे कि अंग्रेज़ी के कवि ब्लेक तथा हिन्दी के कवि कबीर की कुछ कविताएँ!

केदार की कविताएँ इतनी सहज नहीं हैं, क्योंकि वे नये कवि हैं, किन्तु नयी कविता के अध-पथ पर कुछ दूर तक चलने वाले देख सकते हैं कि वे अपनी अस्पष्टता में भी सबसे अलग हैं; वैसे इस विषय पर अभी और विचार करने की आवश्यकता है।

नये भावबोध के नाम पर एक अरसे से ख़ास तरह की 'दर्द की अनुभूति' का हवाला दिया जा रहा है, लेकिन नयी पीढ़ी की कविताओं के आलोक में दर्द की वह अनुभूति भी पुरानी हो गयी—यही नहीं, बल्कि उनका 'परायापन' भी क्रमशः स्पष्ट होता जा रहा है। नवीनता का निरूपण भविष्य के सन्दर्भ में ही हो सकता है। नयी पीढ़ी के कवियों ने भविष्य के सन्दर्भ में वर्तमान का जो चित्र उपस्थित किया है, वह नवीन भाव-बोध की नयी परिभाषा है। हिन्दी कविता में यह पीढ़ी केदारनाथ सिंह के साथ है और इसमें केदार का योग सर्वाधिक है।

अपनी पीड़ा को अभिव्यक्त करना आसान है; अपने परिवेश में अपनी पीड़ा को व्यक्त करना कठिन है; और भविष्य के सन्दर्भ में अपने परिवेश के साथ अपनी पीड़ा का चित्रण करना उससे भी कठिन है। दायरे के विस्तार के साथ कवि-कर्म की जटिलता भी बढ़ती जाती है। इस आत्म-संघर्ष में नये-नये अनुभव होते हैं; दायरे बनते हैं, टूटते हैं और फिर नये बनाने पड़ते हैं। समझौते भी किये जाते हैं और तोड़े जाते हैं। ये सब नवीन भाव-बोध के ही विविध पहलू हैं। कविता की सीमा में केदारनाथ सिंह ने इस अनुभव के कई चित्र उपस्थित किये हैं।

एकाकी कवि कभी अपने 'कमरे के दानव' से लड़ता है तो कभी झरोखे-रौशनदान और द्वार खोलकर 'अन्धड़ की प्रतीक्षा' करता है; कहीं 'जीने की दैनिक शर्तों पर हस्ताक्षर' करता है तो कभी क्रमशः सभी ओर से लौटकर 'अन्तरतम के किसी कोण पर झुका हुआ' समुद्री दस्तक सुनता है। ये तमाम चित्र उस मनःस्थिति

के सूचक हैं जो अपने दायरे को तोड़कर व्यापक वास्तविकता का सामना करने की आकुलता जगाती है। यह सही है कि चित्रों का सौन्दर्य आँखों को आगे-आगे बढ़ने से रोक देता है और लोग मानने लगते हैं कि कवि में तीव्र अनुभूति की कमी है। लेकिन इन चित्रों की तह में वह धड़कती हुई धमनी है, शिराएँ-उपशिराएँ हैं जिनमें एक 'नीला पत्थर' छटपटा रहा है। इस दर्द के बाद भी कवि गाता है तो यह दर्द पर विजय है। पीड़ा की 'अभिव्यक्ति' पीड़ा पर विजय है। लेकिन कविता पीड़ा को 'व्यक्त' करने में है, 'अभिव्यक्ति' करने में नहीं। परिपक्वता और भावुकता में यही अन्तर है। भावुक कवि पीड़ा को अभिव्यक्त करते हैं। प्रौढ़ कवि चित्रों में उसे व्यक्त करते हैं, जो पाठक को अनुभूति-विकल कर देते हैं।

केदार की कविताओं को मासिक 'कवि' में प्रस्तुत करते हुए मैंने लिखा था कि केदार मद्धिम संवेगों के कवि हैं; लेकिन यह मेरा भ्रम था। वस्तु : जैसा कि वैलरी ने एक प्रसंग में कहा है : ''कवि का कार्य काव्यात्मक स्थितियों को स्वयं अनुभव करना नहीं बल्कि दूसरों में उन्हें उत्पन्न करना है।" केदार में अनुभूति की जो कमी दिखायी पड़ती है, वह इसलिए कि वे अपने विषय में यही आभास देते हैं और यह आभास उत्पन्न करना उनके काव्य-संयम का सूचक है। स्वयं को अनुभूतिहीन दिखाते हुए भी वे अभिप्रेत अनुभूति का प्रभाव उत्पन्न कर ले जाते हैं। इस प्रभाव का साधन है चुना हुआ यथातथ्य बिम्ब या चित्र। केदार भाव को अभिव्यक्त नहीं करते, बल्कि चित्र में व्यक्त करते हैं, जो आचार्य शुक्ल के शब्दों में 'विभावन व्यापार' है तथा इलियट की प्रसिद्ध संज्ञा 'ऑब्जेक्टिव कोरिलेटिव।'

केदार को यदि अपनी बेचैनी प्रकट करनी है तो वह यह नहीं कहेंगे कि मैं बेचैन हूँ। वे एक बेचैन गति-चित्र प्रस्तुत करेंगे। जैसे—

*मुट्ठी में प्रश्न लिये*
*दौड़ रहा हूँ वन-वन*
*पर्वत-पर्वत*
*लाचार!*

घबराहट, बेचैनी और आकुलता के चित्रों की संख्या केदार में सबसे अधिक है, जो उनकी मानसिक स्थिति को व्यक्त करने के साथ ही सम्भवत: इस युग की सामान्य 'बेचैनी' को भी चित्रित करती है। यह बेचैनी उनकी काव्य-लय के माध्यम से व्यक्त होती है जिससे लय को एक विशिष्ट गति प्राप्त हो गयी है और जो कहीं भी पहचानी जा सकती है।

इस बेचैनी की विशेषता यह है कि यह रचनात्मक है। पर्वत-पर्वत, वन-वन दौड़नेवाले शिशु की बेचैनी यह है कि 'मैं अपना नन्हा गुलाब कहाँ रोप दूँ।' यहाँ भी केदार की बेचैनी दर्दवादियों की निरर्थक बेचैनी से उत्पन्न है।

रचनात्मक आकांक्षा की विशेषता यह है कि दर्द के आत्मघाती प्रभाव से कवि को बचाती है। इससे कवि का सौन्दर्य-बोध कुण्ठित नहीं होने पाता और जीवन तथा प्रकृति की रूप-तरंगों तक उसकी दृष्टि का अबाध प्रसार सम्भव होता है। आकस्मिक नहीं जो केदार ने नयी कविता को प्रकृति के इतने अछूते सौन्दर्य-चित्र दिये। उनकी कविता में 'पहले बौर की गन्ध' है, 'फलों पर चढ़ते सुनहरे रंग' हैं, 'चिड़ियों के धूपगन्धी पंख' हैं, 'अभी-अभी धुले नये चावल का गन्ध भरा पानी' है, 'हल्दी के पानी-सी फैली जलहँसी' है, 'बनसुग्गों की पाँखें' हैं; और 'धूप का गुच्छा' जो उन्होंने फेंका है, उसे तो बहुतों ने अपना आभूषण ही बना लिया है।

ये चित्र विकसित सौन्दर्यबोध के सूचक हैं और इनकी सामर्थ्य उसी कवि में हो सकती है जो 'खुली संवेदना से दिशाओं को सूँघकर पहचान' सकता हो।

केदार के सौन्दर्य-चित्रों में एक ओर ताज़गी और टटकापन है तो दूसरी ओर सूक्ष्म सौन्दर्यबोध-सूचक पंख जैसे हलके हाथों की कला है। शुरू में रंगों की शोखी ज़रूर ज़्यादा थी और शायद रंग भी कई आते थे लेकिन धीरे-धीरे रंग हलके होने लगे और रेखाओं में बारीकी आ गयी। चित्र क्या है कि 'ओस भरे कँपते गुलाब की टहनी पर तितली के पंखों–सी सटी हुई धूप'! केदार झकझोरते नहीं बल्कि 'जम को हलके कँपाते हैं'। एक हलका कम्प, एक हलका स्पर्श–यही उनकी अभिरुचि है और शायद यही उनका 'मिज़ाज'!

केदार की यह सुरुचि शब्दों के चयन और काव्य-संगीत में भी प्रकट हुई है। सुघड़ शब्द-योजना और लोचयुत लय-योजना द्वारा निर्मित लय तथा लय द्वारा निर्धारित शब्द-योजना उनकी विशिष्टता है। ऐसी शिल्प-सिद्धि नये कवियों में कम को ही प्राप्त हुई है। एक हद तक परम्परागत रूप-विधि का अनुशासन मानते हुए भी केदार ने नये रूप प्रयोग का प्रयत्न किया है। गीत और मुक्त छन्द में समान सफलता केदार ही दिखला सकते हैं। लोक-बोली के शब्द भी उनके रचे-पचे आते हैं। 'दूरगन्धी तिथि' और 'जल-हँसी' जैसे नवनिर्मित शब्द भी अटपटे नहीं लगते। अर्थ, सन्दर्भ, अस्तित्व, सम्भावना, ध्रुवान्त जैसे गद्य क्षेत्रीय शब्दों को भी अनुभूतियों के सन्दर्भ में रखकर केदार ने काव्यात्मक रूप दिया है। जैसे–

*इस छोटे जीवन के*
*अनगिनतों*
*अनाघ्रात अर्थों तक*
*जाना है।*

अथवा

*सन्दर्भ से छूटे हुए*
*ये साथ मेरे तैरते से*
*घर, मुहल्ले, गाँव*

केदार उन दो-तीन कवियों में हैं जिन्होंने नयी कविता को चलने योग्य नये शब्द दिये हैं और जिन्हें सचमुच ही समकालीनों ने अपना लिया! और अपनी पीढ़ी को शब्द देना मामूली बात नहीं है।

'अभी बिल्कुल अभी' की कुछ कविताओं से पता चलता है कि केदार किसी नये मोड़ की ओर उन्मुख हैं। परन्तु 'अभी बिल्कुल अभी' में इस परिवर्तन की रचना-प्रक्रिया-सम्बन्धी मानसिक स्थिति ही व्यक्त हुई है। 'रचना की आधी रात', 'आत्मचित्र' आदि रचनाएँ सूचित करती हैं कि कवि 'आत्मसजग' हो गया है और अपने भीतर रूप-ग्रहण करने वाली रचना की एक-एक बारीकी का निरीक्षण कर रहा है। चाहें तो कह लें कि यह भी अनुभूति का एक आयाम है—बल्कि नया आयाम। परन्तु आत्मसजगता के ख़तरे भी हैं; यदि आत्मसजग कवि देर तक अन्तर्मुखी रह गया तो कविता नया मोड़ लेने की जगह अन्दर ही एक दायरे का चक्कर लगाती रह सकती है। 'अर्थ-परिवर्तन की अबूझ प्रक्रिया' में जाकर कवि स्वयं अपने लिए तथा पाठकों के लिए भी अबूझ बन सकता है! लेकिन मुझे पूरी आशा है कि केदार की 'आत्मसजगता' जल्द ही यह दायरा भी तोड़ देगी। क्योंकि उन्होंने 'अपनी छोटी बच्ची के लिए' ही नहीं बल्कि व्यंजना से नयी कविता तथा नयी वास्तविकता के लिए भी 'इससे भी सीधे, और इससे भी प्यारे' और इससे भी अर्थ-भरे किसी नये नाम के अनवरत अन्वेषण में' सारी आयु चुक जाने की प्रतिज्ञा की है!

# उत्तर-कबीर या उत्तर-आधुनिक

कैसा संयोग है। 'उत्तर-कबीर और अन्य कविताएँ' पुस्तक खुली तो सामने के पृष्ठ पर सबसे पहले जो शब्द दिखा वह है धारोष्ण! कविता के शहर में यह एक घटना है। अब तो लोग दूध को उबालकर ही पीते हैं। केदार जी से ईर्ष्या होती है। उनमें अब भी चीज़ों को एकदम धारोष्ण ही ग्रहण करने का हठ है, कम-से-कम कविता में।

एक पुरानी बात याद आ रही है। पण्डित जी का उपन्यास 'अनामदास का पोथा' छपकर आया ही था। उस उपन्यास में केदार जी को सबसे अच्छा लगा : ऋषिकुमार रैक्व का जाबाल को छूकर यह पूछना कि यह भी स्त्री पदार्थ है? भोले ऋषिकुमार को किताब से 'स्त्री' पद का बोध हो गया था। पर 'स्त्री' पदार्थ से उसका साक्षात्कार हुआ ही नहीं। इसलिए जब पदार्थ से पद का संयोग हुआ तो उसे एक बहुत बड़े सत्य के अनुसन्धान का अनुभव हुआ। केदार जी रैक्व के इस अनुसन्धान पर लहालोट थे। क्या धारोष्ण अनुभव का गुण स्रोत यही है? 'अनामदास' के लेखक को ढलती उम्र में भी इस 'धारोष्ण' अनुभव की प्रतीति थी–इस पर केदार जी और भी चकित थे।

वैसे, रैक्व को एक और अनुभव हुआ था। पीठ में सनसनाहट। भूलता नहीं तो केदार जी ने इसका ज़िक्र उस समय नहीं किया था। अब 'बाघ' कविता का आमुख कुछ और ही कहानी कहता है

*सिर्फ़ मैं ही जानता हूँ।*
*मेरी पीठ पर*
*मेरे समय के पंजों के*
*कितने निशान हैं।*

कैसे, समय के पंजे और 'मेरे' अपने नाख़ून अभिन्न हैं, लेकिन पीठ पर निशान अपनी जगह। इतना ही नहीं, बल्कि–

*यह जो प्यार है*
*यह जो हम करते हैं एक दूसरे से*
*या फिर नहीं करते*
*यह भी एक बाघ है।*

अपनी गाड़ी में बाघ लादा था 'तीसरी क़सम' के गाड़ीवान हीरामन ने भी, लेकिन उसकी पीठ में सनसनाहट हुई हीराबाई को गाड़ी में बैठाने पर ही।

इस अवान्तर प्रसंग को छोड़ भी दें तो कविता के शहर में 'बाघ' का प्रवेश उसी 'धारोष्ण' अनुभव का अनुसन्धान है। "वही एक कच्चा सा/आदिम मिट्टी जैसा ताज़ा आरम्भ/जहाँ से हर चीज़/फिर से शुरू हो सकती है/फिर से खड़िया/ककहरा फिर से।"

उल्लेखनीय है कि केदार जी का बाघ भी ककहरा शुरू करता है। लोमड़ी से लिखना सीखता है और 'ईश्वर' को पूरा-पूरा लिख नहीं पाता। 'श्व' पर अटक जाता है। बाघ स्पर्श का अनुभव भी करना चाहता है : ख़रगोश को पास बुलाता है। "उसके नरम-नरम रोओं में/अपने नखों को फिराता रहा/और उस मुलायम पेट को/इस तरह सहलाता रहा/जैसे उसकी जीभ/उस अद्‌भुत कोमलता का/स्वाद ले रही हो।"

कविता की ही तरह काव्य-चर्चा में भी "अब बाघ आ गया तो आ गया/मैं उसका कुछ नहीं कर सकता।" मुख्य वक़्तव्य है कवि की दृष्टि में बाघ या कोई भी पदार्थ सिर्फ़ बिम्ब प्रतीक या मिथक के रूप में निःशेष नहीं किया जा सकता। जीता-जागता पदार्थ ही सच है और उसकी पदार्थमयता का 'धारोष्ण' अनुभव ही काम्य है। यह 'एक चलता-फिरता जादू' है, वह चल रहा है, इसलिए सुन्दर है। एक तरह से केदार जी का सौन्दर्यशास्त्र यही है। 'बाघ' वस्तुतः ऋषिकुमार रैक्व का परम तत्त्व वायु है।

'बाघ' के ही साथ-साथ केदार जी 'उत्तर-कबीर और अन्य कविताएँ' भी लिखते रहे हैं। 'उत्तर-कबीर' नाम न भी होता तो इन कविताओं को पढ़ते समय कबीर याद आये बिना न रहते। कबीर अक्सर सवाल करते रहते थे; जैसे ''दुई जगदीश कहाँ से आया?'' सवाल केदार जी भी बहुत करते हैं, बल्कि कुछ ज़्यादा ही। उतने असुविधाजनक सवाल तो नहीं, लेकिन काफ़ी बुनियादी। निहायत मासूम अदा से। यह मासूम अदा बहुतों को प्यारी भी लगती है। कविता भी शायद इस मासूमियत में ही है।

'उत्तर-कबीर' कविता शुरू ही होती है एक सवाल से और सवाल भी कितना मासूम!

*अचानक मेरी नींद*
*उचट गयी*
*मेरी*
*यानी किसकी?*

*जो सोता है रात में*
*क्या बिस्तर से वही उठता है सुबह-सुबह*
*आँख मलते हुए।*

'खावै और सोवै' वाले 'सुखिया संसार' से पूछिए तो यह भी कोई सवाल है? लेकिन जिसकी नींद अचानक उचट गयी है और जो जागने और रोने वाले 'दुखिया दास कबीर' की बिरादरी का है वह इस सवाल को कालीन के नीचे कैसे दबा दे! यदि 'सुखिया' लोगों में कहीं कोई अन्तरात्मा बची रह गयी है तो यह सवाल उसी को कोंचने-कुरेदने के लिए है।

लेकिन इससे भी बुनियादी सवाल है नाम और रूप के सम्बन्ध को लेकर वही रैक्व वाला सवाल : पद-पदार्थ का सम्बन्ध है। केदार जी पूछते हैं–

*अगर बोलना है*
*तो एक दिन उतारने होंगे*
*सारे के सारे छिलके*
*और अन्दर झाँककर देखना ही होगा*
*कि आख़िर रिश्ता क्या है*
*'नमक' ध्वनि*
*और नमक के स्वाद में?*

सुनने पर प्रश्न बचकाना लगता है, लेकिन इसी बात को कभी बौद्ध दार्शनिकों ने बड़ी गम्भीरता से कहा था और आधुनिक युग में स्विस भाषाविद् सॉस्यूर ने ज़ोर देकर स्थापित किया है, जिसे 'उत्तर-आधुनिक' चिन्तक बहुत बड़ी क्रान्तिकारी स्थापना मानते हैं। धर्मकीर्ति का ही यह कथन है : ननु नार्थं शब्दाः स्पृशन्ति। शब्द अर्थों का स्पर्श तक नहीं करते। अगर ऐसा होता तो आग शब्द के उच्चारण से सबसे

पहले बोलने वाले की ही जीभ जल जाती। फिर भी सामान्य ज्ञान की यह उक्ति बड़े-बड़े नामों, सिद्धान्तों और नामी-गिरामी प्रतिष्ठानों के मुखौटे उतार देने में समर्थ है। कबीर ने किसी समय इस दृष्टि का उपयोग करके पांडे और मुल्ला दोनों को नंगा कर डाला था।

कबीर के नाम पर स्थापित 'कबीर सूत मिल' को देखकर केदार जी भी पूछते हैं–'यह नाम क्या होता है? कोई ठप्पा?' लेकिन उसी साँस में 'चीख़', 'चुभन', 'गूँज' वग़ैरह को ठेलकर 'ठप्पा' को बच निकलने के लिए रास्ता भी दे देते हैं।

कबीर नाम का 'चुपके से बदल जाना कबीर सूत मिल में' कवि की दृष्टि में 'कितनी शानदार है और कितनी दयनीय!' व्यंग्य स्पष्ट है लेकिन अन्ततः इसकी फलश्रुति?

कविता की संसद में यह 'प्रश्नकाल' निश्चय ही स्वागत योग्य है, और कविता के लिए यह उक्ति भी उपयोगी है–''पूछो कि पूछने से भाषाएँ ज़िन्दा रहती हैं।'' लेकिन इसका मतलब यह तो नहीं कि प्रश्न के लिए प्रश्न पूछे जायें।

शायद इसीलिए कुँवर नारायण ने कभी कहा था– "जीवन भरा-सा लगे ऐसे प्रश्न पूछो।"

प्रश्न कभी-कभी उलटवाँसी में भी बदल जाते हैं और 'उत्तर-कबीर' में उलटवाँसियाँ कम नहीं हैं। इन उलटवाँसियों को पढ़ते समय भी कबीर याद आते हैं। जैसे "दर्जी सुई की नोक में खो गया/एक मिट्टी के ढेले में गुम हो गया है कुम्हार।" वग़ैरह-वग़ैरह। क्या यह उलटवाँसी भी उतनी ही मारक है जितनी ''ठाढ़ो सिंह चरावै गाई!'' अध्यात्म के आवरण के बावजूद कबीर की उलटवाँसियों में नये-नये सामाजिक प्रसंगों के अनुरूप अर्थ की अपार सम्भावनाएँ हैं। केदार जी की कितनी उलटवाँसियाँ ऐसी हैं? ढूँढ़ना पड़ेगा। इस उलटी-पुलटी दुनिया में उलटवाँसियाँ भरी पड़ी हैं। दस बेमेल चीज़ों में लेकर कोई भी एक उलटवाँसी पेश कर सकता है किन्तु ज़रूरी नहीं कि उससे दुनिया की असंगतियाँ समझ में आ ही जायें!

'धारोष्ण' शब्द वाली उसी 'विज्ञापन' शीर्षक कविता में केदार जी ने लिखा है–"एक मन्त्र चाहिए मुझे/जो निकला हो फूटकर/किसी गहरे सन्देह की/पीड़ा से!"

ऐसे समय जब अनेक चिर-स्थापित आस्थाएँ ध्वस्त हो रही हों, सन्देह स्वाभाविक है और यह भी सच है कि अन्ध-आस्था की अपेक्षा कभी-कभी सच्चा सन्देह अधिक सर्जनात्मक होता है, फिर भी सन्देह-सम्भूत सर्जनात्मकता की भी एक सीमा है। अन्ततः सन्देह मन का घुन ही है।

लगता है केदार जी सन्देह की इस सांघातिकता के प्रति सजग हैं। सम्भवतः इसीलिए 'शिलान्यास' शीर्षक कविता में एक ओर जहाँ वे 'बीच धार में भहराकर पुल के गिरने' का ज़िक्र करते हैं, वहीं यह भी लिखना ज़रूरी समझते हैं–

*और अब इस सारे विनाश के बीच*
*यह बात चाहे जितनी अटपटी हो*
*पर कहनी तो होगी ही*
*कि धूप का इस तरह जल से छनकर*
*पायों पर पड़ना*
*एक नये पुल के*
*शिलान्यास की तरह लग रहा था।*

इसके बाद केदार जी के इस वक़्तव्य में सन्देह की गुंजाइश नहीं रहती कि–

*उत्तर-आधुनिक*
*या आधुनिक के उत्तर*
*या पता नहीं क्या?*
*मेरे कान इन शब्दों से*
*पक गये हैं।*

यह है कवि का 'विमर्श'। और कविता 'विमर्श' नहीं है, न 'विमर्श' कविता।

कविता तो शब्दों का अभिनय और पदों का नृत्य है। जैसा कि कुन्तक ने 'वक्रोक्तिजीवित' के मंगल श्लोक में सरस्वती की वन्दना के बहाने कहा है–'कवीन्द्र-वक्रेन्दु-लास्यमन्दिर नर्तकीम्।' यही 'परिस्पन्द-सुन्दर और अभिनयोज्ज्वला' भी है। अन्ततः यह खुली आँखों से देखने की चीज़ है, अर्थानुसन्धान की वस्तु नहीं।

इस दृष्टि से केदार जी का स्वभाव कबीर की अपेक्षा लोकनर्तक 'भिखारी ठाकुर' में अधिक मिलता है। भिखारी ठाकुर के कई चेहरे थे, "और ये सारे चेहरे सच थे/क्योंकि सारे चेहरे हँसते थे एक गहरी यातना में/ अपने मुखौटे के ख़िलाफ़।" शायद इसीलिए "नाच के किसी अँधेरे कोने से/ धीरे-धीरे उठती थी। एक लम्बी और अकेली/भिखारी ठाकुर की आवाज़। और ताल के जल की तरह/हिलने लगती थी। बोली की सारी/सोयी हुई क्रियाएँ।"

भिखारी ठाकुर के ताल पर और कभी-कभी उनके भेस और भंगिमा में केदार जी की कविता को नाचते देखकर कुन्तक का वह मंगल श्लोक एक बार फिर याद आ जाता है।

इस नाच की विडम्बना यह है कि "वह अजब बेचैनी-सा चीख़-भरा नाच है। उसका आज़ादी की लड़ाई में/ कोई ज़िक्र नहीं। जबकि "दर्शकों की पाँत में/एक शख़्स ऐसा भी बैठा था/जिसकी शक्ल बेहद मिलती थी/महात्मा गांधी से।"

आज की राजनीति में हस्तक्षेप करने वाली कविताओं का बखान करते समय केदारनाथ सिंह की कविताओं का भी ज़िक्र नहीं आता, किन्तु क्या उनकी कविताएँ आज के जीवन में कहीं हस्तक्षेप नहीं करतीं?

*पूछिए उसी बाघ से या फिर किसी घाघ से।*

*(साभार : उत्तर केदार 'प्रकाशक प्रवीण प्रकाशन')*

# खण्ड-II

# कविता की दूसरी परम्परा
## स खलु बहलो वामः पन्था

कविता की दूसरी परम्परा वह है जो लोकधर्मी है। यह लोकधर्मी काव्य-परम्परा जितनी ऊर्जस्वी है उतनी ही सुदीर्घ भी। वेदों की 'आदिम अग्नि' में इसकी चिनगारियाँ मिल जायेंगी। किन्तु पुष्कल रूप में यह विद्याकर के ग्यारहवीं सदी के 'सुभाषितरत्नकोश' और श्रीधरदास की बारहवीं सदी के 'सदुक्तिकर्णामृत' में सुरक्षित है। इस कविता का अपना काव्यशास्त्र भी है। प्रभुत्वशाली काव्यशास्त्र ने उस कविता का भी तिरस्कार किया है और काव्यशास्त्र का भी। इस ऐतिहासिक सत्य के साक्षात्कार के लिए राधावल्लभ त्रिपाठी की पुस्तिका 'संस्कृत कविता की लोकधर्मी परम्परा' (सागर, 1986) विशेष रूप से द्रष्टव्य है। इसके साथ ही 'साक्षात्कार' 81-84 (अगस्त-नवम्बर, 1986) में प्रकाशित कमलेशदत्त त्रिपाठी का निबन्ध 'संस्कृत-काव्य की दूसरी धारा और कवि नागार्जुन' भी विचारणीय है। स्पष्टत : दोनों ही निबन्ध नागार्जुन और त्रिलोचन की लोकधर्मी कविता से प्रेरित हैं और इसी कविता के आलोक से प्राचीन संस्कृत-काव्य की दूसरी परम्परा का प्रत्यभिज्ञान हुआ है, फिर भी संस्कृत काव्य का यह प्रत्यभिज्ञान आज की हिन्दी कविता को नया आलोक प्रदान कर सकता है।

वस्तुतः संस्कृत कविता की दूसरी परम्परा को खोज निकालने की भी अपनी परम्परा है। पण्डितों की दृष्टि आगे भी इस ओर जाती रही है–विशेषतः उन पण्डितों की जो लोकवादी थे। 'सदुक्तिकर्णामृत' का सम्पादन पहले-पहल पं. रामावतार शर्मा ने 1912 में शुरू किया था। 1922 तक 'बिब्लिओथेका इंडिका' में इसकी दो पूलिकाएँ प्रकाशित हो चुकी थीं। किन्तु पूरा ग्रन्थ लाहौर से 1933 में प्रकाशित हो सका। अब यह ग्रन्थ सुरेशचन्द्र बनर्जी द्वारा सुसम्पादित और 1965 में कलकत्ता से प्रकाशित होकर सुलभ है।

इसप्रकार 'सुभाषितरत्नकोश' को भी डी.डी. कोसम्बी ने वी.वी. गोखले के सहयोग से सम्पादित कर 'हर्वर्ड ओरिएंटल सीरीज़' में 1955 में प्रकाशित किया था। सम्पूर्ण ग्रन्थ का सटिप्पण अंग्रेज़ी अनुवाद इस ग्रन्थमाला के प्रधान सम्पादक डैनियल इंगाल्स ने अपनी विस्तृत भूमिका के साथ आगे चलकर 1967 में प्रकाशित किया।

किन्तु अनुवाद से पूर्व डैनियल इंगाल्स ने 1954 में 'जर्नल आफ़ अमेरिकन ओरिएंटल सोसायटी' में 'गाँव और खेतों की संस्कृत कविता : योगेश्वर और उनके साथी कवि' शीर्षक लेख लिखकर इस कविता के महत्त्व को उजागर करने का प्रयास किया। इस प्रकार की कविता उन्हें इतनी पसन्द आयी थी कि 1967-68 में 'अडयार लाइब्रेरी बुलेटिन' में उन्होंने फिर 'योगेश्वर और उनके प्रिय कवि' शीर्षक लेख लिख जिसमें 'सदुक्तिकर्णामृत' में संकलित कविताओं में से भी कुछ का समावेश है।

हिन्दी में इन कविताओं का प्रवेश निश्चय ही देर से हुआ। लेकिन देर आयद दुरुस्त आयद। यह देर भी अकारण नहीं है। हिन्दी में जैसी 'सुरुचि-सम्पन्न' कविता का वर्चस्व था, उसकी चकाचौंध में इस ग्रामीण कविता का अदृश्य रहना आश्चर्य की बात नहीं। यदि नागार्जुन-त्रिलोचन की कविता अपना तेज प्रकट न करती तो शायद अब भी हिन्दी के लिए वह संस्कृत कविता अपरिचित ही रहती। आज भी यदि कमलेशदत्त त्रिपाठी और राधावल्लभ त्रिपाठी-जैसे प्रबुद्ध पण्डितों ने इस दिशा में पहल की तो उसका एक कारण यह भी है कि ये रंगकर्म से जुड़े हैं और भरत मुनि के नाट्यशास्त्र के आधार पर विशेष रूप से लोकधर्मी नाट्य-परम्परा को पुनर्जीवित करने का साहसिक प्रयास कर रहे हैं। नाट्यशास्त्र के संस्कारवश ही राधावल्लभ ने कविता की इस पराम्परा को 'लोकधर्मी' कहा है। लोकधर्मी होने के कारण ही राधावल्लभ त्रिपाठी के लिए यह कविता की 'दूसरी परम्परा' है और कमलेशदत्त के लिए 'दूसरी धारा'; क्योंकि संस्कृत कविता की प्रमुख अभिजात धारा से यह अलग है।

'सुभाषितरत्नकोश' और 'सदुक्तिकर्णामृत'–इन दोनों सुभाषित-संग्रहों का संकलन-कार्य बंगाल में सम्पन्न हुआ। एक संकलन पाल वंश के शासन काल में माल्दा ज़िले के जगद्दल नामक बौद्ध विहार में हुआ तो दूसरे का संकलन लक्ष्मण सेन के शासन काल में हुआ। दोनों के निर्माण में सौ साल का अन्तर है, किन्तु मूल दृष्टि लगभग एक-सी है। 'सदुक्तिकर्णामृत' बड़ा है। छन्दों की संख्या 2380 है,

जबकि 'सुभाषितरत्नकोश' में केवल 1739 छन्द हैं। 'रत्नकोश' के अनेक छन्द 'कर्णामृत' में भी समाविष्ट हैं। संकलित कवि भी बहुत-से उभयनिष्ठ हैं किन्तु 'कर्णामृत' में उन कवियों की कुछ अतिरिक्त कविताएँ भी उपलब्ध हैं। संकलित कवियों में कालिदास, भवभूति, भारवि, माघ, बाण आदि सभी प्रसिद्ध कवियों की रचनाएँ हैं, किन्तु विशेष दृष्टि उन कवियों की ओर है जिनकी स्वतन्त्र कृतियाँ दुर्लभ हैं और इस नाते जो आज बहुत कुछ अज्ञात हैं; जैसे योगेश्वर, अभिनन्द, शरण, केशट, बागुर, लंगदत्त, धरणीधर आदि। सुपरिचित कवियों में राजशेखर, बाण और मुरारी को विशेष स्थान दिया गया है। दोनों संकलनों से दूसरी परम्परा के जिस कवि का व्यक्तित्व सर्वाधिक प्रखरता के साथ उभरकर सामने आता है वह है 'योगेश्वर'। कविताएँ कुल मिलाकर 66 ही उपलब्ध हैं, लेकिन इन्हीं के आधार पर वह संस्कृत काव्य-संसार में उच्च स्थान का अधिकारी प्रमाणित होता है।

योगेश्वर के विषय में संयोग से 'सुभाषितरत्नकोश' में एक प्रशस्ति भी मिलती है। प्रशस्ति-लेखक है अभिनन्द। समय नौवीं शताब्दी। बड़े-बड़े कवि तो कई हुए, लेकिन अभिनन्द के अनुसार "नर्मदा और विन्ध्य के पुलिन्दों और पामरों की वधुओं के आँधी-तूफ़ान ने जो अर्थ भेजे हैं उन्हें अपनी आवाज़ में फैलाव देना यदि कोई जानता है तो योगेश्वर और सिर्फ़ योगेश्वर।"

*रेवाबिन्ध्यपुलीन्द्रपामरधूझंझानिलप्रेषित–*
*प्रायेऽर्थे वचनानि पल्लवयितुं जानाति योगेश्वरः।*

इस प्रशस्ति में इतनी अर्थवत्ता है कि अनुवादकों ने भिन्न-भिन्न अनुवाद किये हैं। राधावल्लभ त्रिपाठी के अनुसार "...मज़दूरों और उनकी स्त्रियों के जीवन में बहते अन्धड़ को अन्धड़–जैसे ही शब्द देना तो योगेश्वर जानता है।" कमलेशदत्त त्रिपाठी "...झंझानिलप्रेषित-प्रायेऽर्थे वचनानि पल्लवयितुं" का अर्थ करते हैं "आँधी ने भेजे हैं जो अर्थ उनमें अपनी आवाज़ को फैलाव देना।" इनसे एकदम भिन्न अनुवाद डैनियल इंगाल्स का है : 'Yogesvara knew how to make words blossom / when he wrote of the Reva and the Vindhyas, of Pulindra and of Pamara girls, and of a message carried by the monsoon wind.'

अब 'झंझानिल' को अभिधा में लिया जाये चाहे लक्षणा में, इतना निश्चित है कि योगेश्वर नर्मदा-विन्ध्य प्रदेश के पुलिन्दों, पामरों और उनकी स्त्रियों के चित्रण का विशिष्ट कवि है।

वैसे योगेश्वर बंगाल के रहने वाले माने गये हैं–निश्चय ही पाल युग के बृहत्तर बंग के, जिसमें अंग भी शामिल था। फिर भी उल्लेखनीय है कि वे रेवा और विन्ध्य प्रदेश में रहने वालों के चित्रण में कुशल कहे गये हैं। इसमें आश्चर्य की कोई बात नहीं। आज भी नागार्जुन की कविता में केवल मिथिला के चित्र नहीं हैं और न त्रिलोचन की कविता में सिर्फ़ अवध के। इसलिए प्रश्न प्रदेश का नहीं, लोक का है और ख़ास बात यह है कि योगेश्वर पुलिन्दों और पामरों का अपना कवि है। आज की भाषा में दलितों का।

तो पहले पहाड़ों और जंगलों के बीच रहने वाले बर्बर शबर का चित्र। गुफा। बाहर शिला। शिला पर कान्तार-दुर्गा की मूर्ति। बर्बर शबर दुर्गा को जीव का उपहार देते हैं। क्षेत्रपाल यानी खेत के देवता पर रुधिर के छींटे अर्पित करते हैं। तुम्बी वीणा बजा-बजाकर गाते और नाचते हैं। बेल के कुप्पों में भरी पुरानी हाला सकोरों में ढाल-ढाल करके पीते हैं। इस क्रिया में शबर-युवतियाँ भी साथ देती हैं। इधर, दिन ढलता है, उधर शबर-शबरियों का नाच-गान चलता है।

*तुम्बीवीणा-विनोद-व्यवहित-सरकामह्नि जीर्णे पुराणी*
*हालां मालूरकोषैर्युवतिसहचरा बर्बरा : शीलयन्ति।*

जहाँ तक विन्ध्य के 'भीषण' प्रकृति-सौन्दर्य के चित्रण का प्रश्न है संस्कृत के क्लासिकी कवियों में भवभूति का नाम सबसे पहले लिया जाता है। योगेश्वर इस दृष्टि से भवभूति की परम्परा के ही कवि हैं और "निर्मुक्त-व्याल-नीलद्युति-नवजलद-व्याकुला विन्ध्यपादाः" कहकर इसकी पुष्टि करते हैं। योगेश्वर की दृष्टि में विन्ध्यपाद ऐसे बादलों से व्याकुल है जो साँप के समान नील द्युतिवाले हैं।

'पामर' के चित्रण में योगेश्वर की विशेषता यह है कि उसकी दीन–दशा के बावजूद उसके 'नीच' होने का तनिक भी आभास नहीं होता। योगेश्वर की कविता में 'पामर' शब्द का प्रयोग बहुत कुछ हलवाहे, खेत-मज़दूर अथवा किसान के अर्थ में हुआ है। जैसा कि आगे चलकर 'नीच' अर्थ में पामर का प्रयोग होने लगा, उससे योगेश्वर की कविता सर्वथा मुक्त है। अब यह रहा 'पामर' का एक चित्र–

*बारं बारं तुषारानिल-तुलित-पलालोष्मणा पामराणां*
*दण्ड-व्याघट्टनाभिः क्रमपिहितरुची बोध्यमाने कृशानौ*
*उद्धूमैर्बीजकोषोच्चटनपटुरवैः सर्पपपक्षोदकूटैः*
*कोणे कोणे खलानां परिसरकटुः कीर्यते कोऽपिगन्धः।*

*खेत में बैठे पामर*
*पुआल की गर्मी से तोलते हैं तुषार की ठण्डी हवाएँ*
*लकड़ी से कुरेदते हैं बुझता हुआ अलाव*
*बार-बार जगाते हैं राख बनती आग,*
*सब ओर है पाले और धुएँ की धुन्ध*
*सरसों के बीज चटख-चटख कर फूटते हैं*
*फैल जाती है कड़वी कसैली गन्ध।*

पामर के बाद पामर-वधू का चित्र। यहाँ कवि ने वस्तुतः 'हालिक' शब्द का प्रयोग किया है, जिसका अर्थ हलवाहा होगा। प्रसंग से इसका सम्बन्ध 'पामर' से ही माना जा सकता है।

*इदानीमर्घन्ति प्रथमकलमच्छेदमुदिता*
*नवीनान्धस्थालीपरिमलमुचो हालिकगृहाः।*
*उदंचद्दोर्लीला-रणित-वलयाभिर्युवतिभि-*
*र्गृहीतप्रोत्क्षिप्त-भ्रमित-मसृणोद्गीर्ण-मुसलाः।।*
*अभी-अभी आया है कटकर धान*
*सुगन्धित भात की थाली खींच रही ध्यान*
*गन्ध से गमक उठा हलवाहे का मकान*
*हाथ उठते हैं, गिरते हैं*
*कंगन टकरा-टकराकर हाथों में बजते हैं*
*उठ-उठकर गिरते हैं मूसल, गिर-गिरकर उठते हैं।*

एक अन्य कविता में योगेश्वर ने 'ग्राम्य नायक' के रूप में एक 'कीकट-पुत्र' का अनूठा चित्र प्रस्तुत किया है। कीकट भी पामर के समान ही खेत पर काम करने वाली जाति है जिसे सामान्यतः नीची जाति का समझा जाता था। योगेश्वर का यह 'कीकट दारक' विरूढ लशुन के समान श्याम वर्ण है, बाल घुँघराले हैं और गुन्द्रा की लता से बँधे हैं। पड़ोस में यह बालक स्वच्छन्द विचरता रहता है, किन्तु इसे देखते ही हाथ के मूसल थम जाते हैं, सूप स्थिर हो जाते हैं, पानी के घड़े ठिठक जाते हैं, चूल्हे की आग बुझ जाती है और गाँव की प्रत्येक युवती का सिर उसी ओर घूम जाता है। ऐसा है काला कलूटा कीकट युवक।

योगेश्वर की विशेषता यह है कि ग़रीबी के चित्रण में भी उस ग़रीबी से लड़ते हुए मनुष्य की जीवनी-शक्ति को अनदेखा नहीं करते; बल्कि उस जीवनी-शक्ति में

ही उन्हें सचमुच का रस मिलता है। एक ऐसा ही चित्र है घोर वर्षा में ग़रीब किसान स्त्री का। बाहर ज़ोर की बारिश हो रही है। चूते-टपकते पुराने घर में वह व्याकुल होकर इधर-उधर दौड़ रही है। 'सिर पर टूटे सूप का टुकड़ा रखे' वह यों ही काफ़ी उपहासास्पद लग रही है, फिर भी उसकी हिम्मत देखिए कि इधर चिल्ल-पों मचाते बच्चों को समझाती-बुझाती है तो उधर पुआल का बिस्तर बचाने का जतन कर रही है और किसी चिथड़े से पानी भी समेट रही है; अफ़सोस है तो यह कि सत्तू भीगकर बह गया है। "दत्वा मूर्धनि शीर्णशूपशकलं" से उभरने वाला चित्र स्मृति पर अमिट छाप छोड़ जाता है।

मज़े की बात तो यह है कि योगेश्वर के ग्राम-चित्रों में 'ग्राम्यता' का लेश भी नहीं है। ग्राम-जीवन में निहित ग्राम्यता से वे आँख नहीं मूँदते, किन्तु इसके साथ ही वे उसका मानवीय पक्ष भी देखते हैं और उस मानवीय पक्ष को विशेष रूप से उभारते भी हैं। योगेश्वर की इस विशेषता को स्पष्ट करने के लिए 'सदुक्तिकर्णामृत' में ही संकलित शुभांक कवि की एक कविता के साथ उसी विषय पर योगेश्वर की कविता को रखना उचित होगा। शुभांक में एक ऐसे पामर-मिथुन का वर्णन है जो चैत की रात में परस्पर चूमने को उद्यत होता है, किन्तु संझा को खायी प्याज, रोटी की गन्ध से सनी उनकी साँसें एक-दूसरे से टकराती हैं।

इसके विपरीत वर्णन योगश्वर करते हैं। धान की बालियाँ बढ़-बढ़कर मोटी हो गयी हैं; दूध-भरे थनों वाली गायें थान पर लौट आयी हैं; ईख की फ़सल ऐसी अच्छी हुई है कि सारा कर्ज़ पट जायेगा। ऐसी स्थिति में दिन-भर खेत पर खटने के बाद गाँव का पटेल सारी रात अपनी उस घरनी को देह से सटाकर सुख से सो रहा है जिसके भारी स्तन गाढ़े खस के लेप से सुवासित हैं; जबकि बाहर देव उदार होकर बरस रहे हैं...योगेश्वर के मूल शब्द हैं–

*सान्द्रोशीर-कुटुम्बिनी-स्तनभर-व्यालुप्त-धर्मक्लमो*
*देवे नीरमुदारमुज्झति सुखं शेते निशा ग्रामणी: ।।*

घर-आँगन के इन जीवन्त चित्रों के अतिरिक्त योगेश्वर की सौन्दर्य-दृष्टि खेत-बारी पर भी गयी है। कवि का सूक्ष्म पर्यवेक्षण वहाँ भी देखते ही बनता है।

*खेत में*
*तिनकों से बने बिजूके से डरकर*
*एक कोने में सिमिट–सहमकर*

*दुबके हुए*
*चुगते हैं कबूतर*
*खेत के एक कोने में कोदों के दाने।*
*अन्तर्विन्यस्त-वीरुत्तृणमयपुरुष-त्रासविहनं कथंचित्।*
*कापोतं कोद्रवाणां कवलयति कणान् क्षेत्रकोणैकदेशे।।*

इस प्रकार के जीवन्त रेखाचित्र योगेश्वर के प्रशस्तिकार अभिनन्द की कविता में भी मिलते हैं–विशेषत: बंगाल के ग्राम जीवन के। अभिनन्द का देहात ऐसा है जिसमें बैलगाड़ी के पहियों के निशान गन्ने के रस से सिक्त हैं; पके दानों के भार से झुके धान के सिरों पर सुग्गों की पाँत बैठी है; सिधरी मछलियों की क़तार खेत की नालियों से तलैया की ओर जा रही है और नदी-किनारे का अच्छा कीचड़ ग्वाल बाल को धूप में शीतलता प्रदान कर रहा है।

अभिनन्द के अपने शब्द हैं, "अच्छ: कच्छेपु पंक:"। डैनियल इंगाल्स यहाँ 'अच्छ' का अर्थ 'स्वच्छ' न करके 'अच्छा' करते हैं और कहते हैं कि यह वस्तुत: संस्कृत कविता पर बोलचाल की भाषा का प्रभाव है। जो हो, 'केदारेभ्य: प्रणालै: प्रविशति शफरीपंक्ति' वर्षा में बंगाल के खेतों का ठेठ चित्र निश्चय ही प्रस्तुत करता है।

इस लोकधर्मी काव्य-परम्परा के अन्य कवियों की रचनाओं में ग्राम जीवन के अन्य पहलुओं का भी सजीव अंकन मिलता है। 'सुभाषितरत्नकोश' में संकलित एक अज्ञात कवि की रचना में ऐसा चित्र है जिसमें पामरों की कौतुकी वृत्ति को रस लेकर उकेरा गया है। खेत के सिरे सहसा ख़रगोश का भागता हुआ जोड़ा दिख जाता है। बस क्या है किसान चिल्ला-चिल्लाकर अपने संगी साथियों को बुलाने लगते हैं। बच्चे-बूढ़े सब भागते हैं एक साथ। दराँती, रस्सी, लाठी जो भी हाथ लगा, हल्ला बोलकर पीछा करते हैं। धान का खेत बिसर जाता है, बिसर जाता है कटाई का काम।

*क्षेत्रोपान्तपलायमान-शशकद्वन्द्वं परीक्ष्यापरान्*
*आहूयातिरसेन कर्षकजनानाबद्ध-कोलाहला:।*
*हस्तारोकपित-दात्र-रज्जु-लगुडैर्वृद्धैरवृद्धै: सह*
*त्यक्त्वा शालिचिकतषामित इतो धावन्त्यमी पामरा:।।*

किन्तु इस काव्यधारा के सबसे मर्मस्पर्शी चित्र वे हैं जिनका सम्बन्ध किसानों की आर्थिक विपन्नता से है। इस प्रकार की अधिकांश कविताओं के केन्द्र में या तो बच्चे हैं या फिर स्त्रियाँ। समूचे संस्कृत काव्य में बच्चों के ऐसे चित्र न मिलेंगे।

लोकधर्मी कविता के इस संसार में वस्त्रहीन बच्चे शीतकाल में भीत पर सिमटती धूप का एक टुकड़ा पाने के लिए आपस में धक्कम-धक्का करते हैं : "सूर्यस्फुरत्कर-करम्बित-भित्तिदेश-लाभाय शीतसमये कलिमाचरन्ते।"

ये बच्चे इस कदर दाने-दाने को मोहताज हैं कि वे दूसरे के घर के द्वार को अपनी नन्ही अँगुलियों से थामकर फिर उन्ही अँगुलियों में छिपते हुए मुँदती-झँपती आँखों से भीतर भोजन करते हुए आदमी को देखते हैं और देखते रह जाते हैं, लाज से बोल नहीं निकल पाते! ''भोक्तार-मर्धनयनेन विलोकयन्ति।''

एक अन्य चित्र। बच्चा भूख से व्याकुल रो रहा है। माँ समझाते हुए कहती है : "मत रो मेरे लाल! आ मेरे पास। आयेगा तेरा भी बाप। देगा कपड़ों के जोड़े। गले का कठुला।" पास ही दीवार से सटा, ख़ाली हाथ आया, परदेसी सुनता रहा घरवाली की बातों को। आँसुओं से भीगा मुख, एक गहरी साँस। उलट पड़े पैर।

इस विषय का अन्तिम चित्र–

*क्षुत्क्षामा: शिशव: शवा इव तनुर्मन्दादरों बान्धवो*
*लिप्ता जर्जरकर्करी जतुलवैर्नो माँ तथा बाधते।*
*गेहिन्या स्फुटितांशुकं घटयितुं कृत्वा सकाकु स्मितं*
*कुप्यन्ती प्रतिवेशिनी प्रतिदिनं सूचीं यथा याचिता।।*

भूख से सूखे शिशु–शव जैसे। रिश्तेदारों से मिला अनादर। बेपनाह टूटी और लाख से जोड़ी गयी गगरी। ये सब मुझे उतना नहीं सालते, जितना टीसता है घरवाली का फटी ओढ़नी सीने के लिए हर दिन पड़ोसिन से सूई माँगना और जवाब में पड़ोसिन का व्यंग से मुसकाना और कुढ़ना!

बच्चों से सम्बन्धित इन अधिकांश कविताओं को अनुवाद के लिए कमलेशदत्त त्रिपाठी ने चुना है। कुल ग्यारह कविताओं में से लगभग आधी कविताओं के केन्द्र में बच्चे हैं।

लोकधर्मी कवियों की दृष्टि इस ग़रीबी के लिए ज़िम्मेदार लोगों पर भी गयी है। एक कविता में स्पष्ट कहा गया है कि निर्दयी भोगपति (जिलाधीश?) की अकारण लूटपाट के कारण कुछ खानदानी लोगों को छोड़ अधिकांश जन गाँव छोड़कर भाग रहे हैं। "कैश्चिद् बीतदयेन भोगपतिना निष्कारणोपप्लुत्-प्रक्षीणैर्निजवंशभूरिति मितैरत्यर्ज्वमाना: कुलै:।।"

कुल मिलाकर इस कविता के बारे में राधावल्लभ त्रिपाठी का यह कथन सटीक है : "एक समूची ज़िन्दगी की तस्वीर यहाँ है–घर-परिवार, गृहिणी, दाम्पत्य,

काम-धन्धों में लगे लोग, किसान-मज़दूर-हलवाहे, लाचार बटोही—ये सब अपने परिवेश के साथ प्रस्तुत हैं। यहाँ पारिवारिक सम्बन्धों, दाम्पत्य, ऋतुओं, उत्सवों आदि का अनुभव ठीक वह नहीं है जो कालिदास, अमरुक आदि की कविता में है। यह कविता गाँवों में, खेत-खलिहानों में, गली-मुहल्लों में रमती है, यहाँ प्रासाद, सौध हर्म्य या राजमार्ग का विश्व नहीं है। यहाँ ग्रीष्म अकाल का प्राणान्तक ताप लेकर उपस्थित होता है, वर्षाएँ अगणित विभीषिकाओं और बाधाओं की बाढ़ का उफान लेकर आती हैं, शीत की बर्फ़ीला हवाएँ असह्य होती हैं। यहाँ अपनी दीनता और भुखमरी से जूझता वह पूरा मनुष्य उठ खड़ा होता है, जिसकी आकांक्षाएँ, स्वप्न और संघर्ष मरते नहीं हैं। परकीया प्रेम का जो छुईमुई-सा संसार अभिजात धारा के कवियों में है, उसकी तुलना में यहाँ गृहिणी की ठोस वास्तविकताओं की बेलौस दुनिया है। बच्चों की दुनिया यह कविता भी उजागर करती है। पर यहाँ सिंह शावकों के दाँत गिनने वाले और चक्रवर्ती बनने वाले वीर बालक नहीं हैं, सर्दी में अकड़ते-ठिठुरते, धूप का एक टुकड़ा पाने को एक-दूसरे को धकियाते-लतियाते बच्चे हैं, यह किसी घर के किवाड़ों की साँस से भीतर भोजन करते आदमी को आँख फाड़-फाड़कर देखने वाले निरीह शिशु हैं, अथवा बरसात में गड्ढों में मछलियाँ पकड़ते लड़के हैं। सिर्फ़ दीनता और लाचारी में इस कविता का पर्यवसान नहीं होता। यहाँ आनन्द के तार भी जुड़ते हैं और दरबारी कविता के लिजलिजे आकण्ठ शृंगारमग्न शास्त्रीयता के घेरे में निष्प्राण होते जा रहे अवास्तविक विलास की तुलना में यह आनन्द जीवन के सच्चे रस से उपजा है।"

डैनियल इंगाल्स ने आरम्भ में 'सुभाषितरत्नकोश' के अंग्रेज़ी अनुवाद का शीर्षक 'संस्कृत दरबारी कविता का संकलन' (An Anthology of Sanskrit Court Poetry) रखा था। समीक्षकों ने इस शीर्षक के औचित्य पर आपत्ति की। अंग्रेज़ी अनुवादक को उचित ही अपनी भूल का अहसास हुआ और पुस्तक के संक्षिप्त-संशोधित संस्करण के नाम से 'कोर्ट' यानी 'दरबार' शब्द हटा दिया गया। पूर्ववर्ती नाम के पक्ष में दलील अब भी दी गयी, किन्तु इसमें सन्देह के लिए तनिक भी गुंजाइश नहीं है कि 'सुभाषितरत्नकोश' की विशिष्ट लोकधर्मी कविता दरबारी काव्य की प्रकृति से नितान्त भिन्न है।

वस्तुतः योगेश्वर और उनके साथी कवियों का बुनियादी काव्यशास्त्र भिन्न है। 'सुभाषितरत्नकोश' के जागरूक संकलनकर्ता विद्याकर स्वयं इस काव्यशास्त्र के प्रति सजग थे। वैसे तो लोकधर्मी कविताएँ इस संकलन के अन्तर्गत अन्य 'व्रज्याओं'

में भी बिखरी हुई हैं किन्तु इस प्रकार की कविताओं के लिए उन्होंने 'जाति व्रज्या' नाम से एक विशिष्ट वर्ग का विधान किया। डैनियल इंगाल्स ने इस वर्ग का अनुवाद 'कैरेक्टराइज़ेशंस' किया है, जो मूल आत्मा के काफ़ी निकट है। भाषान्तर के पीछे समझ यह है कि इन कविताओं में 'व्यक्ति'–जीते-जागते मूर्त 'विशेष' को महत्त्व मिला है–सम्भवतः पहली बार। यह एक नये यथार्थवाद का उदय है। संस्कृत कविता के परिपाटी विहित 'आदर्शवाद' से भिन्न।

सातवी-आठवीं शताब्दी की इस संस्कृत कविता में 'व्यक्ति' का उदय किन सामाजिक परिस्थितियों के कारण हुआ और इस व्यक्ति-वैशिष्ट्य का दार्शनिक आधार क्या है–ये प्रश्न निश्चय ही महत्त्वपूर्ण हैं और इसलिए विचारणीय भी। इन प्रश्नों को अन्य अवसर के लिए सुरक्षित रखते हुए फिलहाल काव्यशास्त्र के स्तर पर ही विचार करना पर्याप्त होगा।

'सुभाषितरत्नकोश' में जो 'जाति व्रज्या' पद है उसका पूर्वपद 'जाति' अलंकार-शास्त्र में एक अरसे से प्रयुक्त होता रहा है। बहुत सम्भव है कि विद्याकर ने अलंकारशास्त्रीय 'जाति' के नाम पर ही इस व्रज्या का नामकरण किया है। राधावल्लभ त्रिपाठी ने इस प्रकार की कविता की 'भूमि' स्पष्ट करने के लिए 'जाति' नामक अलंकार का इतिहास निरूपण उचित ही किया है।

काव्य के क्षेत्र में 'जाति' को महत्त्व देने वाले पहले आलंकारिक दण्डी हैं। दण्डी ने 'जाति' के साथ 'स्वभावोक्ति' संज्ञा का भी प्रयोग किया है।

*स्वभावोक्तिश्च जातिश्चेत्याद्या सालंकृतिर्यथा।* (काव्यादर्श 2/8)

दण्डी के लिए 'स्वभावोक्ति' और 'जाति' एक ही अलंकार के दो नाम हैं। महत्त्वपूर्ण यह है कि वे इसे 'आदि अलंकार' मानते हैं। उनके अनुसार शास्त्र में इसका साम्राज्य है और काव्य में भी अभीष्ट है। (वही 2/13) इसका लक्षण है पदार्थों की नाना अवस्थाओं के अनुसार ऐसा रूप वर्णन जिससे वे साक्षात् गोचर हो जायें एक प्रकार से यह जाति, क्रिया, गुण और द्रव्य के अनुसार 'स्वभाव' को ही मूर्त करने का प्रयास है।

इस प्रकार 'जाति' अथवा 'स्वभावोक्ति' के सफल निर्वाह के लिए दो बातें जरूरी हैं–स्वभाव और साक्षात्कार। इन दोनों में से यदि एक का अभाव हुआ तो स्वभावोक्ति न होगी।

दण्डी की परिभाषा में उद्‌भट ने 'काव्यालंकार-सार-संग्रह' (3/5) में एक और विशेषता रेखांकित की। उनके अनुसार स्वभावोक्ति के लिए 'जाति, क्रिया, गुण और प्रत्य' इन चारों में सबसे महत्त्वपूर्ण क्रिया है।

*क्रियायां संप्रवृत्तस्य हेवाकानां निबन्धनम्।*
*कस्यचिन्मृगडिम्भादेः स्वभावोक्तिरुदाहृता।।*

अर्थात् क्रिया में प्रवृत्त किसी मृगशावक आदि के अपनी जाति के अनुरूप अभिनिवेशों का निबन्धन स्वभावोक्ति है।

अपनी बात को स्पष्ट करने के लिए उद्भट ने एक उदाहरण भी दिया। वह इस प्रकार है–

*क्षणं नष्ट्वार्धवलितः शृंगेणाग्रे क्षण नुदन्।*
*लोलीकरोति प्रणयादिमामेष मृगार्भकः।।*

माता पार्वती के स्नेह में निर्भर यह मृगशिशु एक क्षण अपने शरीर को आधा मोड़कर छिपाता हुआ, दूसरे क्षण सींग के अग्रभाग से उन पर प्रहार करता हुआ खिलवाड़ में उनको व्याकुल करता है।

यहाँ मृगशिशु का रूप इसलिए मूर्तिमान होता है कि उसकी एकाधिक क्रियाओं का वर्णन किया गया है–शरीर को आधा मोड़ना, फिर छिपाना और दूसरी ओर सींग से प्रहार करना आदि।

वामन ने स्वभावोक्ति को लोकजीवन से जोड़ते हुए अपना असन्दिग्ध समर्थन दिया। वामन का उदाहरण उल्लेखनीय है–

*पुरः पाण्डुच्छायं तदनु कपिलिम्ना कृतपदं*
*ततः पाकोत्सेकादरुणगुणसंसर्गितवपुः।*
*शनैः शोषारम्भे स्थपुटनिजविष्कम्भविषमं*
*वने वीतामोदं बदरमरसत्वं कलयति।।*

चित्र बेर के फल का है। पहले पाण्डुवर्ण, फिर कपिल वर्ण, फिर अरुणाई और अन्त में पेड़ पर फूटना और गन्धहीन, रसहीन होकर झर जाना।

रुद्रट ने स्वभावोक्ति के अन्तर्गत दारिद्र्य, व्याधि, बुढ़ापा, शीत, ग्रीष्म आदि से होने वाले दुःखों और वीभत्स-भयावह आदि को भी शामिल करने की सलाह दी। राजशेखर ने धान कूटने वाली वधुओं का सजीव चित्र खींचकर स्वभावोक्ति को समृद्ध किया और भोज ने 'शृंगार प्रकाश' में स्वभावोक्ति के विस्तृत भेदोपभेदों का निरूपण करने के साथ ही 'सरस्वतीकण्ठाभरण' में अनेक सजीव उदाहरण भी प्रस्तुत किये। इसके अतिरिक्त भोज ने एक और काम किया। उन्होंने भामह द्वारा स्वभावोक्ति के खण्डन का जवाब दिया और जिस उदाहरण को भामह ने काव्य मानने से इनकार किया, उसका काव्यत्व सिद्ध किया।

*चिल्लाता हुआ, पुकारता हुआ, गोल-गोल चक्कर काटता हुआ,*
*रोने का स्वर निकालता हुआ, किसान का छोकरा खेत में*
*घुस आये गायों के झुण्ड को हाँककर भगा रहा है।*

भामह के अनुसार यहाँ एक पदार्थ के स्वभाव अर्थात् प्रकृत अवस्था का वर्णन तो है पर इसमें कोई अलंकार नहीं है, बल्कि यह सिर्फ़ 'वार्ता' है जिसे काव्य न कहा जायेगा। भोज ने भामह के विपरीत किसान के लड़के की सहज चेष्टाओं के इस वर्णन को काव्य के रूप में स्वीकार किया।

इस प्रकार एक ओर यदि स्वभावोक्ति समर्थक काव्यशास्त्रियों की परम्परा दण्डी से चलकर वामन, उद्भट, रुद्रट, भोज से होती हुई राजशेखर तक आती है, तो दूसरी ओर स्वभावोक्ति विरोधी परम्परा का भी विकास हुआ। इस परम्परा की परिणति पण्डितराज जगन्नाथ में हुई, जिन्होंने स्वभावोक्ति को अलंकारों के अन्तर्गत परिगणित करने के योग्य भी नहीं समझा और इसलिए उसका उल्लेख तक न किया। काव्यशास्त्र में प्रधानता वस्तुतः स्वभावोक्ति विरोधी परम्परा की है। आनन्दवर्धन, अभिनवगुप्त, मम्मट, विश्वनाथ, पण्डितराज जगन्नाथ-जैसे प्रतापी आचार्य इसी परम्परा में आते हैं। काव्यशास्त्र के आचार्यों की यह महान परम्परा आपाततः तो स्वभावोक्ति का विरोध अलंकार के शास्त्रीय स्तर पर ही कर रही थी, किन्तु वस्तुतः इस प्रक्रिया में स्वभावोक्ति की अन्तर्वस्तु भी तिरस्कृत हो रही थी। यह अन्तर्वस्तु है लोकजीवन का चित्रण। कविता का लोकधर्म। स्वभाव का अर्थ ही है लोकधर्म। भरतमुनि का भी कहना है : स्वभावो लोकधर्मी तु। इसलिए स्वभावोक्ति-सम्बन्धी समूचा विवाद संस्कृत काव्यशास्त्र के इतिहास में प्रभुत्वशाली विचारधारा द्वारा 'दूसरी परम्परा' के दमन के उदाहरणों में से एक है।

किन्तु 'जाति' अलंकार को लोकधर्मी काव्य का एकमात्र लक्षण समझना ग़लत होगा। स्वयं सुभाषित-रत्नकोश की 'कविस्तुति व्रज्या' में एक श्लोक ऐसा है जिसमें 'जातिभाज' अधिसंख्या कवियों पर कड़ी टिप्पणी की गयी है—

*सन्ति श्वान इवासंख्या जातिभाजो गृह गहे।*
*उत्पादका नबहवः कवयः शरभा इव।।*

जाति काव्य लिखने वाले कवि श्वानों के समान असंख्य हैं और घर-घर मिलते हैं। शरभ जैसे उत्पादक (सर्जक) कवि बहुत नहीं हैं।

तात्पर्य यह कि जाति काव्य में भी महत्त्व सर्जनशीलता का है, जो निश्चय ही कठिन कविकर्म है।

सहृदय केन्द्रित रस-ध्वनि की काव्यशास्त्रीय परम्परा मूलतः अभिजात काव्य-दृष्टि की सृष्टि थी और व्यवहार में अभिजात अभिरुचि की पोषक भी। संस्कृत काव्याशस्त्र में इस रस-दृष्टि की क्रमिक प्रतिष्ठा और अन्ततः वर्चस्व अकारण और आकस्मिक घटना नहीं है। दर्शन में वेदान्त और काव्यशास्त्र में रस सिद्धान्त की विजय समानान्तर घटनाएँ हैं और परस्पर सम्बद्ध भी। लक्ष्य दोनों का एक है। लोकधर्मी परम्परा का दमन। संस्कृत काव्यशास्त्र के ग्रन्थों में कविता के जो उदाहरण प्रायः दिये गये हैं, उनसे स्पष्ट हो जाता है कि वे किस सामाजिक वर्ग और किस सौन्दर्याभिरुचि का पोषण करते हैं। जहाँ कालिदास की कविताएँ भी दोष-निरूपण के लिए उद्धृत की जायें, वहाँ अपेक्षाकृत छोटे कवियों की क्या बिसात? अश्वघोष–जैसे कवि के लिए यदि इस काव्यशास्त्र में स्थान न हो तो कोई आश्चर्य नहीं। फिर योगेश्वर और उनके अन्य साथियों की किसी कविता को यहाँ ढूँढ़ने का तो सवाल ही नहीं उठता।

संस्कृत काव्यशास्त्र की प्रभुत्वशाली परम्परा के दमन के सबसे मनोरंजक शिकार धर्मकीर्ति हैं।

आनन्दवर्धन ने 'ध्वन्यालोक' में तृतीय उद्योत के अन्तर्गत गुणीभूत व्यंग्य के प्रसंग में धर्मकीर्ति का यह छन्द उद्धृत किया है–

*लावण्यद्रविणव्ययो न गणितः क्लेशो महान् स्वीकृतः।*
*स्वच्छन्दस्य सुखं जनस्य वसतश्चिन्तानलो दीपितः।।*
*एषापि स्वयमेव तुल्यरमणाभावाद्वराकी हता।*
*कोऽर्थश्चेतसि वेधसा विनिहितस्तन्व्यास्तनुः तन्वता।।*

सरलार्थ यह कि "लावण्य धन के अपव्यय को नहीं गिना, महान क्लेश स्वीकार किया, सुखपूर्वक निवास करने वाले स्वच्छन्द व्यक्ति के हृदय में चिन्ता की आग प्रदीप्त कर दी। वह बेचारी स्वयं ही तुल्य रमण के अभाव में मारी गयी। इस तन्वी को बनाने में ब्रह्मा ने न जाने अपने चित्त में कौन-सा प्रयोजन रखा था।"

आनन्दवर्धन ने इस कविता पर अप्रत्याशित रूप से अतिरिक्त विस्तार से विचार किया है। पूरे विवेचन का शास्त्रीय सार यह है कि यहाँ ब्याजस्तुति अलंकार नहीं, बल्कि अप्रस्तुत प्रशंसा है। अप्रस्तुत प्रशंसा साबित करने का तात्पर्य यह है कि यह कविता किसी सुन्दरी के बारे में नहीं, बल्कि अपनी कविता के बारे में स्वयं

कवि धर्मकीर्ति का परिदेवित अथवा विलाप है। इस मत की पुष्टि में प्रमाण-स्वरूप धर्मकीर्ति की ही एक अन्य कविता प्रस्तुत की गयी है, जिसमें धर्मकीर्ति कहते हैं-

*मतं मम जगत्यलब्धसदृशप्रतिग्राहकं*
*प्रयास्यति पयोनिधेः पय इव स्वदेहे जराम्।।*

अर्थात् 'जिसका समान प्रतिग्राहक प्राप्त नहीं होता इस प्रकार का हमारा मत महासागर के जल के समान अपने शरीर में ही ज़रा को प्राप्त हो जायेगा।'

धर्मकीर्ति की इस उक्ति के आलोक में 'लावण्य-द्रविणव्ययो..' की तन्वी को देखें तो स्पष्ट है कि वह सुन्दरी और कोई नहीं बल्कि धर्मकीर्ति स्वयं है और उसका लावण्य भी धर्मकीर्ति की कविता ही है। न उसे रमण योग्य कोई पुरुष मिला न इसे कोई सही प्रतिग्राहक। तुल्य रमण के अभाव में वह क्षीण हो रही है और सदृश प्रतिग्राहक के अभाव में धर्मकीर्ति की कविता या फिर मत।

देखिए तो आनन्दवर्धन कितनी दूर की कौड़ी ले आये। बुद्धि का चमत्कार इसे कहते हैं। यह दूसरी बात है कि 'सुभाषितरत्नकोश' में यही कविता 'युवति वर्णन व्रज्या' के अन्तर्गत संकलित है और 'सदुक्तिकर्णामृत' में 'शृंगार प्रवाह' के अन्तर्गत 'स्त्री रूपम्' वीचि में। स्पष्ट है कि विद्याकर और श्रीधरदास ने आनन्दवर्धन की पाण्डित्यपूर्ण व्याख्या पर कान नहीं दिया।

किन्तु आनन्दवर्धन के विवेचन में परोक्ष रूप से एक और चोट है और वह चोट ही सम्भवतः सबसे घातक है। संकेत यह है कि 'तन्वी' सम्बन्धी कविता वस्तुतः धर्मकीर्ति का पागल-प्रलाप है। शास्त्रीय दृष्टि से 'अप्रस्तुत प्रशंसा' में भी अप्रस्तुत का प्रस्तुत के साथ कुछ-न-कुछ सम्बन्ध होना चाहिए, अन्यथा वह पागल का प्रलाप हो जायेगा। कहने की आवश्यकता नहीं कि 'तन्वी' और धर्मकीर्ति के बीच का सम्बन्ध बहुत स्पष्ट नहीं है। सम्बन्ध स्पष्ट हो भी तो कैसे? सम्बन्ध हो तब तो स्पष्ट हो। जब वह सम्बन्ध ही कल्पित है तो फिर उसकी स्पष्टता-अस्पष्टता का प्रश्न कहाँ?

गरज़ कि एक अच्छी-ख़ासी कविता पागल का प्रलाप करार दे दी गयी। यह है प्रभुत्वशाली काव्यशास्त्र का प्रताप!

लेकिन इस कविता पर प्रहार की कहानी यहीं ख़त्म नहीं हुई। क्षेमेन्द्र की दृष्टि एक बार फिर इस कविता पर पड़ी। आख़िर क्षेमेन्द्र आनन्दवर्धन की ही शिष्य-परम्परा में थे। 'औचित्य विचार-चर्चा' में पदौचित्य पर विचार करते हुए उन्होंने 'तन्वी' शब्द के औचित्य के सम्मुख प्रश्नचिह्न लगाया। क्षेमेन्द्र की दृष्टि में कवि

ने अनुप्रास के मोह से 'तन्व्यस्तनुं तन्वता' लिख दिया। 'तन्वी' का प्रयोग सिर्फ़ विरहिणी नायिका के लिए विहित है। इस नायिका को कोई तुल्य रमणार्थी अभी तक मिला ही नहीं, इसलिए विरह का प्रश्न उसके सन्दर्भ में उठता ही नहीं। इस प्रकार प्रस्तुत कविता में 'तन्वी' पद का प्रयोग अनुचित है। यह रहा धर्मकीर्ति पर पदौचित्य-दोष का आरोप!

अब क्षेमेन्द्र को कोई कैसे समझाये कि उस 'तन्वी' नायिका का अकेलापन तो विरह से भी अधिक बड़ा और दीर्घकालिक है, इसलिए उसे तन्वी कहना कोई ऐसा अक्षम्य अपराध नहीं! जो हो मानना पड़ेगा कि इस कविता में जो दोष आनन्दवर्धन को भी न दिखा उसे क्षेमेन्द्र की सूक्ष्म दृष्टि ने देख लिया! जो छिद्र महागुरु की दृष्टि से छूट गया, उस पर प्रशिष्य ने अन्ततः उँगली रख ही दी। मरे को मारे शाहमदार!

शायद ऐसे ही प्रहारों से पीड़ित होकर धर्मकीर्ति ने कभी अपनी कविता के बारे में तो कभी अपने दर्शन के बारे में कुछ मार्मिक उक्तियाँ कही हैं। ये उक्तियाँ अब लोकधर्मी कविता की दूसरी परम्परा के सुभाषितों में ही सुरक्षित रह गयी हैं। एक जगह वे कहते हैं : वाल्मीकि ने वानरों के पत्थरों से सागर पटवा दिया और व्यास ने पार्थ के शरों से; फिर भी उन दोनों में किसी को अत्युक्ति नहीं दिखती। यहाँ तो मैं शब्द और अर्थ को तराजू पर तोल-तोलकर काव्य-रचना करता हूँ फिर भी लोग उसमें दोष-दर्शन करते हैं। प्रतिष्ठे! तुम्हें नमस्कार! तुभ्यं प्रतिष्ठे नमः।

किन्तु इससे भी मार्मिक कविता निम्नलिखित है–

*वहति न पुरः कश्चित्पश्चान्न कोऽप्यनुयाति मां*
*न च नवपदक्षुणो मार्गः कथं न्वहमेककः।*
*भवतु विदितं पूर्वव्यूढोऽधुना खिलतां गतः*
*स खलु बहलो वामः पन्था मया स्फुटमुर्जितः।।*

इस कविता के भाषान्तर भिन्न-भिन्न अर्थबोध के आधार पर किये गये हैं– विशेषतः 'उर्जितः' को 'ऊर्जितः' मान लिया गया है। किन्तु डैनियल इंगाल्स का अनुवाद ही संगत प्रतीत होता है। तदनुसार कविता का सीधा हिन्दी गद्यान्तर इस प्रकार है–

*न कोई सवार आगे जा रहा है, न कोई पीछे ही आ रहा है,*
*मार्ग पर नये पदचिह्न भी नहीं हैं।*
*फिर मैं अकेला क्यों?*
*आह ! समझा*
*पूर्ववर्तियों का बनाया मार्ग अब काफ़ी रौंदा जा चुका है*
*और वह चौड़ा तथा सुगम वामपन्थ मुझसे छूट गया।*

पता नहीं वह 'वामपन्थ' क्या है? कहाँ है? सन्दर्भ ज्ञात हो तो कुछ स्पष्ट हो। स्पष्ट है तो अकेलेपन का गहरा अहसास। और तल्खी भी। क्या यह कविता भी आनन्दवर्धन के आरोप को पुष्ट नहीं करती? लेकिन कहीं ऐसा तो नहीं कि आरोपों की पूर्व परम्परा ही कवि की इस मनःस्थिति का कारण भी है?

'सुभाषितरत्नकोश' के 'जाति व्रज्या' खण्ड में धर्मकीर्ति की कोई कविता संकलित नहीं है। 'जाति' अथवा 'स्वभावोक्ति' पद्धति पर लिखी उनकी कोई कविता उपलब्ध भी नहीं। शायद वे इस पद्धति के कवि थे भी नहीं। उपलब्ध कविताएँ प्रायः क्लासिकी परम्परा में ही हैं। फिर भी लोकधर्मी सुभाषित-संग्रहों में ही वे स्थान पा सके तो कोई कारण होगा। इस देश से आख़िर उनकी सभी रचनाएँ लुप्त क्यों हो गयीं? दर्शन के ग्रन्थ लुप्त, काव्य-कृतियाँ भी लुप्त। शायद उन्होंने अलंकार शास्त्र का भी कोई ग्रन्थ लिखा था। भला हो राहुल सांकृत्यायन का कि उनके जीवट से धर्मकीर्ति के दर्शन-ग्रन्थों का उद्धार हो गया। सुभाषितों के सौजन्य से कुछ कविताएँ भी सुलभ हो ही गयीं। रह गया तो एक अलंकार शास्त्र का ग्रन्थ। उद्धार कोई कर पायेगा?

क्या रहा होगा उस अलंकार शास्त्र के ग्रन्थ में, जिसके कारण वह लोप की गति को प्राप्त हुआ? आनन्दवर्धन ने 'ध्वन्यालोक' के तृतीय उद्योत का अन्त जिस प्रकार धर्मकीर्ति के अनाख्येयवाद के खण्डन के साथ किया है, उससे स्पष्ट है कि धर्मकीर्ति का मत 'ध्वनि सिद्धान्त' के लिए बहुत बढ़ी चुनौती है–विशेषतः शब्दार्थ-सम्बन्ध के दार्शनिक स्तर पर। तो क्या प्रभुत्वशाली अभिजात वर्ग के काव्य सिद्धान्त को चुनौती देकर धर्मकीर्ति ने लोकधर्मी काव्य-परम्परा का पथ प्रशस्त करने में परोक्षतः योग दिया था? कौन जाने।

फिर भी यह बात रह-रहकर खटकती है विह वामपन्थ धर्मकीर्ति से क्यों छूटा?

प्रसंगवश 'सुभाषितरत्नकोश' में डी.डी. कोसम्बी की भूमिका याद आ रही है। संकलन की प्रकृति पर विचार करते समय उन्होंने 'जाति व्रज्या' को सर्वाधिक आकर्षक माना है, क्योंकि 'लीरिक' विषय के समतुल्य 'लीरिक' शैली में अति साधारण क्षणिक घटना के सौन्दर्य को बाँधकर हमारे लिए सुरक्षित कर दिया गया है। संस्कृत कविता के लिए ये विषय निश्चय ही काफ़ी असाधारण और अपवाद स्वरूप हैं। कोसम्बी ने यह भी लक्षित किया है कि इस विधा की कविता विद्याकर के अपने आनन्द का विषय है क्योंकि उन्होंने इस चयन में उदारता बरती है। इसके

बाद उन्होंने ग्राम जीवन की कविताओं और उनमें भी योगेश्वर की कविताओं के सम्मोहन को स्वीकार किया है। फिर भी कुल मिलाकर कोसम्बी को यह शिकायत है कि इन समस्त क्रिया–कलापों में कवि प्रेक्षक मात्र है, यहाँ तक कि कल्पना में भी वह इन सबका सहभागी नहीं बनता। यही नहीं, इन कविताओं में चित्रित ग़रीबी भी केवल बौद्धिक वर्ग के जीवन की वास्तविकता प्रतीत होती है। कोसम्बी की दृष्टि में यह ग़रीबी सर्वहारा या 'पामर' की सच्ची ग़रीबी नहीं है, क्योंकि कवि उस समुदाय से कोई रिश्ता महसूस नहीं करता। अन्तिम निर्णय यह कि अपने सारे सम्मोहन के बावजूद 'जाति व्रज्या' फाउस्टी क्षण की शानदार सृजनशीलता का दावा नहीं कर सकती। कारण, युग की ऐतिहासिक सीमा। ये कवि इतिहास के उस युग को पीछे छोड़ आये थे जब जीवित होने का शुद्ध आह्लाद गान के रूप में फूट पड़ता!

कोसम्बी की दृष्टि में भारतीय इतिहास की आठवीं शताब्दी के बाद की कम-से-कम तीन-चार शताब्दियाँ पतन काल हैं–ऐसा पतन काल जिसमें नये विकासमान वर्ग का उदय नहीं हुआ। ऐसी स्थिति में किसी प्रकार की श्रेष्ठ काव्य-रचना कोसम्बी के क़यास के बाहर की चीज़ है। दुर्भाग्य से 'सुभाषितरत्नकोश' और 'सदुक्तिकर्णामृत' के लोकधर्मी कवियों का रचना-काल यही 'पतनोन्मुख युग' है। युग की अपनी ऐतिहासिक 'परिकल्पना' अथवा 'पुनर्निर्मिति' और प्रस्तुत कविता में असामंजस्य देखकर इतिहासकार कोसम्बी अपनी ऐतिहासिक परिकल्पना पर पुनर्विचार करने की आवश्यकता नहीं समझते, उल्टे उस कविता पर ही फ़ैसला दे डालते हैं। कितनी बड़ी विडम्बना है कि जिस विद्वान को 'सुभाषितरत्नकोश' की लोकधर्मी कविता के उद्धार का श्रेय है, उसी का ध्येय इस कविता का तिरस्कार है।

कविता के मूल्यांकन की इस 'समाजशास्त्रीय' दृष्टि का कठमुल्लापन इतना साफ़ है कि अभारतीय होते हुए भी डैनियल इंगाल्स ने प्रधान सम्पादक की हैसियत से 'आमुख' में इस मूल्यांकन-दृष्टि से दृढ़ असहमति प्रकट करना ज़रूरी समझा। असहमति का कारण यह नहीं है कि इंगाल्स उन कविताओं के कलात्मक गुण को कोसम्बी के मूल्यांकन से उच्चतर मानते हैं; बल्कि उन्हें लगता है कि वर्ग-सिद्धान्त, एक हद तक किसी साहित्य की विषयवस्तु की व्याख्या कर सकने की स्थिति में होते हुए भी उसकी श्रेष्ठता का अत्यन्त अनुपयुक्त मार्गदर्शक है।

आगे चलकर अपने अंग्रेज़ी अनुवाद की भूमिका में डैनियल इंगाल्स ने कोसम्बी के मूल्यांकन का खण्डन विस्तार से किया और दो टूक शब्दों में कहा कि

संस्कृत कविता के मामले में पश्चिम के सुप्रसिद्ध भारतविद्याविद ए.बी. कीथ यदि हृदय-वंचित कोरे बुद्धिबली थे तो कोसम्बी के सिद्धान्त ने संस्कृत कविता के साथ कीथ से भी अधिक अन्याय किया है। इंगाल्स की दृष्टि में कोसम्बी का संस्कृत काव्य का सिद्धान्त भारत के सन्दर्भ में एंगेल्स और प्लेखानोव के उन सिद्धान्तों को लागू करने का प्रयास है जिनके अनुसार साहित्य वर्गजन्मा है। बरअक्स इसके उन्होंने इस संस्कृत कविता को स्वयं संस्कृत काव्यशास्त्र की दृष्टि से समझने की सलाह दे डाली। सलाह देते समय सम्भवतः इंगाल्स के सामने इस कविता के साथ संस्कृत काव्यशास्त्र के आक्रामक रुख़ की तस्वीर न थी। साहित्य की वर्ग-दृष्टि से भी इंगाल्स का बिदकना समझ में आने लायक है। किन्तु इन तमाम बातों के कारण कोसम्बी की वर्ग-दृष्टि का कठमुल्लापन नज़रअन्दाज़ नहीं किया जा सकता। साहित्य के मामले में दोष मार्क्स की वर्ग-दृष्टि का उतना नहीं, जितना कोसम्बी की वर्ग-दृष्टि सम्बन्धी अपनी समझ का है। शायद कोसम्बी की यह सीमा नितान्त निजी नहीं, बल्कि 1955 तक के प्रचलित मार्क्सवाद की सीमा है। प्रसंगवश यह याद दिलाना ज़रूरी है कि तब तक सोवियत संघ की कम्युनिस्ट पार्टी की बीसवीं कांग्रेस न हुई थी और स्तालिन का मूर्तिभंजन भी न हुआ था। वैसे इस ऐतिहासिक मोड़ के बाद भी, यहाँ तक कि आज भी, अनेक मार्क्सवादी अपने सोच में मूलतः स्तालिनवादी ही हैं, किन्तु कोसम्बी के उस काव्य निर्णय को इस सन्देह का लाभ देना अनुचित न होगा।

जहाँ तक लोकधर्मी संस्कृत कविता की नियति का प्रश्न है, अतीत में यदि उसे अभिजात काव्य-शास्त्र से क्षति पहुँची तो आधुनिक युग में जिस मार्क्सवाद से न्याय की उम्मीद थी उसने भी एक हद तक निराश ही किया। कवि धर्मकीर्ति को समानधर्मा न आनन्दवर्धन में मिला, न डी.डी. कोसम्बी में। ग़नीमत इतनी है कि 'मार्क्सवाद' अभी अपने यहाँ प्रभुत्व की स्थिति में नहीं है। यही नहीं बल्कि वह कठमुल्लापन से क्रमशः मुक्त होता हुआ ठेठ भारतीय यथार्थ से जूझने का कठिन प्रयास कर रहा है। इसलिए आज के धर्मकीर्ति को निराश होकर 'कथन्वहमेकक:' कहने की आवश्यकता नहीं है। क्या हमारे नागार्जुन को कभी किसी ने ऐसा कहते सुना है? कवि नागार्जुन के सामने लोकधर्मी कवियों की लम्बी परम्परा है। हिन्दी में भी। संस्कृत में भी। धर्मकीर्ति को अपने पीछे आने वाले जिन कवियों का अहसास न था, वे कवि अब नागार्जुन के सामने प्रत्यक्ष हैं। 'सुभाषितरत्नकोश'

और 'सदुक्तिकर्णामृत' के योगेश्वर-अभिनन्द आदि एक दर्जन से अधिक कवि। इस काव्य परम्परा पर नये पैरों के भी निशान साफ़ दिखायी पड़ रहे हैं। पीछे आने वाले युवा कवियों का भी एक सिलसिला जारी है। धर्मकीर्ति के शब्दों में 'स खलु बहलो वामः पन्था।' यह लोकधर्मी काव्य है। कविता की दूसरी परम्परा?

# संस्कृत काव्यशास्त्र

## नामवर सिंह के कक्षा-व्याख्यान

**दिनांक 05.03.1986**

**विषय-राजशेखर**

राजशेखर का समय–नौवीं शताब्दी का अन्त एवं दसवीं शताब्दी का आरम्भ। ये कनौज के राजा महिपाल के गुरु थे। कश्मीर के बाद कनौज साहित्य का बड़ा केन्द्र था। ये अनेक बातों में अनेक आचार्यों से भिन्न हैं। राजशेखर का छद्मनाम यायावर था।

[मलय = पहाड़। यह द्रविड़, तमिल का शब्द है। श्री-त्रि। तिरुपति = श्रीपति = शंकर।

मलयानिल = दक्षिण के पहाड़ों (जहाँ चन्दन आदि होते हैं) से चलने वाली हवा।]

अवन्ति सुन्दरी–राजशेखर की पत्नी। कवयित्री थी। राजशेखर ने कहा कि–

(1) पुरुषों की तरह स्त्रियाँ भी कविता लिख सकती हैं। दसवीं शताब्दी में ऐसा माननेवालों का उदाहरण नहीं मिलता। यानी उन्होंने माना कि नारियों में भी प्रतिभा होती है, हो सकती है।

(2) निम्न जाति में पैदा हुए लोग भी कवि हुए हैं और उच्च कोटि के कवि हुए हैं।

राजशेखर की ये दो बातें उन्हें अन्य आचार्यों से विशिष्ट साबित करती हैं। उन्होंने हर्षवर्धन के दरबार के चण्डाल कवि दिवाकर तथा कुम्हार कवि द्रोण का नाम लिया है। द्रोण को 'व्यासस्पर्धी' कवि कहा है।

वाल्मीकि एवं कालिदास एक ही परम्परा के कवि नहीं हैं। वाल्मीकि के यहाँ करुणा प्रमुख है, कालिदास के यहाँ शृंगार। राजशेखर ने अपने को वाल्मीकि और

भवभूति की परम्परा का कवि कहा। कालिदास का नाम नहीं लिया। कहा जाता है कि वाल्मीकि ही बाद के जन्म में भवभूति और राजशेखर हुए। यानी, राजशेखर वाल्मीकि के परवर्ती अवतार थे।

राजशेखर आचार्य ही नहीं, रचनाकार भी थे। नाटक भी लिखा–'कर्पूरमंजरी'।

**भाषाओं के बारे में राजशेखर के विचार-**

- लोकभाषा के महत्त्व को स्वीकारा।
- प्राकृत को संस्कृत की जननी कहा।
- अपभ्रंश को 'भव्य भाषा' कहा जिसे लोग भ्रष्ट भाषा कहते थे।
- पैशाची ( प्राकृत का दूसरा नाम, भूत भाषा ) को 'सरस रचनम' कहा, यानी सरस रचनावाली भाषा।

(पिशाच - पिश + आश / आच। कच्चे मांस खाने वाले। पिशाच कोई जनजाति रही होगी। अविकसित जाति। कोई भूत नहीं। पिशाच मायने लेखक ; रूसी भाषा में )

'वड्डकहा' पैशाची का एकमात्र ग्रन्थ है। उसका सिर्फ़ एक खण्ड बचा है। इसी का अनुवाद संस्कृत में वृहतकथा नाम से हुआ है। इतनी सरस भाषा थी कि 'वड्डकहा' को पशु-पक्षी भी अनाहार रहकर, बिना खाए-पिए भी सुनते रहे।

राजशेखर–'काव्यमीमांसा'।

यह सामान्य काव्यशास्त्र ग्रन्थों से भिन्न है। यह भरत के नाट्यशास्त्र की परम्परा में है। इस ग्रन्थ का केवल एक खण्ड मिलता है–'कवि रहस्य', जिसके 18 अध्याय हैं।

पहले अध्याय में एक महत्त्वपूर्ण बात कही है। ब्रह्मा ने काव्य के अनेक भागों को अनेक आचार्यों/शिष्यों में बाँट दिया, विकास करने के लिए।

रस सिद्धान्त के प्रवर्तक नंदिकेश्वर थे। स्वयं भरत ने लिखा है। 'रूपक निरूपण' के प्रवर्तक भरत।

'कवि रहस्य' के तीसरे अध्याय में राजशेखर ने 'काव्य पुरुष' के जन्म की कथा कही है, जिसका शरीर शब्दार्थ है। मुख संस्कृत भाषा और पैर (चरण) पैशाची भाषा है। वक्ष मिश्र भाषाएँ हैं। रोएँ छन्द और आत्मा रस है।

'काव्य-पुरुष' के साथी के लिए 'साहित्य विद्या' नामक कन्या पैदा की गयी और इन दोनों के परिणय से साहित्य रचना का जन्म हुआ। इन दोनों ने विभिन्न प्रदेशों का भ्रमण किया जिससे रीतियों और वृत्तियों का जन्म हुआ।

काव्य हेतुओं में तीन की चर्चा की जाती है–प्रतिभा, व्युत्पत्ति और अभ्यास। राजशेखर ने 'प्रतिभा' के दो भेद किये। कारयित्री और भावयित्री। Creative genius और भावन, समालोचना। भावुक–sentimental। भावक–जो ग्रहण करता है, Receiver। ग्रहणशीलता, संवेदनशीलता तथा अच्छे-बुरे का विवेक। sensitive critique।

दोनों प्रतिभावों के आपसी सम्बन्धों के बारे में कालिदास को उद्धृत करते हुए राजशेखर ने दोनों को एक-दूसरे से भिन्न बताया। एक का कार्य है–शब्द रचना और दूसरे का काव्यास्वादन। दोनों प्रकार के गुणों को महत्त्वपूर्ण माना है। एक पत्थर सोना उत्पन्न करता है और दूसरा पत्थर (कसौटी) उसे जाँचता है। अत: दोनों महत्त्वपूर्ण हैं। दोनों प्रतिभावों का ऐसा स्पष्ट विभाजन पहली बार राजशेखर ने किया।

## अच्छे आलोचकों के गुण

उन्होंने अच्छे आलोचकों के जो गुण बताये हैं, वे शाश्वत हैं। शब्द-विवेक, रसास्वादन की सही क्षमता, शब्दों की रचना-विधि (अर्थात् मुद्राओं) का विवेचन, रचना के गूढ़ तात्पर्य को ढूँढ़ निकालना।

## काव्यपाठ की विधि

राजशेखर ने काव्यपाठ की विधि पर भी विचार किया। इसे रचना की तरह ही महत्त्वपूर्ण माना। गाम्भीर्य, सस्वरता, संयुक्ताक्षरों को पढ़ने की कला आदि का उल्लेख किया। जैसे ब्याघ्री दाँत से अपने बच्चों को पकड़कर ले जाती है, वैसा ही उच्चारण के समय होना चाहिए। न तो शब्दों को इतना दबाएँ कि वह मर जाय और न इतना ढीला रखें कि वह नीचे गिर जाय।

**दिनांक 12.03.1986**

## महिम भट्ट

स्थान–कश्मीर ग्रंथ : 'व्यक्ति विवेक'।

व्यक्ति मायने व्यंजना, ध्वनि। यह ग्रन्थ व्यंजना/ध्वनि के खण्डन में लिखा गया है। आनन्दवर्धन का खण्डन है। ये रस को मानते हैं। रस की प्रतीति अनुमान के आधार पर होती है, ध्वनि के आधार पर नहीं। महिम भट्ट ने ध्वनि का खण्डन किया किन्तु बाद में मम्मट के कारण रस एवं ध्वनि की स्थापना हो गयी। अत: महिम की परम्परा ख़त्म हो गयी। उन पर विचार नहीं हुआ। महिम असहमति और

विरोध के व्यक्ति थे। विध्वंसात्मक बुद्धि के व्यक्ति थे। एक मान्यता के खण्डन में ग्रन्थ लिख दिया। भोज ने भी ध्वनि की चर्चा नहीं की। ये भी ध्वनि विरोधी ही हैं।

## मम्मट

समय–1100 ई. के आसपास। स्थान–कश्मीर। ग्रन्थ-काव्य प्रकाश। इस पर सबसे ज़्यादा टीकाएँ लिखी गयी हैं। मम्मट की महत्ता के कारण उनको 'वाग्देवतावतार' कहा गया है। मम्मट का महत्त्व मौलिकता के लिए नहीं, समस्त पूर्ववर्ती काव्य परम्परा का सार ग्रहण कर उसे संयोजित एवं व्यवस्थित करने के कारण है। 'काव्य प्रकाश' का नब्बे प्रतिशत आनन्दवर्धन एवं अभिनवगुप्त का है, नौ प्रतिशत अन्य आचार्यों वामन आदि का, और एक प्रतिशत अपना। रस, ध्वनि, शब्द शक्ति, गुण, दोष, अलंकार, काव्य-परिभाषा, हेतु, प्रयोजन, लक्षण इत्यादि सबका विवेचन मम्मट ने किया। सिर्फ़ काव्य की विधाओं का विवेचन नहीं किया। विश्वनाथ के 'साहित्य दर्पण' में यह चीज़ अतिरिक्त है, यह विवेचन किया। 'काव्य प्रकाश' का प्रथम श्लोक है–'नियतिकृत नियम रहिताम।' कवियों की भारती (वाणी) की वन्दना की है। कविवाणी की विशेषताएँ निम्नलिखित बतायी हैं–

(1) नियतिकृत नियम रहिताम (2) अनन्य परतन्त्र (3) ह्लादमयी (4) नव रस रुचिराम–नौ / नवीन (5) निर्मितिम अर्थात् निर्माणक्षम

(1) प्रकृति / नियति के बनाये नियमों से कविता मुक्त होती है। काव्य-संसार विधाता के अनुसार नहीं चलता। 'अपारे काव्य संसारे कविरेव: प्रजापति।' अपनी रचना का निर्माता स्वयं रचनाकार होता है।

(2) कविता किसी अन्य के अधीन परतन्त्र नहीं होती। काव्य-संसार स्वायत्त होता है। 'Autonomy of Art' अमेरिकी अवधारणा की बात पहले कही जा चुकी है।

(3) ह्लादमयी होती है। सद्यपरिनिवृत ?? होती है।

..............................................

(5) कविता एक Artifact निर्मिति' है। अपने आप उगा हुआ पौधा नहीं, बल्कि रचना है। बनायी जाती है, जोड़ी जाती है। अत: वह कला है।

काव्य प्रकाश की दूसरी कारिका–'काव्य प्रयोजन' के बारे में कहा कि–

*काव्य यशसे अर्थकृते व्यवहारविदे शिवेतरक्षतये।*
*सद्य:परनिर्वृतये कांतासम्मिततयोपदेशयुजे॥*

*यश–राज सम्मान, लोक सम्मान आदि।*

*अर्थ–रायल्टी, पुरस्कार आदि।*

व्यवहार–लोक व्यवहार का ज्ञान होता है। जैसे, मानस पढ़कर।

शिवेतर की क्षति–अमंगल का विनाश। शिव = मंगल। शिवेतर = मंगल से परे।

सद्यःपरनिर्वृतये–कविता सुनते ही लौकिक बन्धनों से मुक्ति तथा आनन्द प्राप्ति होने लगती है।

उपदेश–उपदेश कई प्रकार के होते हैं। प्रभु सम्मित–स्वामी, राजा, गुरु, धार्मिक व्यक्ति आदि द्वारा दिया गया उपदेश। यह शास्त्र सम्मत होता है।

सुहृद सम्मित–मित्रों द्वारा दिया गया उपदेश।

कांतासम्मित–प्रिया या पत्नी द्वारा दिया गया उपदेश। स्वभावतः इसमें अधिक माधुर्य होता है।

यश एवं अर्थ से लेकर अलौकिक आनन्द एव कांतासम्मित उपदेश तक गये हैं। इसमें एक क्रम है, छोटे से बड़े की ओर।

## काव्य लक्षण

**तददोषौ शब्दार्थौ सगुणावनलंकृती पुनः क्वापि।**

तत अदोषौ। तत = वह, यानी काव्य। वह शब्द और अर्थ दोनों से युक्त होता है, अदोष होता है, गुणयुक्त होता है और कभी-कभी बिना अलंकार का भी होता है। अनलंकृति पुनः क्वापि–इस पर विवाद है किन्तु स्वयं मम्मट ने लिखा है कि ' स्फुट अलंकार के विरह में भी काव्यत्व की हानि नहीं होती।' भामह कह चुके थे कि 'शब्दार्थौ सहितौ काव्यम्। मम्मट ने भामह के समर्थन से कहा कि शब्द और अर्थ की संगति, उनका साथ होना काव्य है। अलंकार कभी-कभी न हो तो भी काव्य होगा। 'अनलंकृति पुनः क्वापि।' यह मम्मट की मौलिकता है तथा अलंकारवादियों की परम्परा से भिन्न है। अलंकारवादियों के अनुसार अलंकार आवश्यक है। किन्तु, मम्मट ने चालाकी की है, अन्यत्र 'स्फुट' कहकर। यानी, अलंकार 'स्फुट' (प्रकट, स्पष्ट) न हो तो भी काव्य होगा। यानी, काव्य है तो अलंकार होगा ही। किन्तु वह अस्फुट हो तो भी काव्य होगा।

मम्मट की परिभाषा में रस एवं ध्वनि की चर्चा नहीं है; फिर भी उनको रसवादी कहते हैं। असल में मम्मट का मानना है कि काव्य है तो रस एवं ध्वनि होगी ही। भरत के रस-सूत्र में 'भाव' शब्द नहीं है, विभाव आदि है। किन्तु, चूँकि भाव ही रस

बनता है, इसलिए 'भाव' तो अंडरस्टुड है, अन्तर्निहित है। अतः इसकी चर्चा नहीं की। वैसे ही, मम्मट के यहाँ काव्य में ध्वनि एवं रस अंडरस्टुड है।

'अनलंकृति पुनः क्वापि' के लिए एक उदाहरण दिया है, श्रृंगार रस का। बताया कि इसमें अलंकार स्फुट नहीं है; फिर भी यह काव्य है।

स्वकीया नायिका (पत्नी) समागम के एक विशेष क्षण में प्रिय से कह रही है कि " जिसने पहले पहल मेरा कौमार्य हरण किया था, वही मेरा पति आज भी है। अथवा वही मेरा पति जिसने पहली बार मेरा कौमार्य हरण किया था, आज भी है। चैत की चाँदनी रात भी वैसी है, जिसमें पहली बार ...। खिली हुई लता, फूलों की सुरभियुक्त एवं कदम्ब-सुगन्ध से युक्त हवा भी वही, वैसी ही है। मैं भी वही हूँ। जो रति-कर्म उस समय था, वही आज भी है। फिर भी, कुछ ऐसा है जो वह नहीं है। सब कुछ के बावजूद मेरा मन उस, दिन उस स्थल में चला जाता है।

*(यः कौमारहरः स एव हि वरस्ता एव चैत्रक्षपा-*
*स्ते चोन्मीलितमालतीसुरभयः प्रौढ़ा कदंबानिलाः।*
*सा चैवास्मि तथापि तत्र सुरतव्यापार लीलाविधौ*
*रेवारो धसि वेतसी तरु तले चेतः समुत्कंठते॥)*

### आचार्य विश्वनाथ

समय–14वीं शताब्दी, स्थान–उड़ीसा पुस्तक–'साहित्य दर्पण'।

'वाक्यम् रसात्मकम् काव्यम्'–इनका प्रसिद्ध कथन है। इसमें नया यह है कि लोग शब्द और अर्थ की बातें करते थे। इन्होंने 'वाक्य' को काव्य कहा। रस की बात तो हो चुकी थी। इन्होंने महाकाव्य को 'महावाक्य' कहा। इनके सबसे बड़े प्रतिस्पर्धी मम्मट हैं। मम्मट पर आपत्ति करते हुए कहा कि 'अदोष' काव्य का लक्षण नहीं हो सकता। अनेक श्रेष्ठ / महान काव्य हैं जिनमें दोष होता ही है। कालिदास, वाल्मीकि तक में व्याकरण का दोष मिलता है।

इसका समाधान यह कि दोष 'शब्दार्थ' की बात है।

पुनः कहा कि 'गुण' भाव एवं रस से सम्बद्ध होता है, शब्द और अर्थ से नहीं।

'अनलंकृति' के सम्बन्ध में मम्मट के उक्त उद्धरण में विभावना और विशेषोक्ति अलंकार बताया। कारण के होते हुए भी कार्य का न होना। सारी चीज़ें वही हैं, किन्तु अनुभूति वैसी नहीं हो रही है नायिका को। अतः बताया कि अलंकार तो

होगा ही, प्रश्न स्फुट होने या न होने का है। अतः उक्त उद्धरण में अलंकार तो है, स्फुट नहीं है।

### पण्डितराज जगन्नाथ

समय–17 वीं शताब्दी, स्थान–काशी, पुस्तक–रस गंगाधर।

ये काव्यशास्त्र के अन्तिम समर्थ आचार्य थे। उच्च कोटि के कवि थे। रंगीन तबियत के व्यक्ति थे। शिव के भक्त थे। इसीलिए गंगाधर नाम रखा। इनकी पत्नी मुसलमान थीं, काशी के पण्डितों के बीच। जगन्नाथ का काव्य हिन्दी की रीतिकालीन कविता की तरह है। अपने ग्रन्थ में उद्धरण रूप में अपनी कविताएँ दीं और कहा कि जब मेरे जैसा श्रेष्ठ कवि उपलब्ध है तो दूसरे का उद्धरण क्यों।

पण्डितराज ने भी मम्मट का विरोध किया, किन्तु सन्तुलित रूप में। 'शब्दार्थ' पर आपत्ति की, और कहा कि 'काव्य' शब्द ही होता है। 'अर्थ' को उसका विशेषण बताया। कहा कि 'रमणीयार्थ शब्दः काव्यम्।'

इन्होंने रस के स्वरूप की व्याख्या में अभिनव का विरोध किया। अभिनव के अनुसार कविता के आनन्द में भाव मुख्य होता है, आत्मा का आनन्द नहीं। अन्यथा, योगी के आनन्द और कवि के आनन्द में अन्तर क्या है?

पण्डितराज ने बताया कि काव्य पढ़ने के बाद चित्त का आवरण हट जाता है एवं आत्मा का आनन्द प्राप्त होता है। इस प्रकार इन्होंने रस के स्वरूप में आत्मा की भूमिका अद्वैत के सहारे बतायी। अलंकारों का स्वरूप निरूपण बारीक से बारीक रूप में किया।

**दिनांक : 14.03.1986**

### अलंकार

काव्य शब्द एवं अर्थ के योग से बनता है। कहीं शब्दों के आधार पर काव्य सौन्दर्य होता है तो कहीं अर्थ के आधार पर। इन्हीं आधारों पर अलंकारों की चर्चा एवं विभाजन हुआ है। कुछ विद्वानों ने शब्दालंकार को अलंकार माना ही नहीं। इसे काव्य-गुण नहीं माना। संगीत के निकट माना। अनुप्रास, यमक, श्लेष और चित्रकाव्य। चार शब्दालंकार। किन्तु श्लेष ऐसा अलंकार है जो शब्द एवं अर्थ दोनों में पाया जाता है। यमक और अनुप्रास दोनों ध्वनि आवृत्ति से सम्बन्धित हैं किन्तु, यमक में अर्थ बदल जाता है। 'तीन बेर खाती सो तीन बेर खाती हैं।' बेर = बेर, बेर = बार।

## अर्थालंकारों के भेद

(1) सादृश्यमूलक–उपमा, रूपक, उत्प्रेक्षा, सन्देह, भ्रान्तिमान, अपह्नुति, अतिशयोक्ति, दीपक, दृष्टान्त, प्रतिवस्तुपमा, निदर्शना।

(2) विशेषणमूलक अलंकार–समासोक्ति, परिकर, श्लेष।

(3) विरोधमूलक अलंकार–विरोध, विभावना, असंगति, विशेषोक्ति।

(4) शृंखलामूलक अलंकार–एकावलि, सार।

(5) न्यायमूलक अलंकार–काव्यलिंग, यथासंख्य, मिलित।

(6) गम्यार्थकतामूलक अलंकार–व्याजस्तुति

(7) गूढ़ार्थकतामूलक अलंकार–सूक्ष्म, वक्रोक्ति, स्वभावोक्ति, उदात्त।

विरोध, सादृश्य और अतिशयोक्ति–ये अलंकारों के बुनियादी तत्त्व हैं। ये किसी न किसी रूप में सभी अलंकारों में मिलते हैं। इन्हीं से अलंकारों से चमत्कार एवं सौन्दर्य उत्पन्न होते हैं।

## सादृश्यमूलक अलंकार

कुछ पारिभाषिक शब्द हैं–उपमेय एवं उपमान, प्रस्तुत एवं अप्रस्तुत, विषयी एवं विषय।

उपमेय, प्रस्तुत, विषयी–ये तीनों एक ही हैं।

**मुख**–अप्रस्तुत / उपमेय है। चन्द्र प्रस्तुत / उपमान है।

**उपमा**–उपमा में दो चीज़ें हैं। सादृश्य एवं साधर्म्य। साधर्म्य में गुण मूल होता है। दो पदार्थों के गुण में सादृश्य। किन्तु, केवल सादृश्य दिखाने से उपमा अलंकार नहीं हो जाता बल्कि उसमें सौन्दर्य होना चाहिए। मेरी किताब तुम्हारी किताब के समान कीमती है। यह उपमा अलंकार नहीं है; क्योंकि इस सादृश्य में एक पुस्तक का सौन्दर्य नहीं बताया गया है। इससे उपमेय के सौन्दर्य में वृद्धि नहीं होती।

**उपमेयोपमा**–कमल आपके मुख के समान सुन्दर है।

**अनन्यव अलंकार**–आपका मुख तो मुख ही है। अनुपमेय है। नदियाँ तो अनेक हैं किन्तु, गंगा गंगा ही है। यानी जिसका अन्वय न हो; जो अद्वितीय हो।

**रूपक**–अभेद की जहाँ कल्पना की जाय। चरण-कमल, चन्द्रमुख। चरण कमल हैं। इस प्रकार रूपक एक तरह का आरोप है।

रूपकातिशयोक्ति–ऐसी आतिशयोक्ति जहाँ केवल उपमान का ही उल्लेख हो; उपमेय का भी उल्लेख न हो। जहाँ अभेद चरम पर पहुँच जाय।

*अरुन पराग जलज भरि नीके।*
*ससिहिं भूष अहि लोभ अमी के॥*

सर्प अपने मुँह में कमल लेकर, उस कमल में लाल पराग भरकर चन्द्रमा का अभिषेक कर रहा है।

यहाँ सारे उपमानों का ही उल्लेख है किन्तु उपमेय इसमें निहित है। सर्प = हाथ (काले), कमल–राम की हथेली, अरुण पराग–सिन्दूर, सीता जी का मुख।

आजकल इसे बिम्बविधान कहा जाता है। बिम्बविधान एक तरह से रूपकातिशयोक्ति अलंकार ही है।

**उत्प्रेक्षा–**जिसमें सम्भावना हो। मुख मानो चन्द्रमा है।

**सन्देह-**मुख है या चन्द्रमा–सन्देह हो जाय। यानी, प्रस्तुत अप्रस्तुत में भेद करना मुश्किल हो जाय।

**भ्रान्तिमान–**जहाँ बिल्कुल भ्रम हो जाय। मुख को देखकर कोई चन्द्रमा समझ ले। दाँत को दाड़िम समझ कर भ्रान्ति से।

**स्मरण अलंकार–**मुख देखकर चन्द्रमा की स्मृति हो जाय।

विरोध, असंगति एवं विभावना–कार्य-कारण पर आधारित अलंकार।

**असंगति–**दृग अरुझत टूटत कुटुम्ब ...। कार्य कहीं, कारण कहीं।

*(सौजन्य : उदय भान दुबे 1986 में जवाहरलाल नेहरू विश्वविद्यालय में शोध छात्र। यह 5, 12 और 14 मार्च को नोट किये गये उनके संक्षिप्त कक्षा-व्याख्यान है।)*

# संस्कृत काव्यशास्त्र पर नामवर सिंह के नोट

### 1. संस्कृत काव्य शास्त्र क्या है?

**Rhetoric + Poetics + Aesthetics + Literary criticism (incidently)**

1. पश्चिम में ये सभी अलग-अलग शास्त्र के रूप में विकसित हुए। संस्कृत में सम्भवत: ऐसा नहीं हुआ।
2. भरत मुनि का 'नाट्यशास्त्र' अलंकारशास्त्र भी है, काव्यशास्त्र भी और सौन्दर्यशास्त्र अथवा कलाशास्त्र भी।
3. 'अलंकारशास्त्र' का विकास एक हद तक स्वतन्त्र रूप से हुआ और वह एक भिन्न सम्प्रदाय भी माना गया, किन्तु वह भी काव्यशास्त्र और सौन्दर्यशास्त्र से अपने आपको पूरी तरह मुक्त न कर सका।
4. वामन ने अलंकारशास्त्र को सौन्दर्यशास्त्र की ओर उन्मुख करने का प्रयास किया। आनन्दवर्धन ने काव्यशास्त्र को सौन्दर्यशास्त्र का पूर्ण विकसित ढाँचा प्रदान किया। अभिनवगुप्त ने उसे दार्शनिक आधार देकर पराकाष्ठा पर पहुँचाया।
5. मम्मट ने 'काव्य प्रकाश' में अलंकारशास्त्र + काव्यशास्त्र + सौन्दर्यशास्त्र का समन्वित रूप प्रस्तुत किया। इसका सबसे व्यापक ग्रन्थ विश्वनाथ का 'साहित्य दर्पण' है।
6. Rhetoric = अलंकारशास्त्र
   Poetics = काव्यशास्त्र
   Aesthetics = सौन्दर्यशास्त्र (Beauty, Taste etc.)

### Poetics (काव्यशास्त्र) क्या है?

1. काव्यशास्त्र और आलोचना में वही अन्तर है जो सॉस्यूर ने langue और parole में किया है तथा चाम्स्की ने competance और performance में।

2. **Roland Barther :** The task of the critic working on poetics is to reconstruns not the work's message but only its system, just as the linguist's task is not to decipher the meaning of a sentence but to identify the formals tructures which make it possible for this meaning to be transmitted.
3. **T.S. Eliot :** Literature of individual nations are not "collections of the writing of individuals but organic wholes, systems in relation to which and only in relation to which individual works of literary art, the works of individual artists, have their significance."
4. Knowledge of the system enables us to make discriminations, determines the assumptions with which we approach a new work, as prescribes what will count pertinent and original.

   — Ref. Culler
5. It need not be normative, as we see in aristotle. To formulate a rule is simply to say that Deviation will be noticed.
6. A better way of approaching the literacy system would be to ask what is literary competence...If we are to read and interpret literary works with some degree of competence?

## संस्कृत काव्यशास्त्र की इतिहास

### काल चक्र

| | | |
|---|---|---|
| 1. | भरत नाट्यशास्त्र | : 5th C. B.C. -3rd C. A.D. |
| 2. | भामह/दण्डी | : 7th-8th Century |
| 3. | वामन | : 8th-9th Century |
| 4. | आनन्दवर्धन | : 9th Century |
| 5. | नाट्यशास्त्र के व्याख्याकार | |
| | लोल्लट/शंकुक | : 9th C. |
| | भट्टनायक | : 9th C. -10th C. |
| 6. | अभिनवगुप्त | : 10th C. -11th C. |
| 7. | कुन्तक | : 10th C. -11th C. |
| 8. | राजशेखर/धनंजय | : 10th C. |

| 9. | मम्मट/महिमभट्ट | : 11th C. |
|---|---|---|
| 10. | विश्वनाथ | : 14th C. |
| 11. | जगन्नाथ | : 14th C. |

## संस्कृत काव्यशास्त्र का इतिहास : विभिन्न दृष्टियाँ

गणेश त्र्यंबक देशपांडे

*सरितामिव प्रवाहा: तुच्छा: प्रथमं यथोत्तरं विपुला:।*
*ये शास्त्रसमारम्भा भवन्ति लोकस्य ते वन्दया:।।*

[नदी के प्रवाह के समान शास्त्र का भी प्रवाह आरम्भ में छोटा-सा होता है। बढ़ते-बढ़ते वह विशाल बनता जाता है। ऐसे ही शास्त्र लोकादर के भाजन होते हैं।]

1. आजकल हम साहित्यशास्त्र में सम्प्रदाय थे इस मन्तव्य को स्वीकार करते हैं। भरत का इस सम्प्रदाय, भामह का अलंकार सम्प्रदाय, वामन का रीति सम्प्रदाय, आनन्दवर्धन का दर्शन सम्प्रदाय, कुन्तक का वक्रोक्ति सम्प्रदाय तथा क्षेमेन्द्र का औचित्य सम्प्रदाय, इस प्रकार का व्यवहार करते हैं। हमें सोचना चाहिए कि यह कहाँ तक उचित है। सम्प्रदाय की कल्पना में एक महत्त्वपूर्ण विशेष यह है कि हम जिस बात का पुरस्कार करते हैं, उसका प्रतिपादन करने में अन्य सारी बातों का अभाव सिद्ध करना पड़ता है। किन्तु इन आलंकारिकों में से ऐसा किसी ने नहीं कहा।

भामह का रस या गुणों से विरोध नहीं है। वामन का रस या अलंकारों से विरोध नहीं है, आनन्दवर्धन का भी गुणों या अलंकारों से विरोध नहीं है। तीनों को ये तीनों बातें स्वीकार हैं।

पाश्चात्य ग्रन्थकारों ने Schools शब्द का प्रयोग किया और हम लोगों ने उन्हीं का अनुसरण करते हुए Schools के सम्प्रदाय बनाये। इस सम्प्रदाय कल्पना की दृष्टि से साहित्यशास्त्र को देखने से अनेक ग्रन्थकारों के विवेचन दोषयुक्त हुए हैं। साहित्य शास्त्र का विचार करने में हमें इस सम्प्रदाय की कल्पना का त्याग करना चाहिए।

### 2. विकास की पाँच अवस्थाएँ

1. **क्रियाकलाप :** भरत का नाट्यशास्त्र : नाट्य प्रयोग
2. **काव्य लक्षण :** असाधारण या विशेष धर्म का निरूपण। नाट्य से काव्य को स्वतन्त्र करके 'काव्य लक्षण' का निरूपण। काव्य लक्षणों का अलंकारों में रूपान्तरण। — भामह-दंडी। [600 ई. तक]

3. **काव्यांलकार :** रुद्रह तक। अलंकार, गुण, रस आदि। काव्यगत सौन्दर्य धर्म के लिए 'अलंकार' शब्द रूढ़ हुआ। [800 ई. तक]
4. **साहित्य :** [800-1000 ई.] आनन्दवर्धन से मम्मट तक। शब्दार्थों का साहित्य क्या है : काव्यालंकार का साहित्यशास्त्र में रूपान्तर।
5. **साहित्य पद्धति :** [1100-1650 ई.] मम्मटोत्तर। प्रमुख आचार्य जगन्नाथ।

### 3. अवस्था परिवर्तन के साथ कक्षा परिवर्तन

1. धर्ममुख : रुद्रट तक।
2. फलमुख : आनन्दवर्धन
3. रसिक व्यापार मुख : भट्टनायक
4. कवि व्यापार मुख : कुन्तक/आनन्दवर्धन?

### गणेश त्र्यंबक देशपांडे

#### अलंकारशास्त्र सौन्दर्यशास्त्र नहीं

1. वामन के अनुसार 'सौन्दर्यम् अलंकार:', 'काव्य शोभाया: कर्तारो गुणा:, त दतिशय हैतव: अलंकारा:'।
2. उत्तरकाल में अलंकार शब्द का अर्थ सीमित हुआ। किन्तु काव्यचर्चा में सौन्दर्य तत्त्व का महत्त्व कम नहीं हुआ। आन्नदवर्धन के ध्वन्यालोक में ये टुकड़े मिलते हैं—
'शब्दगताश्चारुत्व हेतव:'/ 'काव्यस्य हि ललितोचित-संनिवेशचारुण:'।
अभिनवगुप्त–
यच्चोक्तम्–'चारुत्वप्रतीतिस्तर्हि काव्यस्यात्मा स्यात् इति', तदङ्गीकुर्म नास्ति खल्वयं विवाद:। अर्थात् 'चारुत्व प्रतीति ही काव्यात्मा है'।
3. "सम्भव है कि अलंकार = सौन्दर्य, इसलिए अलंकारशास्त्र = सौन्दर्यशास्त्र अर्थात् Aesthetics है, ऐसी धारणा कोई मोहवश करले, तो भी इस प्रकार का मोह नहीं होना चाहिए। अलंकारशास्त्र में काव्य सौन्दर्य की विवेचना है, किन्तु इसी आधार पर उसे Aesthetics कहना ठीक नहीं होगा Aesthetics सभी कलाओं में सौन्दर्य की विवेचना आती है। काव्यशास्त्र उसका एक अंशमात्र हो सकता है। (पृ. 12)

## Ananada K. Coomarswamy : Figures of speech or Figures of Thought, 1981

1. We are peculiar people. I say this reference to the fact that whereas almost all other peoples have called their theory of art or expression a "Rhetoric" and have thought of art as a kind of **knowledge**, we have invented an "Aesthetic" and think of art as a kind of **feeling**. (P.9)

## S.K. De : Sanskrit Poetics as a study of Aesthetic (oup/1963)

1. Examination of the progress of the discipline shows that although in the course of its advance sanskrit poetics embraced a great deal more than a mere practical treatment of **rhetorical categories**, it nevertheless never quite drew away from its analytical verbal formalism into a truly theoretic discipline of aesthetic. (p.2)
2. Sanskrit theorists were certainly aware of the aesthetic problem, but they did not attack it consistently in its entirety, contenting themselves in treating it only in some of its aspects. (p.17)

## M.M. Prof. S. Kuppuswami Sastri

Highways and Byways of literary criticism in Sanskrit (1945)

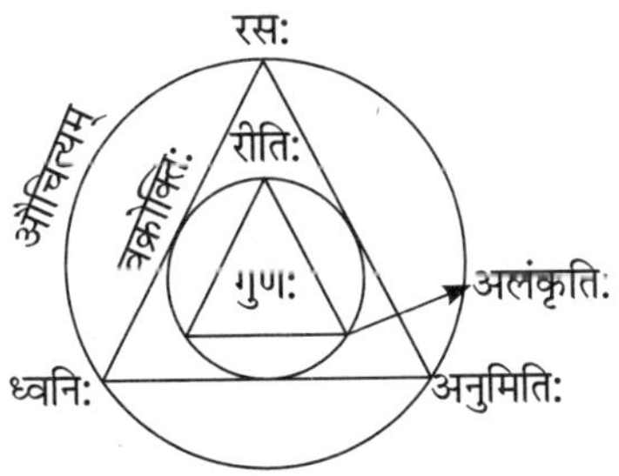


*औचितीमनुधावन्ति सर्वे ध्वनिर**सोन्नयाः**।*
*गुणालङ्कृतिरीतीनां नयाश्चान्टजुवाङ्मयाः ।।*
उन्नय = अनुमिति। अन्टजुवाक् = वक्रोक्ति

1. ध्वनि, रस, अनुमान refer to literary content
2. गुण, अलंकार + रीति refer to literary form
3. वक्रोक्ति is deviation in expression.
4. औचित्य represents the great synthesis of both content and form.

**राधावल्लभ त्रिपाठी : काव्यशास्त्र और काव्य (मैकमिलन, 1982)**

1. "संस्कृत काव्यशास्त्र में सम्प्रदायों की अवधारणा रही ही नहीं, हाँ, **रस ध्वनिवाद** और अलंकारवाद की **दो धाराएँ** एक-दूसरे के समान्तर अवश्य चलती रहीं। काव्य के क्रमश: अन्तरंग और बहिरंग पक्षों पर केन्द्रित इन दो धाराओं का अन्त: संघर्ष और पारस्परिक टकराव संस्कृत काव्यशास्त्र की विकास यात्रा का सबसे महत्त्वपूर्ण पक्ष है जिसे अब तक प्राय: अनदेखा किया जाता रहा है।" (प्राक्कथन, पृ. ix)
2. "संस्कृत काव्यशास्त्र के महत्त्वपूर्ण सिद्धान्त–रस दर्शन, गुणरीति, अलंकार, कवि समय, काव्य पाक आदि—वेद, रामायण, महाभारत की कविता की नींव पर खड़े हुए और कालिदास, भारवि, भवभूति जैसे प्रतिभाशाली और तेजस्वी कवियों ने उन पर कविता के माध्यम से प्रतिक्रियाएँ देते हुए उन्हें परिष्कृत किया। संस्कृत काव्यशास्त्र में आचार्य और कवि का द्वन्द्व रहा है।" (प्राक्कथन, पृ. vii)
3. यह कहना ग़लत है कि समीक्षा के सिद्धान्तों का जब प्रकर्ष हुआ, तभी संस्कृत कविता के क्षेत्र में मौलिकता का ह्रास हुआ। वाल्मीक़ी से लेकर भवभूति तक समय संस्कृत कविता का चरमोत्कर्ष का समय है, और संस्कृत काव्यशास्त्र का सबसे भौतिक और आधारभूत चिन्तन रामायण, महाभारत, कालिदास, बाण, अमरुक, भारवि, भवभूति, इनकी रचनाओं के अनुरूप ही हुआ था। (वही, पृ. vii) शास्त्र काव्य से अपना संवाद भूलकर भेदोपभेदों और कवि शिक्षा के प्रयासों में उलझता गया तो कविता के संसार पर भी उसका अनिष्ट प्रभाव पड़ा। काव्यशास्त्र और काव्यधारा का उत्कर्ष साथ-साथ हुआ और उनका ह्रास भी। (वही)

## कवि और सहृदय

### (काव्य और शास्त्र)

कश्चिद्वाचं रचयितुमलं श्रोतुमेवाऽ परस्तां
कल्याणी ते मतिरुभयथा विस्मयं नस्तनोति।
नह्येकास्मिन्नतिशयवतां सन्निपातो गुणाना-
मेक: सूते कनकमुपलस्तत्परीक्षा क्षमोऽन्य:।।

कोई तो वाणी की रचना करने में निपुण है और कोई उसके सुनने में ही प्रवीण है। तुम्हारी दोनों प्रकार की बुद्धि आश्चर्यजनक है। एक में अनेक गुणों का समन्वय कठिन है। एक पत्थर सुवर्ण उत्पन्न करता है और दूसरा पत्थर उसकी परीक्षा करता है।

—राजशेखर, काव्यमीमांसा, अध्याय 4, पृ. 33

*अपूर्व यद्वस्तु प्रथयति बिना कारणकलां*
*जगद्ग्रावप्रख्यं निजसभरात्सारयति च।*
*क्रमात्प्रख्योपाख्याप्रसर सुभगं भासयति तत्*
*सरस्वत्यास्तत्वं कविसहृदयाख्यं विजयते।।*

*–लोचन (मंगल श्लोक)*

जो (सरस्वती का तत्त्व) कारणांश के बिना (ही) अपूर्ववस्तु की रचना और विस्तार किया करता है; पाषाणवत् नीरस जगत् को अपने रस की अधिकता से सारमय बना देता है; क्रमशः **प्रतिभा** और **अभिव्यक्ति** के प्रसार से उस जगत् को रमणीय बना देता है; वह कवियों और सहृदयों में भली भाँति पूर्ण रूप से स्फुरित होने वाला सरस्वती का तत्त्व विजयशील हो रहा है अर्थात् सर्वोत्कृष्ट रूप में वर्तमान है।

### Ingalls Translation

Victorious is the **Muse's double heart**, the poet and the relisher of art; which has created brave new worlds from E naught and even stones to flowing sap has brought, imparting beauty to all written its reach by successive flow of genius and of speech.

### W.B

The inner glory of lietrature is here derived from its three characteristic abilities : to create (प्रथयितुम्) new worlds, to impart a relish (सारयितुम्)

is even the dullest objects in the actual world, so that they may elicit aesthetic response (रस) and to render both these areas bright (उद् भासयितुम्) with a beauty constructed out of the poet's genius and the words with which he communicates.

Abhinava realizes that the beauty of poetry or of art in general depends upon the **audience** as much as on the **artist**.

## V. Raghavan : Bhoja's Srngara Prakasa

on 'वागर्थाविव सम्पृक्तौ...'

The compound is often explained by Prof. Kuppuswami Sastri as meaning the same as Kuntakas साहित्य or स्पर्धा between वाक् and अर्थ or the understanding between the two, वागर्थियो: परस्पर प्रतिपत्ति: । Like अर्धनारीश्वर. The goddessr पार्वती is वाक् or शब्द god परमेश्वर is अर्थ—

–बन्धोऽर्धनारीश्वर-श्लाघालङ्घनजाङ्धिक: —एकावली (विद्याधर)

–अर्थ: शंभु: शिवा वाणी। —लिङ्गपुराणम्

–सव्यं वयु: शब्दमयं पुरारेरर्थात्मकं दक्षिणमामनन्ति अंगं जगन्मंगलमैश्वरं तद् अर्हन्ति काव्यं कथमल्पपुण्या: —शिवलीलार्णव 1.15 (नीलकंठ दीक्षित)

## कुमार सम्भव (VI/79)

तमर्थमिव भारत्या सुतया योक्तुमर्हसि

–शब्द–पार्वती और अर्थ परमेश्वर के संयोग से 'रसस्कन्द' का जन्म (कुमारसम्भव)।

–'रस' अवाच्चय, इसलिए कुमारसम्भव वहीं समाप्त होता है जब शिव-पार्वती का योग हो जाता है–शेष व्यंजित।

## सहृदय

1. ध्वन्यालोक : तेन ब्रूम:**सहृदय**-मन: प्रीतये तत्स्वरूपम्। 1।
2. लोचन : सहृदयानामिति। येषां काव्यानुशीलनाभ्यासवशाद्विशदीभूते मनोमुकुरे वर्णनीयतन्मयीभवनयोग्यता ते स्वहृदय संवादभाज: सहृदया:। यथोक्तम्–
   "योऽर्थो हृदयसंवादी तस्य भावो रसोद्भव:।
   शरीरं व्याप्यते तेन शुष्कं काष्ठ भिवाग्नि।" (नाट्यशास्त्र 7/7)
   –(काव्यानुशीलन के अभ्यास से जिनके विशद हुए मनोमुकुर में वर्णनीय

से तन्मय होने की योग्यता होती है वे अपने हृदय से संवाद (वर्णनीय वस्तु से एकीकरण) को प्राप्त होने वाले सहृदय होते हैं। जैसा कि कहा है–"जो अर्थ हृदय से संवाद रखने वाला होता है उसकी भावनाएँ (निरन्तर चर्वणा) रस चर्वणा-रसोद्भव में हेतु होती हैं। अग्नि के द्वारा शुष्क काष्ठ के समान उसके द्वारा शरीर व्याप्त कर लिया जाता है।")

## Ingalls

The word सहृदय (lit. "having their hearts with it", denotes persons who are capable of identifying with the subject matter[1], as the mirror of their hearts has been polished[2] by the constant study and practice of poetry, and who respond to it sympathetically in their own hearts. As has been said," The realization (भाव) of the object (eg. विभाव आदि) Which finds sympathy in the heart is the origin of रस. The body is pervaded by it as dry wood by fire."[3]

1. In अभिनवभारती Vol. 2, P.339, Abhinava defines सहृयत्व (Literary sensitivity) as the faculty of entering into identity with the h eart of the poet. (कविहृदय-तादात्म्यापत्ति-योग्यता).
2. The polished mirror is a favourite image of अभिनव of. IPV, beginning of vol 2 : 'विततविशदस्यात्माशे स्वशक्तिरसोज्ज्वलम्' and तन्त्रालोक, vol. 2, p4, vs. 4 :

   निर्मल मुकुले यद्वद् भान्ति भूमिजलादय :।
   अभिश्रास्तद्वदेकस्मिंश्चिन्नाथेविश्ववृत्तय: ।।

   Mirrors, which were of metal, were polished with ashes; ch- वज्जालग्ग 33.
3. By this quotation अभिनव seems to indicate that it is only written the सहृदय that रस can arise.

   **कौमुदी :** "Whatever thinq, that is, whatever form of विभावादि, occurs in a good poets description. 'Finds sympathy in the hearts', that is, is such as to become the object of the hearts sympathy. 'The realization (भाव) of that thing' , in other words, its blossoming within the frame of the spotless mirror of the heart, that is, the origin, or more strictly, the cause of the rise of, रस. 'By it', that is, by a विभाव, etc. of such a sort, the heart is pervaded. For this sudden and uniform pervasion he gives an example : 'as dry wood by fire'. It is dry wood that is so pervaded, not stone or some other substance. Accordingly, to speak of what is examplified, vedic scholars (श्रोत्रिया:), and such like persons have no poetic sensitivity, for

## वाङ्मय और काव्य

**राजशेखर :**

इह हि वाङ्मयमुभयथा शास्त्रं काव्यं च। (अध्याय 2) (यहाँ शास्त्र और काव्य इन दो भेदों से वाङ्मय दो प्रकार का है।)

**भट्टनायक :**

शब्द प्राधान्यमाश्रित्य तत्र शास्त्रं पृ. थग्विदु:।
अर्थे तत्वेन युक्ते तु वदन्त्याख्यानमेतयो:।
द्वयोर्गुणत्वे व्यापारप्राधान्ये काव्यगीर्भवेत्।।

1. शब्द प्रधान = शास्त्र (वेद)
2. अर्थ प्रधान = आख्यान (इतिहास, पुराण, Narration)
3. उभय प्रधान/व्यापार प्रधान = काव्य।

**काव्य/साहित्य**

1. संस्कृत काव्यशास्त्र की विशिष्ट संकल्पना।
2. A privileged concept. विशेषाधिकार प्राप्त अवधारणा।
3. रूसी रूपवादियों ने जिस 'Literariness' की खोज **भाषा** के स्तर पर बीसवीं सदी में की, संस्कृत काव्यशास्त्र के आचार्यों ने उसे बहुत पहले पहचान लिया था।
4. शब्दार्थ के सहित भाव को पहचानने वाले **कालिदास** पहले कवि हैं।
5. और **भामह** पहले आचार्य।
   शब्दार्थौ सहितौ काव्यम्। काव्यालंकार 1/16
6. शब्द और अर्थ का **विशिष्ट** सम्बन्ध काव्य है, इसकी स्पष्ट और सूक्ष्म व्याख्या करने का श्रेय **कुन्तक** को है।
   साहित्यमनयो: शोभाशालितां प्रति **कात्त्य** सौ।
   अन्यूनातिरिक्तत्व-मनोहारिण्वस्थिति:।। 1/7

---

their hearts lock any proclivity (वासना) towards such emotions as love. By the word's being 'dry' he indicates the purity of the heart achieved by its study of poetry, while by 'fire' he shows that the properly of being a विभाव depend on the beauty of the poetic qualities and figures of speech by which it is expressed.

(i) सहितयोर्भाव: साहित्य। अनयो: शब्दार्थयोर्या
काव्यलौकिकी ... अवस्थितिर्विचित्रैव विन्यासभंगी।

(ii) कीदृशी–अन्यूनानतिरिक्तत्वमनोहारिणी, परस्परस्पर्धित्व रमणीया।

(iii) परस्परसाम्य सुभगम् अवस्थानं सा साहित्यम् उच्यते।

7. इह विशिष्टौ शब्दार्थौ काव्यम्। तयोश्च वैशिट्यं धर्ममुखेन, व्यापारमुखेन, व्यंग्यमुखेन वेति त्रय: पक्षा:।

–समुद्रवंद्य on 'अलंकारसर्वस्व'

8. अत्र अर्थस्य पदानां च तुलाविद्घृतवत् तुल्यत्वेन संमितत्वम्। As if held in balance–भोज, सरस्वती कण्ठाभरण

# भागीरथी : काल से होड़

संस्कृत में पद्य-रचना कोई भी संस्कृत पण्डित कर सकता है किन्तु ज़रूरी नहीं कि वह 'काव्य' भी हो। काव्य-रचना के लिए चाहिए सर्जनात्मक प्रतिभा और ऐसी प्रतिभा समकालीन परिदृश्य में जिन थोड़े-से पण्डितों में परिलक्षित होती है उनमें विशिष्ट हैं आचार्य गोविन्दचन्द्र पाण्डे। प्रमाण है, हाल में प्रकाशित उनका प्रथम संस्कृत काव्य-संकलन 'भागीरथी'–विविध छन्दों में निबद्ध, छोटी-बड़ी कुल 163 कविताओं की प्रीतिकर प्रस्तुति।

चालीस वर्षों की लम्बी काव्य यात्रा के दौरान चार हिन्दी काव्य-संकलनों और कुछ चुने हुए पाश्चात्य कवियों की कविताओं के संस्कृत भाषान्तर 'अस्ताचलीयम्' के बाद भी पाण्डे जी के मन में कहीं संस्कृत में काव्य-रचना को लेकर एक कविजनोचित विनम्र संकोच भी है जिसकी अभिव्यक्ति 'भागीरथी' की ही एक कविता 'सकेतमार्ग:' में हुई है और मुझे लगता है कि उस 'संकेतमार्ग' से ही 'भागीरथी' की वाग्धारा में प्रवेश करना समीचीन होगा।

एक संकेत तो यही है कि–

*काव्यं करोमि गतकाल निविष्टवाचा*
*संजीवयाम्यनसुमात्मकलां तया च।*
*कालो जयेत् किमु जयेदृषि सत्तमानां*
*वाक्कामधेनुरिति चिन्तनया वृथा किम्।।*

अर्थात्–

*बीते युग की भाषा में लिखते हुए*
*उसकी ऊर्जा से अपनी निष्प्राण आत्मकला को*
*संजीवित करना चाहता हूँ।*

*काल विजयी होगा कि ऋषियों की वाक्–*
*कामधेनु, यह सोचने से क्या होगा?*

यह ऋषियों की वाक्-कामधेनु संस्कृत भाषा है जिसे लोग अब बीते युग की भाषा कहते हैं और पाण्डे जी आज उसी 'मृत' भाषा में कविता रचने का हठ ठाने हुए हैं। उनका ख़याल है कि उसी तथाकथित 'मृत' भाषा से ऊर्जा ग्रहण करके वे अपनी निष्प्राण 'आत्मकला' को संजीवित कर लेंगे। कैसी विडम्बना है। उन्हें इस बात का पूरा-पूरा अहसास है कि यह आचरण काल-विरुद्ध है, फिर भी उन्हें इसकी परवाह नहीं है। वे इस पर बेकार की मगजपच्ची करना नहीं चाहते। एक ओर महाबली काल है और दूसरी ओर ऋषियों की वाक्-कामधेनु। देखना है कि इस टक्कर में कौन जीतता है? संकेत स्पष्ट है कि यह तो भविष्य ही बतायेगा। फिर भी 'चिन्तनया वृथा किम्' में आत्मविश्वास की एक ठनक है' साथ ही काल को एक चुनौती भी। कहना न होगा कि यह काल कोई कालभैरव जैसा देवता या फिर दर्शन और विज्ञान की अमूर्त संकल्पना नहीं, बल्कि इतिहासविद् गोविन्दचन्द्र पाण्डे के लिए जीता जागता इतिहास है और यहाँ इतिहास से कविता की होड़ है। 'काल तुझसे होड़ है मेरी' दिवंगत कवि शमशेर ने भी कभी इसी तरह काल को ललकारा था।

प्रसंगवश 'वाक्-कामधेनु' में एक और संकेत है। पाण्डे जी की कविता में इस शब्द को देखते ही भट्टनायक का वह श्लोक 'वाग्धेनुर्दुग्ध एतं हि रसं...' अनायास ही याद आ जाता है और सहृदय पाठक 'रस' के अलौकिक लोक में पहुँच जाता है। ऋषियों की यह वाचा वह धेनु है जिसका थन वत्स के लिए स्वतः दूध बहाने लगता है; वत्स के लिए दूध और काल के लिए सींग।

'भागीरथी' में ऐसे शब्द भरे पड़े हैं जिनमें प्राचीन कवियों और आचार्यों की उक्तियों की अनुगूँज सुनाई पड़ती है और उन शब्दों को पढ़ते हुए काव्यस्वाद को एक और आयाम मिल जाता है। संस्कृत काव्याशास्त्र में इस काव्यगुण के लिए कौन-सा शब्द है, यह तो फ़िलहाल याद नहीं आ रहा है, किन्तु हिन्दी के आचार्य रामचन्द्र शुक्ल ने पण्डित चन्द्रधर शर्मा 'गुलेरी' के निबन्धों के सन्दर्भ में 'प्रसंग-गर्भत्व' शब्द का प्रयोग किया था, अंग्रेज़ी के A llusiveness के वज़न पर। विचार करें तो यह स्मृति का ही वरदान है, अभिज्ञानशाकुन्तलम् के 'तच्चेतसा स्मरति नूनमबोधपूर्वं' जैसा ही कुछ!

बीते युग की भाषा में काव्य-रचना करने के उदाहरण आज के विश्व साहित्य में और भी हैं। एक तो येंहूदा अभिचाई ही हैं जो हिब्रू में कविता लिखते हैं और उनकी

गणना विश्व के श्रेष्ठ कवियों में होती है। कैसी विडम्बना है कि मूल बाइबिल की हिब्रू में लिखी कविता तो कविता और वेदोपनिषद् की संस्कृत में कोई पाण्डे कविता करे तो पुराना पोंगा पण्डित। यह देश-भेद से काल-भेद है या कोई और बात? वैसे, हमारी अपनी ही परम्परा में एक प्राकृत कवि बहुत पहले कह गया है– 'उक्ति-विशेषो कव्वो, भाषा जा होउ सा होउ'। तात्पर्य यह कि उक्ति-विशेष हो तो काव्य है, फिर भाषा चाहे जो हो। ऐसी उदार परम्परा के होते हुए भी आरम्भ में इस विषय पर इतनी चर्चा इसलिए करनी पड़ी कि 'भागीरथी' के कवि को संस्कृत में काव्य-रचना के लिए कुछ सफ़ाई देने की ज़रूरत महसूस हुई।

'संकेतमार्ग:' शीर्षक कविता के आरम्भ में कवि ने कुछ आत्मस्वीकृतियाँ भी की हैं जिनसे 'भागीरथी' की काव्य-प्रकृति के बारे में भ्रम हो सकता है, जब कि वह वस्तुतः कवि-जन-सुलभ सहज विनम्रता पात्र है। उदाहरण के लिए कवि का यह कथन कि 'न मैंने दुनिया स्वयं (किताबों से बाहर) देखी, न मैंने जनता की यातना उनके बीच पहचानी और मेरे पास कोई राजनीतिक वक्तव्य भी नहीं है।'

कोई राजनीतिक वक़्तव्य न देने की स्थिति तो यह है कि 'युगमहिमा' शीर्षक कविता में राजकीय उद्यान में कौवे जमे हैं, उनकी जमात कर्कश-कोलाहल कर रही है, उनसे खिन्न लोग ध्यान देकर भी मधुर कोकिल को नहीं सुन पाते और कवि टिप्पणी करता है–

*'नीती राज्यविनिर्मिता, युगगता रीतिः किमेषाथवा।'*

अर्थात् राजनीति इसका कारण है कि यही युगरीति है।

इसी प्रकार 'इतिहास' शीर्षक कविता में गज के आलम्बन से एक अन्योक्ति प्रस्तुत की गयी है जिसका अन्त इस उक्ति से होता है–

*'लोको लीलिपुटायते गुलिवरो जातोऽसि मन्येऽपरः।'*

*सारा समाज लिलिपुट-देश बन गया है, उसमें तुम दूसरे गुलिवर हो।।*

इस क्रम में 'सैनिक राज्यम्' शीर्षक कविता पर भी दृष्टि पड़ती है। यहाँ रात्रि के समय बाहर जाना रोक दिया गया है और निरंकुश सैनिक शासन के डर से न न्याय की सुरक्षा है, न धन की ओर आजीविका विच्छिन्न होने से जनता घर के अन्दर ही अपना शोक व्यक्त करती है–

*राज्ये सैन्य-निरंकुशे प्रतिभये धर्मार्थ-विद्राविणि*
*वृत्ति-च्छेद-विकर्षितैरिव जनैस्तप्तैर्गृहे शोच्यते।*

इन पंक्तियों को पढ़ते-पढ़ते कुछ-कुछ इमर्जेंसी के दिनों की याद हो आती है। यहाँ प्रसंगवश राजनीति के साथ जनता की यातना की ओर भी एक संकेत है; हल्का–सा ही सही।

इसी तरह किताबों से बाहर निकलकर स्वयं अपनी आँखों से दुनिया को न देखने की बात तो एकदम निराधार है–विशेष रूप से बहुदेशी, बहुरूपी और बहुरंगी प्रकृति। प्रकृति-चित्रों की दृष्टि से तो 'भागीरथी' अपूर्व चित्र-वीथी है जिसमें पहाड़ों और समुद्र के अनेक अनदेखे और अनुछुए दृश्य भरे पड़े हैं–उदाहरण के लिए 'हिमपात' का एक चित्र–

*विशकलितविलोलस्फारतूलाभराशिः*
*प्रसरति हिमपातः श्वेतयन् दिक्कदम्बम्।*
*तरुगृहशिखराणि प्रोर्णुवन् दिव्यकान्त्या*
*सघनमृदुकुथं वाभूतले संवितन्वन्।।*

*जैसे धुनी हुई स्वच्छ अस्थिर रुई की राशि हो।*
*ऐसा गिरता हुआ बरफ सब ओर श्वेतिमा फैलाता है।*
*वृक्षों और गृहों के शिखरों को दिव्यकान्ति से ढकते हुए*
*ज़मीन पर सघन और मृदु गलीचा बिछाता है।*

इसके बरअक्स एक चित्र समुद्र का जो पुरी के सागर को देखकर लिखे हुए तेरह छन्दों में से केवल एक है–

*मसीकुर्वन् व्योम प्रतिफलित-बिम्बं निज-हृदि*
*समादत्ते तुलीं सततगतिमम्भोनिधिरयम्।*
*तथाप्यालेख्यं किं लिखति हरते तत्क्षणमहो*
*यथान्विष्यन् रूपं किमपि न तु तत्वेन लभते।।*

*अपने वृक्ष में आकाश के प्रतिबिम्ब की कालिमा को स्याही*
*बनाते हुए*
*समुद्र, हवा की तूलिका बनाता है*
*फिर भी वह जो चित्र बनाता है उसे तत्काल मिटा देता है*
*मानो वह जिस रूप को खोजता है उसे*
*यथार्थ में पाता नहीं।*

समुद्री चित्रों के अंकन के क्रम में कवि की लेखनी से कुछ अविस्मरणीय सूक्तियाँ भी छिटक पड़ी हैं; जैसे–

1. *महाब्धे विज्ञाता प्रकृतिरथ लुप्तस्तु विभवो*
   *रहस्यान्वेषात्ते वयमिह तटस्था अहृदयाः।*

   *महासागर, हमने प्रकृति को तो जाना*
   *पर इस रहस्यान्वेषण से हम सहृदयता खो बैठे।*

2. *लोको रक्त्या तरति सुखितो वारिधिं वा भवं वा।*

   *सागर हो या संसार उसे तैरने के लिए अनुराग चाहिए।*

कहना न होगा कि ये कवि के अनुभव सत्य हैं, शुष्क सूक्तियाँ मात्र नहीं। निष्कर्ष यह कि विश्वास उस पर न करें जो कवि अपनी कविता के बारे में कहे, सुनें वह जो स्वयं कविता कहती है।

'भागीरथी' के कवि का वर्ण-बोध जितना सूक्ष्म है उससे कहीं अधिक तीव्र गन्धबोध है। उदाहरण के लिए 'वासना' कविता में नीम के फूलों की गन्ध–

*मन्दान्दोलित-निम्ब-वृक्ष-कुसुमैर्लाजायमानैर्भृशं*
*धीरेऽकारि कषायसौरभयुतो वातो रजोलांछितः।*
*प्रत्यग्रीभवति श्रमार्तपथिकः, स्मृत्या नवीर्भृतया*
*चेतो मेऽपि सुगन्धितं प्रविचरद्वीथीष्वतीताध्वनः।।*
*मन्द पवन से निमौलियाँ*
*खीलों की तरह बिखर जातीं बार-बार*
*उनकी कसैली गुगन्ध हवा में फैल जाती।*
*भुलाती पथिक की थकान*
*ताज़ा करती स्मृतियाँ*
*ऐसा ही मेरा मन भी*
*बीती राहों में घूमता हुआ*
*सुगन्धित है।।*

अन्ततः कवि की आत्मकला का चरम शिखर 'भागीरथी' का अन्तिम खण्ड है, जिसका शीर्षक है 'प्रत्यग्बिम्बाः'। किन्तु उसका पूर्वाभास उसके ठीक पहले वाले खण्ड की 'विविधम्' शीर्षक इस छोटी-सी कविता में मिल जाता है–

*विश्वसृजः प्रत्यक्षं*
*काव्यं पश्यामि यत्र यत्रापि।*
*तेन चमत्कृतहृदयः*
*कवयःन्नुपहासयामि स्वम्।।*

*जहाँ देखता हूँ वहाँ प्रत्यक्ष*
*स्रष्टा का काव्य ही देखता हूँ।*
*और विस्मय से भर जाता हूँ*
*तो भी कविता करते हुए*
*क्या अपनी हँसी नहीं उड़वाता।।*

यह कविता 'पश्य देवस्य काव्यम्' की प्रीतिकर पुनस्सर्जन होने के साथ ही इस प्रवृत्ति की ओर भी एक संकेत हैं। कि कवि स्रष्टा के काव्य को चित्रित करने से ही सन्तुष्ट नहीं है, बल्कि वह अपने अन्दर भी झाँककर देखना चाहता है और इस प्रक्रिया में आत्मप्रतिबिम्ब के साथ-साथ नितान्त निजी और आत्मीय कविताएँ प्रस्फुटित होती हैं। ऐसी ही निजी कविताओं में से एक है 'मृगतृष्णा'–

*यथैकस्मिन् बिन्दौ क्वचिदपि समेत्य व्यपगते*
*निमेषाद् वृत्ते द्वे नियतपथभेदात् पृथगिव।*
*अभूद् दृक्सम्पातो बहुजन समाजे मृगदृशः*
*तथा मे चेतस्तां स्मरति मृगतृष्णामिव ततः।।*
*जैसे कभी दो वृत्त पास आयें*
*फिर एक बिन्दु पर मिलें*
*फिर दूर बिन्दु हट जायें*
*अपने-अपने अलग मार्गों पर।*
*वैसे ही उस मृगनयनी की दृष्टि ने बहुत लोगों के बीच भी*
*मुझे छुआ।*
*तब से मेरा मन बार-बार एक मृगतृष्णा के पीछे दौड़ता है।*

ऐसी ही एक और छोटी-सी कविता है। 'क्षणः' प्रौढ़ प्रेम की कविता भी कह सकते हैं–

*तत्सान्निध्ये सहसाऽस्पृशदिव हृदयं वसन्त वातो मे।*
*बहु संवत्सरचक्रं भुक्तवाऽप्याभात् क्षणोऽपूर्वः।।*
*उसके पास सहसा हृदय को*
*वसन्त की हवा ने छू लिया।*
*बहुत संवत्सर-चक्र भोगने पर भी*
*वह क्षण अपूर्व प्रतीत हुआ।*

इसी खण्ड में 'क्षणः' शीर्षक एक और कविता है दो छन्दों की, जिसे पढ़ते हुए अज्ञेय की 'हरी घास पर क्षण भर' शीर्षक कविता की याद ताज़ा हो जाती है–

*विस्रब्धमेवं निभृते समास्व*
*गृहाद् बहिर्नूतनशाद्वलेऽस्मिन्।*
*तवानने भातु सुवर्णकान्तिः*
*स्मिते च कुन्दस्य सपल्लवस्य।।1।।*
*तवालकैः क्रीडतु गन्धवाहः*
*सुप्तोत्थितालस्य हरस्तवास्तु।*
*दैनन्दिनं विस्मर कार्यभारं*
*नाभिर्यथारेष्वचलः क्षणोऽयम्।।2।।*
*यहाँ एकान्त में चुपचाप शान्त बैठो*
*दरवाज़े के पास की हरी घास में।*
*तुम्हारे मुख पर सुनहली धूप पड़ रही है*
*मुस्कराहट में कुन्द की कान्ति झलकती है*
*पल्लव की अरुणिमा लिये।।*
*तुम्हारी अलकों से पुष्पगन्धी हवा खेले*
*सोकर अभी जागने की अलसता को हर ले जाय।*
*दैनन्दिन कार्य के भार को भी भूल जाओ*
*यह क्षण ऐसा ही अचल है, जैसे*
*चक्र के अरों के बीच में नाभि।।*

हरी घास, सुनहली धूप, पुष्पगन्धी हवा के बीच कुन्द की कान्ति-सी मुस्कान और सोकर अभी जागने वाले अलस शरीर–सब जादुई–सा प्रभाव पैदा करता है; किन्तु इन सब के ऊपर है वह अचल क्षण जिसकी अनूठी उपमा चक्र के अरों के बीच की 'नाभि' से दी गयी है। इस 'नाभि' की सांकेतिक ऐन्द्रियता को खोलकर बताने की आवश्यकता नहीं है।

'प्रत्यग्बिम्ब' में सन्निविष्ट कविताओं की परिणति क्रमशः शान्त रस की काव्य-भूमि पर होती है। इस दृष्टि से तीन छोटी-छोटी कविताओं को एक साथ पढ़ना ज़रूरी है। पहली 'शेइ आमि', दूसरी 'शान्ति-2' और तीसरी 'प्रार्थना' रवीन्द्रनाथ ठाकुर की अन्तिम कविताओं की तरह ये भी संक्षिप्त, अनलंकृत और ऋजु हैं,

जैसे वैदिक ऋचाएँ। बाइबिल–जैसी सादगी से चमकती। सीधे-सीधे अन्तरात्मा से उद्गीरित। पहले 'शेइ आमि'। वही मैं। रवीन्द्रनाथ ठाकुर से साभार।

*द्वारोपान्तविरूढं*
*छेत्स्यति विगते तृणादि मयि को नु।*
*इति चिन्तार्तो मन्ये–*
*ऽमृतो न किं सोऽस्मि निगमोक्तः।।*
*द्वार पर उगी हुई घास को।*
*कौन काटेगा मेरे जाने के बाद।*
*इस चिन्ता से मैं व्याकुल रहता।*
*फिर सोचता हूँ कि क्या मैं वही नहीं हूँ।*
*जिसकी वेदान्त में चर्चा है।*

चिन्ता भी कितनी छोटी और व्यंजना में कितनी बड़ी। द्वार पर उगी घास!

दूसरी कविता 'शान्ति-2' यह प्रश्न करती है कि मुझे बताओ शान्ति कहाँ है? निर्जन में, गुफाओं में या गिरि पर? अन्दर से जवाब आता है–मेरे साथ निरन्तर एक अन्तरालाप लगा रहता है। फिर शान्ति कहाँ? लेकिन कवित्व इस 'अन्तरालाप' में ही है। यह 'इंटीरियर मोनोलॉग' नहीं तो और क्या है? क्या यह वही 'अन्तरालाप' है जो मुक्तिबोध के पीछे लगा रहता था। मूल संस्कृत में है–

*सततं मामनुधावति*
*स एव यन्मेऽन्तरालापः।*

तीसरी कविता का शीर्षक है 'प्रार्थना'। इससे ठीक पहले 'आर्जवम्' है और ठीक बाद 'ऋजुता'। 'प्रार्थना' में भी इसी प्रकार की आन्तरिक 'ऋजुता' की प्रार्थना की गयी है, किन्तु इस शब्द का प्रयोग किया नहीं गया है और यह भी नहीं बताया गया है कि प्रार्थना किससे? कुल चार बिम्ब हैं, शेष व्यंजित–

*प्रकाश-रेखा इषवो विमुक्ताः,*
*हिमाद्रि-देवद्रुम-राजयस्ताः।*
*हंसावली मानसमुत्पतन्ती*
*यथा, तथा में प्रगुणा मतिः स्यात्।*
*प्रकाश की रेखाएँ, छूटे हुए तीर।*
*या हिमालय के देवदारुओं की पंक्तियाँ।*

*या मानसरोवर की उड़ती हुई हंसों की श्रेणियाँ।*
*ऐसी ही सीधी मेरी मति हो।।*

इनमें से प्रत्येक बिम्ब पृथक्-पृथक् विचारणीय तो हैं ही। इन सबका एकत्र संयोजन कहीं अधिक ध्यातव्य है। तीर, देवदारु और हंस चिरपरिचित और परम्परा-प्रदत्त हैं, किन्तु प्रकाश-रेखा नवीन उद्भावना है और यही रेखा शेष तीनों को सर्वथा एक नये प्रकाश से प्रकाशित कर देती है। देवदारु स्वयं भी सीधा खड़ा रहने वाला पेड़ है फिर भी यहाँ उसकी पंक्तियों का चित्र प्रस्तुत है। देवदारु की राजियाँ है तो हंसों की अवली और इस अवली का मुख भी मानसरोवर की ओर है। सरलता के ये सारे गुण अन्ततः मति में 'प्रगुण' के रूप में निबद्ध हैं। इसे ही अलंकारशास्त्र में एक आचार्य ने 'विष्कम्प शब्द प्रयोग' कहा है तो दूसरे आचार्य ने 'शब्दपाक' की संज्ञा दी है। 'प्रगुण' सिर्फ़ सीधापन ही नहीं है, बल्कि लक्षण से उसका अर्थ ईमानदार और खरा भी होता है, इस बात की ओर भी कविता में इशारा है।

मुझे तो इस प्रार्थना को पढ़ते हुए एक क्षण को सहजियासिद्ध सरहपा याद आते हैं तो दूसरे क्षण कबीर और फिर तुलसीदास और इसके बाद तो चीनी भाषा के भी दो प्राचीन कवि वाङ् वेई और तु फु भी स्मृतिपटल पर बिजली की तरह कौंध जाते हैं।

'भागीरथी' की कविताएँ इसलिए भी प्रीतिकर प्रभाव उत्पन्न करती हैं कि उसकी वाग्धारा में भाषा का ऐसा प्रसन्न प्रवाह है जिसमें किसी प्रकार के आयास का आभास नहीं होता। पाण्डे जी वैसे भी मितभाषी हैं, इसलिए अपनी कविताओं में भी कहीं अतिरिक्त कथन नहीं करते, न्यून कथन की शिकायत कभी-कभी भले ही करने का मन हो। इसके साथ ही वागाडम्बर से भी सर्वथा मुक्त हैं। कभी-कभी तो ऐसा भी लगता है कि अपनी हिन्दी कविताओं की अपेक्षा वे संस्कृत कविताओं में अधिक सहज दिखायी पड़ते हैं, मानो आत्माभिव्यक्ति की भाषा संस्कृत ही हो। ऐसा कहने का अधिकारी तो नहीं हूँ फिर भी कहे बिना रहा नहीं जाता।

भाषा पर ऐसा अधिकार पाण्डे जी ने अपनी साधना से अर्जित किया है। 'भागीरथी' की ही जो 'प्रबोधनम्' शीर्षक कविता है वह वस्तुतः 'आत्म प्रबोधन' ही है। वह किसी पहाड़ी यात्रा का ही अनुभव सत्य नहीं, बल्कि जीवन-यात्रा और काव्य-यात्रा की भी अनुभूति है। *'श्वासानायम्य, मन्दं व्रज समवहितः पूर्वकायानतश्च।' 'ये साँस पर नियन्त्रण, मन्द गति से गमन और ध्यान से शरीर के अगले भाग को झुकाये हुए।'* ये सब जीवन-यात्रा के लिए भी उपयोगी है और काव्य-यात्रा के लिए भी।

इसके बाद यह भी ज़रूरी है कि हर क़दम पर मति टिकी रहे। *'प्रत्येक पादपाते तव भवतु मतिः।' 'नजर न नीचे घाटी की ओर जाये और न ऊपर के ऊँचे शिखरों की ओर उठे।' 'नाधस्तान्निम्नगर्तं न च गिरिशिखरं तुङ्गमालोकनीयं।' 'नीचे देखो तो गिर जाने का डर। ऊपर देखो तो लगे अभी कितना चढ़ना है। ऊँचाई का आतंक।'* काव्य की दृष्टि से देखें तो वाल्मीकि, कालिदास आदि का काव्य तुंगशिखर ही है। इसलिए सच्चे कवि की दृष्टि काव्य-यात्रा में अपने ही हर क़दम पर टिकी रहे तो भला। *'कोई हड़बड़ी नहीं। थोड़ा नम्र। झुक कर चले।'* पाण्डेय जी जैसे विद्वान् से यह सब सुनकर अच्छा लगता है। इस कविता में *'आरोहे...दुर्गमोर्ध्वक्रमेण'* पढ़ते हुए अभिनवगुप्त के *'ऊर्ध्वोर्ध्वमारुह्य यदर्थतत्त्वं'* की अनुगूँज भी सुधीजनों को सुनाई पड़ सकती है।

काव्य संकलन का नाम 'भागीरथी' सार्थक है। इसलिए नहीं कि उसमें 'भागीरथी' नदी पर दो कविताएँ हैं। सार्थक इसलिए कि आचार्य गोविन्दचन्द्र पाण्डे ने संस्कृत काव्य में एक तरह से भगीरथ की-सी भूमिका निभाई है। गीर्वाण वाणी संस्कृत की दिव्य परम्परा को उन्होंने आज की काव्य-भूमि पर उतारने का भगीरथ प्रयास किया है। यह काम उतना ही कठिन है जितना ग़ालिब के शब्दों में 'लाना है जू-ए-शीर का!'

इस साधना का वास्तविक मूल्यांकन तो वही सहृदय और भावक कर सकते हैं जो संस्कृत भाषा और काव्य-परम्परा में निष्णात हैं। उस स्वर्गीय सौन्दर्य से तो अपना परिचय क्षण भर का है और वह भी संयोगवशात्। फिर भी स्वयं को इतना समुत्सुक पाता हूँ तो सोचता हूँ कि उनकी दशा क्या होगी जिनकी गणना 'आर्द्र सौहृद सखीजनों' में होती है। 'विक्रमोर्वशीयम्' के शब्द हठात् याद आ रहे हैं–

*यदृच्छया त्वं सकृदप्यबन्धयोः पथिस्थिता सुन्दरि यस्य नेत्रयोः।*
*त्वया विना सोऽपि समुत्सुको भवेत्सखीजनस्ते किमुदार्द्र सौहृदः।।*

# राष्ट्र को अस्मिता देने वाला लोक-महाकाव्य

आज की यह शाम फ़िनलैंड के लोककाव्य 'कालेवाला' के स्वागत तथा फ़िनलैंड राष्ट्र के अभिनन्दन की है। इस अवसर पर मैं उसके हिन्दी अनुवाद का स्वागत करता हूँ और इस महत्त्वपूर्ण कार्य के लिए अनुवादक को बधाई देता हूँ। इस सन्दर्भ में फ़िनलैंड और भारत के सांस्कृतिक सम्बन्धों की जो चर्चा यहाँ हो रही है उसका भी महत्त्व कम नहीं है। मैं इस अवसर पर कुछ बातें संक्षेप में रखना चाहता हूँ।

एलिआस लोन्रोट पेशे से डॉक्टर थे किन्तु अपने देश फ़िनलैंड की उन्होंने एक और सेवा की जो चिकित्सा के महान कार्य से भी अधिक दीर्घजीवी सिद्ध हुई। चिकित्सक के रूप में वे सैकड़ों सामान्य लोगों के सम्पर्क में आये होंगे जिनमें फ़िनलैंड के ग्रामवासी भी रहे होंगे। स्वयं लोन्रोट किसी धनाढ्य, उच्चवर्गीय परिवार के नहीं थे। उनके पिता एक साधारण दर्ज़ी थे। लोकजीवन से जुड़े होने के कारण डॉ. लोन्रोट की गहरी दिलचस्पी लोकगीतों तथा लोकसंस्कृति में बनी और वे साथ-साथ अनुसन्धानकर्ता भी हो गये। उन्होंने 19वीं सदी के पूर्वार्द्ध में, अर्थात् 1835 और 1849 के बीच, उन बिखरी हुई लोक-कविताओं का संग्रह किया जिनमें वेइनेमोइनेन, इल्मारिनेन, योउकाहाइनेन, लोउही आदि पात्रों की कथाएँ गायी जाती थीं। अपने इस संकलन को लोन्रोट ने एक तरतीब दी, यानी अलग-अलग कथाओं को एक ऐसा क्रम दिया जिनसे वे एक बड़े वृत्तान्त में बदल गयीं और ऐसा रूप देकर अपने इस संग्रह को उन्होंने प्रकाशित किया।

विश्व साहित्य के इतिहास में 19वीं सदी इसलिए भी महत्त्वपूर्ण है कि गोएठे जैसे महाकवि की 'विश्व-साहित्य' की अवधारणा से प्रभावित होकर यूरोप में साहित्यकारों, संस्कृतिकर्मियों और अनुसन्धानकर्ताओं के बीच यह विश्वास गहरा होता चला गया कि कोई भी देश, कोई भी क़ौम उस समय तक राष्ट्र या 'नेशन' नहीं माने जा सकते, जब तक उनके पास अपना कोई प्राचीन महाकाव्य या 'ईपिक'

न हो। यह धारणा यूरोपीय मानस में इतनी गहरी बैठ गयी कि कुछ राष्ट्रों ने, जिनके पास अपना महाकाव्य होने की कोई सम्भावना नहीं थी, उसे 'खोजने' या 'पाने' के लिए जालसाज़ी तक की–यानी कुछ लोगों ने पुरानी शैली में 'महाकाव्य' रच दिये और घोषणा कर दी कि उन्हें अपने राष्ट्र का महाकाव्य मिल गया। सौभाग्य यह रहा कि उन्हीं के देशों के विद्वानों ने, और अन्य अनुसन्धानकर्त्ताओं ने, ऐसी जालसाज़ियों को उजागर कर दिया।

हर्ष का विषय है कि यूरोप के प्रत्येक देश की तरह जब फ़िनलैंड ने अपनी अस्मिता की खोज के अभियान में अपने महाकाव्य को तलाशना शुरू किया तो लोन्रोट के संग्रह में उसे वह मिल गया। लोन्रोट ने जिन बिखरी हुई कथाओं का संग्रह किया, उनकी असलियत को लेकर कोई शंका नहीं है, बल्कि अभी भी ऐसी लोक-कविताएँ या लोक-गीत उपलब्ध हैं जिनमें 'कालेवाला' के अनेक पात्रों के नाम आते हैं किन्तु वे या तो आंशिक हैं या इतने स्वतन्त्र हैं कि उन्हें लोन्रोट के 'कालेवाला' में कहाँ पर और कैसे जोड़ा जाये यह एक कठिन समस्या है। लोन्रोट 'कालेवाला' के अलावा भी लोकगीतों का एक विशाल संग्रह छोड़ गये हैं जिसे पिछले अनेक दशकों से क़िस्तों में प्रकाशित किया जा रहा है।

भारत में समस्या कुछ अलग है। हमारे पास अपने 'रामायण', 'महाभारत' तथा 'रामचरितमानस' भी हैं किन्तु पहले दो तो संस्कृत में हैं और तीसरा लिखित अवधी में है। 'लोक' में इनकी लोकप्रियता कितनी भी क्यों न हो, इन्हें लोक-महाकाव्य नहीं कहा जा सकता। संस्कृत, पाली, प्राकृत से अलग, 'आधुनिक' भारतीय भाषाओं में कोई महाकाव्य है या नहीं इसकी तलाश हमारे यहाँ 19वीं सदी में शुरू हुई और हम जानते हैं कि 'पृथ्वीराज रासो' उसी दौरान खोजा गया किन्तु वह भी लोक-महाकाव्य नहीं है, लिखा हुआ है। लोक-महाकाव्य तो वह होगा जो आम जनता में स्मृति के आधार पर पढ़ा-गाया गया हो। उस सन्दर्भ में स्मरण करना होगा कि चार्ल्स इलियट ने, जो पिछली सदी में फर्रुखाबाद ज़िले के डिप्टी कमिश्नर थे, सुन-सुनकर 'आल्हा' का संकलन किया और तब ही वह ग्रन्थ-रूप में प्रकाशित हो पाया। ऐसा काम हिन्दी में बहुत नहीं हुआ है किन्तु पिछले वर्षों में हमारे मित्र श्याम मनोहर पाण्डे ने 'आल्हा' जैसे ही दूसरे लोककाव्य का संकलन किया है जिसे 'लोरिकी' कहते हैं। उसके दूसरे नाम 'चनैनी' और 'चन्दायन' भी हैं। श्री पाण्डे ने जो संकलन प्रकाशित किया है वह अवधी में है किन्तु कहा जाता है कि उत्तर भारत की लगभग आठ बोलियों में उसके पाठ मिलते हैं। स्वयं श्री पाण्डे के

पास मैथिली, बुन्देलखण्डी, भोजपुरी तथा ब्रज के पाठों के संकलन हैं। हमारी महान आदिम जातियों के पास ऐसा कोई महाकाव्य था या है, इसकी शायद कोई पड़ताल नहीं की गयी है।

प्रस्तुत प्रसंग में, मुख्य बात यह है कि 'कालेवाला' ने फ़िनलैंड को, जो इस सदी के प्रारम्भ तक कभी स्वीडन का हिस्सा था और कभी रूस का, अपनी राष्ट्रीय, (नेशनल) अस्मिता दी और सिद्ध किया कि फ़िनी संस्कृति तथा क़ौम न तो स्वीडी थी और न रूसी बल्कि उसकी एक निजी पहचान है। विश्व-इतिहास में शायद ही ऐसी कोई पुस्तक हो जिसने किसी देश या जाति को ऐसी सांस्कृतिक प्रेरणा या ऊर्जा दी हो। 'कालेवाला' ने एक पूरी जनता को राष्ट्रीय एकता में सूत्रबद्ध कर दिया। यदि फ़िनलैंड ने 'कालेवाला' को इतना महत्त्व दिया है कि प्रतिवर्ष उसका दिवसविशेष मनाया जाता है तो इस मामले में भारत को कुछ सबक लेना चाहिए।

हमारे पास 'महाभारत' जैसा महाकाव्य है, जो भले ही 'नागर', 'सुसंस्कृत' महाकाव्य हो, किन्तु हम उसकी लगभग कोई चर्चा नहीं करते। कई बार मुझे लगता है कि विदेशी अध्येता और पाठक हमसे कहीं ज़्यादा 'महाभारत' का नाम लेते हैं, उसे जानते हैं। 'पृथ्वीराज रासो' का उल्लेख हिन्दी की पाठ्य-पुस्तकों तक सीमित रह गया है। उसे पूरा भारत तो क्या, उसका जन्म-प्रदेश राजस्थान तक याद नहीं करता कि हमारे पास अपना कोई महाकाव्य था। शहराती हिन्दी जगत 'आल्हा' का भी कोई स्मरण नहीं करता। वह भी हिन्दी पाठ्यक्रम का एक सन्दर्भ बनकर रह गया है किन्तु सन्तोष की बात यही है कि लोक-जीवन में अब भी वह गाया जाता है। 'कालेवाला दिवस' का एक सबक़ यह है कि आप राष्ट्र भले ही हो गये हों, राष्ट्र की अपनी पहचान तथा उस पर गर्व के लिए ज़रूरी है कि आप अपने लोक-महाकाव्यों का स्मरण करें जैसे फ़िनलैंड की जनता 'कालेवाला' का स्मरण करती है।

'कालेवाला' के सन्दर्भ में होमर के 'इलियड' और हमारे 'महाभारत' जैसे एकदेशीय महाकाव्यों का उल्लेख दिया गया है किन्तु सच तो यह है कि लोन्रोट ने अपना 'कथागीत-संकलन' अधिकांशतः उस 'कालेवाला' क्षेत्र में किया जो अब उत्तरी रूस का हिस्सा है। रूस के उस भू-भाग का रिश्ता सदियों से फ़िनी संस्कृति से रहा है। कारेलिया के उस इलाक़े में अब भी रूसी संस्कृति का वर्चस्व है। इस तरह आज 'कालेवाला' केवल फ़िनलैंड का महाकाव्य न होकर रूस का भी एक महाकाव्य माना जा सकता है। उत्तरी रूस के ज़्यादा सम्बन्ध स्वीडन, नार्वे तथा फ़िनलैंड की संस्कृतियों से रहे हैं। 'कालेवाला' में हमें मूल फ़िनी संस्कृति ही

नहीं, उत्तरी रूसी संस्कृति की स्मृतियाँ भी मिलती हैं। इस दृष्टि से 'कालेवाला' दो संस्कृतियों और दो देशों की साझी विरासत है।,

आप 'कालेवाला' को जहाँ से भी पढ़ेंगे, आप पायेंगे कि वाकई यह नयी-सभ्यता अथवा सामन्ती युग का महाकाव्य नहीं है और उसका देव-परिवार भी यूनानी अथवा भारतीय देवताओं जैसा जटिल और विकसित नहीं है। लगता है कि मानव-समाज अभी खेतिहर-कामगार के आगमन की अवस्था में ही है। खेती-बाड़ी भी ज़्यादा नहीं है, सोने का उल्लेख कहीं-कहीं है किन्तु मुख्य काम लोहारी है। 'साम्पो' नामक एक यन्त्र बन चुका है जिससे धन की प्राप्ति होती है। उसी पर झगड़ा भी होता है। समाज में परिवार की संस्था विकसित हो चुकी है और स्त्री-पुरुष सम्बन्धों में बहुत नैतिकता है। माता-पिता और उनकी सन्तानों, भाइयों-भाइयों, बहन-भाई, प्रेमी-प्रेमिका, वर-वधू तथा पति-पत्नी के बीच रिश्ते और व्यवहार तय हो चुके हैं।

यह देखकर आश्चर्य होता है कि 'कालेवाला' सभ्यता के बहुत सारे नियम और मूल्य आज भी भारतीय समाज में देखे-पहचाने जा सकते हैं। चूँकि परिवार अब भी हमारे समाज की रीढ़ है इसलिए 'कालेवाला' की पारिवारिकता, पिता और माता का उसमें महत्त्व, पुत्रों और पुत्रियों का व्यवहार, भाइयों के बीच कहीं बहुत स्नेह तो कहीं तनाव, कुटुम्ब की प्रतिष्ठा का प्रश्न आदि हमें अपने सरीखे लगते हैं। 'विवाह' की रीति अब भी हमारे समाज के केन्द्र में है और 'कालेवाला' के ऐसे अंशों को पढ़कर हम जान पाते हैं कि कुछ मूल्य तथा रीति-रिवाज़ सारी मानवता की विरासत हैं। दुनिया का श्रेष्ठ साहित्य भले ही एक जैसा न हो, विश्व की विभिन्न जातियों का प्रारम्भिक लोक जीवन, और जितना-जैसा आज भी वह बचा है, एक है। 'कालेवाला' इसी का प्रमाण है।

किसी महिला या राज्य-भूमि या अन्य मूल्यवान वस्तु को लेकर दो नायकों या दलों में संघर्ष महाकाव्यों का मूल कथानक है। उनमें से एक सत्य और धर्म का पक्षधर होता है और दूसरा असत्य और अधर्म का। 'रामायण' तथा 'महाभारत' इसी प्रतीकात्मक संघर्ष के महाकाव्य हैं। 'कालेवाला' तो इसके साथ-साथ कहीं-कहीं खेतिहरों-शिल्पकारों का महाकाव्य लगता है। उसे पढ़कर हम अपने महाकाव्यों और लोककाव्य को भी नयी दृष्टि से पढ़ और समझ सकते हैं।

*(कालेवाला-दिवस, 28 फ़रवरी, 1998 को दिये गये भाषण का किंचित् संशोधित प्रारूप।)*